CRÔNICAS DE UM TEMPO INFINITO

Catalogação na Fonte
Elaborado por: Josefina A. S. Guedes
Bibliotecária CRB 9/870

B885c 2019	Browning, Elilde Crônicas de um tempo infinito / Elilde Browning. - 1. ed. - Curitiba: Appris, 2019. 291 p. ; 23 cm

Inclui bibliografias
ISBN 978-85-473-3083-5

1. Crônicas brasileiras. I. Título.

CDD - 371.912

Editora e Livraria Appris Ltda.
Av. Manoel Ribas, 2265 - Mercês
Curitiba/PR - CEP: 80810-002
Tel: (41) 3156 - 4731
www.editoraappris.com.br

Printed in Brazil
Impresso no Brasil

Elilde Browning

CRÔNICAS DE UM TEMPO INFINITO

Editora Appris Ltda.
1.ª Edição – Copyright© 2019 dos autores
Direitos de Edição Reservados à Editora Appris Ltda.

Nenhuma parte desta obra poderá ser utilizada indevidamente, sem estar de acordo com a Lei nº 9.610/98. Se incorreções forem encontradas, serão de exclusiva responsabilidade de seus organizadores. Foi realizado o Depósito Legal na Fundação Biblioteca Nacional, de acordo com as Leis nos 10.994, de 14/12/2004, e 12.192, de 14/01/2010.

FICHA TÉCNICA

EDITORIAL	Augusto V. de A. Coelho
	Marli Caetano
	Sara C. de Andrade Coelho
COMITÊ EDITORIAL	Andréa Barbosa Gouveia (UFPR)
	Jacques de Lima Ferreira (UP)
	Marilda Aparecida Behrens (PUCPR)
	Ana El Achkar (UNIVERSO/RJ)
	Conrado Moreira Mendes (PUC-MG)
	Eliete Correia dos Santos (UEPB)
	Fabiano Santos (UERJ/IESP)
	Francinete Fernandes de Sousa (UEPB)
	Francisco Carlos Duarte (PUCPR)
	Francisco de Assis (Fiam-Faam, SP, Brasil)
	Juliana Reichert Assunção Tonelli (UEL)
	Maria Aparecida Barbosa (USP)
	Maria Helena Zamora (PUC-Rio)
	Maria Margarida de Andrade (Umack)
	Roque Ismael da Costa Güllich (UFFS)
	Toni Reis (UFPR)
	Valdomiro de Oliveira (UFPR)
	Valério Brusamolin (IFPR)
ASSESSORIA EDITORIAL	Alana Cabral
REVISÃO	Cristiana Leal Januário
PRODUÇÃO EDITORIAL	Giuliano Ferraz
ASSISTÊNCIA DE EDIÇÃO	Suzana vd Tempel
DIAGRAMAÇÃO	Jhonny Alves dos Reis
CAPA	Eneo Lage
COMUNICAÇÃO	Carlos Eduardo Pereira
	Débora Nazário
	Karla Pipolo Olegário
LIVRARIAS E EVENTOS	Estevão Misael
GERÊNCIA DE FINANÇAS	Selma Maria Fernandes do Valle

Dedico este livro com um sentimento de eterna gratidão ao meu ilustre amigo Prof. Dr. Marcelo Maia Cirino, à sua esposa, Adriana Aparecida de Oliveira Godoi Cirino, e aos seus filhos, Felipe e Giovana Godoi Cirino.

Eu os amo hoje e sempre.

Agradecimentos

Externo os meus mais efusivos agradecimentos ao meu filho, Paulo Cesar Duarte Costa, à minha nora, Martha Costa, aos meus netos, Christopher, Stephanie, Jonathan e André Costa, por compartilharem comigo nesta estrada que me possibilitou a realização de mais um sonho.

Eternamente lhes serei grata. Eu os amo!

CRÔNICAS DE UM TEMPO INFINITO são histórias baseadas em fatos reais acontecidos em diferentes épocas.

Prefácio

O que existe em comum entre um médico baiano e uma dona de casa da Flórida? Entre um padre interiorano e um professor da capital? Bem, se você quiser descobrir, caro leitor, cara leitora, vai precisar mergulhar de cabeça nas crônicas aqui relatadas. O olhar cuidadoso da autora para com esses personagens é o que une o fio dos argumentos, as descrições cenográficas e a identificação do *physiquedurôle* de cada um. Perfeita combinação de "contação" de estória com promessa de deleite, tão bem alinhavada, página após página.

Elaborar o prefácio destas crônicas significou, para mim algo muito especial. Para além de introduzir o leitor nesse universo de contos, inspirados em fatos reais e surpreendentes, tive a perfeita sensação de viajar na narrativa, desvendando a alma da autora, compartilhando cada pedacinho das suas sensações.

Esse percurso, aliás, pelo cotidiano de pessoas tão comuns, tão próximas, tão familiares, tão presentes, fez com que eu me identificasse com eles, com suas conquistas, desejos, fracassos e dores. Imagine, portanto, caro leitor, cara leitora, a tarefa herculéa de contar, com maestria, o encontro de gente que se amou, se detestou, se admirou, se invejou e se bateu por propósitos e conflitos tão... humanos, e que no fim das contas é tão gente como a gente.

Imaginou? Sugerimos que você confira até a última linha. E que fique atento à preciosa descrição dos costumes interioranos, dos hábitos e tradições deste Brasil enorme e cheio de diferenças. Das rodas e giros de um universo de níveis sociais tão distintos quanto injustos. As "Crônicas" tratam de todos esses níveis e de todos esses hábitos, trazendo personagens marcantes e seus conflitos, mas retratando nossa realidade, numa autêntica aula de brasilidade. E não só! Temos ainda as estórias dos "gringos", que também frequentaram o universo da autora e dela fizeram a alma refém por muito tempo. O tempo, como vocês sabem, faz a gente apagar a parte difícil da vida e só lembrar as coisas boas. E, ainda por cima, aumentá-las! Mas para contar a vida, como ela é, de verdade, de coração e juízo, nada melhor que as crônicas de um tempo infinito...

Prof. Dr. Marcelo Maia Cirino
Professor adjunto – Departamento de Química
Universidade Estadual de Londrina (UEL)
23 de agosto de 2018

Apresentação

Crônicas de um tempo infinito é um livro com 14 histórias, nas quais o ser humano apresenta nuances diferentes de comportamento.

Retrata o cotidiano de seus personagens com tudo que é inerente à vida: traições, sofrimentos, desencontros, reencontros, sonhos, tolerância, renúncia, esperança, fobias e muito mais.

Muitos têm o direito de fazer escolhas, e outros são manipulados por mentes perversas levando sua vida a um caos sem precedentes.

Imagine-se navegando em um rio com a certeza de que um dia alcançará o oceano e, de repente, cair num precipício onde a morte o acolhe de braços abertos.

Ainda há aqueles caminhos que imaginávamos cobertos de flores e cheios de venturas, mas que eram apenas providos de aparências falsas.

O poder, o sexo e o dinheiro são evidentes em quase todas porque o mundo gira em torno dessas situações, não nos deixando, por vezes, fazer nossas próprias escolhas.

Há desvios na estrada que já tínhamos como certa, mas esses nos colocarão diante de outras soluções que não havíamos pensado existir.

Os sonhos são temas constantes e, para alcançá-los, haverá sempre uma força interior fortíssima para superar todos os obstáculos encontrados no desenrolar da vida. Eles não chegam gratuitamente. E, às vezes, o preço tem valor altíssimo e somente os corajosos e destemidos fazem esse investimento.

As surpresas. Ah, as surpresas acontecem quando menos se espera. Às vezes nos recusamos acreditar que elas tenham saído de sua zona de conforto e aportado em nossas vidas. A elas aplaudimos de pé porque seu merecimento transcende nossa razão.

A crueldade visita alguns personagens, trazida por indivíduos que nunca poderia se imaginar que pudesse agir dessa forma. São as fraquezas dando as caras, afirmando que todos podem agir desta ou daquela forma. Basta apenas que suas mentes coloquem o prazer acima de sua razão e da ética que deveriam conviver com suas ações.

Nascemos, vivemos, temos experiências boas e ruins e a impressão que se tem é que em determinado momento a vida faz um hiato e esse vazio vai se justificar num reencontro muitos anos depois. Aquele período que nos pareceu não existir foi vivido por outra pessoa e, agora reencontrados, inicia-se uma nova vida de muito prazer e numa dimensão superior de muitas felicidades. São os mistérios que não nos permitem entender esses acontecimentos de forma consciente.

A tecnologia aparece como uma grande solução para a humanidade apesar de alguns percalços que certamente o tempo terá a incumbência de solucionar. Tudo que o homem quer ele consegue porque a evolução do "homo sapiens" é ilimitada.

As forças do mundo também foram focadas neste livro porque, enquanto houver na face da terra seres humanos, teremos essas situações como parte do nosso viver.

Todas estas crônicas aconteceram em épocas diferentes, e cada uma retrata os hábitos e costumes daqueles momentos; embora tenhamos consciência de que as modificações para os dias atuais apenas mudaram de conceito e de nomenclatura.

Viver é observar o mundo e o comportamento das pessoas e tirar as próprias conclusões. Até mesmo nas situações mais difíceis da vida há sempre algo a aprender. As experiências provêm do que vivemos e do que o mundo nos oferece em cada momento. Cada um escolhe seu caminho, e muitos escolhem nosso caminhar não nos dando chances de mudança. Portanto abra os olhos, trace suas metas e siga-as com firmeza e determinação. A luta não será fácil e a escalada, dificílima; todavia, quando se alcançar o cume, sentirá que a vista ao seu redor é magnífica e certamente terá a chance de alçar voo confiante nas potentes asas que foram construídas com material de excelente qualidade. Boa viagem!

Sumário

1
OTAVIANO ANDRADE
O FIM DE UMA VIDA ATORMENTADA 17

2
EDITE MARON
A TRAGÉDIA DE UMA EXISTÊNCIA 38

3
VALDETE DE SOUZA
A ESPOSA VAGANTE 62

4
LAURINDA NUNES
OS DESENCONTROS DA VIDA 84

5
LOURDES VIEIRA
A MULHER QUE FOI ULTRAJADA 117

6
ANTHONY SMITH
UMA DECISÃO CALCULADA 133

7
CECÍLIA OLIVEIRA MARTINELLI
UMA PESADA CRUZ 161

8
OSVALDO PEREIRA GOMES
UMA NOTÍCIA CRUEL 172

9
PADRE SALUSTIANO NESTOR PASSOS
MEMÓRIAS DE UM CONFESSIONÁRIO 214

10
FAMÍLIA MARTINEZ
O SONHO AMERICANO 227

11
ERA DIGITAL
UM MUNDO FASCINANTE 246

12
KLEBER DA SILVA E JULIA DO NASCIMENTO
MEMÓRIAS DA INFÂNCIA 254

13
FILHOS
PRA QUÊ E POR QUÊ? 270

14
AS FORÇAS DO MUNDO
A NATUREZA, O PODER, O DINHEIRO E O SEXO 282

   A NATUREZA 282
   O PODER E O DINHEIRO 286
   O SEXO 288

HOMENAGEM 291

CRÔNICAS DE UM TEMPO INFINITO

1

OTAVIANO ANDRADE
O FIM DE UMA VIDA ATORMENTADA

Os transeuntes passavam. Cada um carregava seus problemas, suas alegrias ou outro qualquer sentimento que se fazia presente em suas almas.

Todos eram indiferentes àquele amontoado de roupas sujas, papéis e alguns objetos de uso pessoal ao lado de um muro que, em algum momento, o tempo incumbiu-se de torná-lo sujo e desfeito em sua estrutura.

O que não ficou indiferente foi o mau cheiro que exalava daqueles pertences e, numa situação de muito desconforto, alguém, movido de extrema curiosidade, resolveu verificar o que ali continha remexendo um cobertor. A surpresa foi aterradora. Havia um homem morto, possivelmente, há alguns dias pelo estado de decomposição em que o corpo se encontrava.

Os órgãos competentes foram acionados e fizeram-se presentes para as providências devidas.

Otaviano Andrade fora abandonado pela vida e pela sorte.

Numa certa manhã ele saíra de casa em direção ao seu consultório quando presenciou um acidente em que a vítima era uma criança de 8 anos. Um carro atropelou-a. Os primeiros socorros aconteceram naquele local. Ele era médico.

A criança foi levada ao hospital por uma ambulância e ele seguiu-a como testemunha do ocorrido e, também, pela curiosidade de saber sua identidade.

Mariana Wood era seu nome, filha de um casal de americanos que morava naquela cidade. Horas depois, a família fez-se presente àquele local. O Dr. Otaviano Andrade relata o acontecido bem como as providências que tomara de início. Conversaram e se identificaram. Nesse dia a vida daquele médico entraria em uma estrada que até aquele momento seria imprevisível pensar.

A criança recuperou-se dos ferimentos. Todavia muitas outras feridas abririam naquele relacionamento que se tornou efetivo entre as duas famílias.

Eles se reuniam constantemente na casa de um ou do outro. Comemoravam todas as datas importantes e assim, amiúde, formaram uma só família.

No decorrer do tempo, foram trocando confidências e descobrindo afinidades.

David Wood era um americano errante. Tinha seus ancestrais numa pequena cidade da Califórnia e também uma casa que, segundo ele, se suas andanças pelo mundo não dessem certo, teriam onde se acolher na velhice.

Na capital baiana montou uma fábrica de sabonetes, e os negócios caminhavam a contento.

Aquele acidente automobilístico de sua filha mudaria a vida de todos.

Altamira Andrade, esposa do Dr. Otaviano, era uma mulher lindíssima, charmosa e dengosa. Ela tinha um poder incomum de atrair a curiosidade dos homens, pela sensualidade que extravasava em seu comportamento. Era também inteligente, excelente no trato e cozinheira de iguarias inovadoras. O mundo quedava-se a seus pés e ela tinha consciência desse poder.

Comemorava-se o aniversário de David, e Altamira incumbiu-se de todos os preparativos daquele evento.

Estavam todos reunidos no jardim em volta da piscina. Ela na cozinha, cuidando dos últimos detalhes do que seria servido naquela ocasião. David esgueirou-se entre as árvores do jardim e, sem que ninguém percebesse, chegou àquele cômodo da casa e num rompante de adolescente abraçou-a e beijou-a, freneticamente. A retribuição daquele primeiro encontro de almas e de corpos foi mútua. A partir daquele instante tomaram consciência da atração sexual que havia entre eles, e dar continuidade era apenas uma questão de tempo.

Voltaram a se reunir com os demais. Ela sentia o fogo daquele abraço e o sabor que ficou daquele beijo. Ele disfarçava, mas a troca de olhares entre eles era como se não tivesse havido interrupção. Degustavam com prazer e euforia a certeza de que outros aconteceriam.

Otaviano, em seu labor diário, cumpria suas obrigações de profissional como também de esposo e pai. Tudo parecia, a seus olhos, que a amizade com essa família de americanos era uma situação normal e, talvez, um agradecimento pela contribuição que dera àquela criança em situação tão perigosa. Mas o perigo ao seu redor se avizinhava e a cada dia tomava corpo e criava raízes profundas.

Numa noite estavam comemorando mais uma data de aniversário. Todos sentados à mesa. Altamira nomeou os convidados em seus lugares de forma que ela e David ficassem um em frente ao outro. Por baixo da mesa suas pernas encontraram-se, roçaram-se e, em dado momento, ela chegou ao êxtase causando uma situação conflitante entre os demais. Seu marido imaginando um mal-estar acudiu-a e levou-a aos seus aposentos. Nada de anormal foi comprovado. Somente ela sabia que seu coração queria sair de seu lugar habitual e ir ao encontro daquele outro que também passava pelo mesmo transe.

Apesar desses sentimentos vulcânicos, eram discretos no convívio diário. Cada um representava seu papel, de forma convincente, e ninguém desconfiava dos tormentos que se passavam em suas almas.

Um dia, casualmente, encontraram-se em um supermercado. Aquele encontro foi a gota d'água para uma decisão que os levou a vivenciar de fato aqueles sentimentos borbulhantes que já não eram mais permitidos suportar. Conversaram por alguns minutos, que pareceram infinitos, e combinaram um encontro em um hotel da cidade num bairro afastado.

Os dias que antecederam esse encontro foram sofridos e revestidos de uma expectativa nunca antes vividos por eles. Cada um sorvia o gosto e o prazer que iriam sentir num estado letal absoluto.

Enquanto isso, Dr. Otaviano mergulhava seu pensar em suas obrigações rotineiras e em seu hobby: pintar aquarelas. Era um artista nato.

Nunca aprendera a técnica da pintura, e seus desenhos eram pautados na mais pura imaginação.

Para Katty não lhe era dado o direito de imaginar o que pairava no cérebro e no coração de seu estimado marido. Tudo acontecia numa rotina prevista. Cada um desempenhava suas funções do dia a dia como se estivessem representando uma peça teatral na presença de uma plateia exigente. Tudo Perfeito.

Os filhos, em sua inocência, eram alheios a todos os conflitos que circulavam no ar como ondas invisíveis.

Como todos os dias chegam, aquele também aportou num hotel simples. O que vale na vida é o que pensamos e queremos e não o cenário que nos envolve.

Ele chegou primeiro, trazido por um taxi. Ela depois, usando alguns disfarces de locomoção.

A discrição era imperiosa. Ninguém deveria saber desse inusitado acontecido. Embora eles soubessem que a fumaça acontecerá sempre que houver um fogo a consumir gravetos ou até mesmo a nossa alma e o nosso corpo. Ela surgirá sempre para livrar-se do calor insuportável de um incêndio. Conforme o vento ela terá um caminho para o infinito ou se dissipará em camadas escuras espalhando-se em diversas direções.

É impossível raciocinar nesses momentos: O coração sobrepõe-se à razão e os torna seres indiferentes a tudo e às circunstâncias que os cercam.

Naquele quarto simples de um hotel barato, a atração e o amor alojavam-se numa troca mútua de muito desejo e espera.

Ele abraçou-a e falou-lhe que, desde o primeiro dia que ele a viu, estava vivendo diuturnamente uma situação fora de controle. Era como se o olho de um furacão tivesse adentrado em seu pensar, cujo caminhar lento vai arrastando e destruindo tudo que encontra em sua passagem. A paixão fez morada em sua alma não lhe dando o direito de reagir a tamanho tormento.

Ela também confessou que sentia tudo isso de forma constante e que, em muitas ocasiões em que todos se reuniam, tinha vontade de gritar a plenos pulmões: – Eu o amo. – Eu o quero para mim. – Eu estou louca por ele.

Para não chegar a essa loucura, disse que: deixava o coração dentro do cofre de sua casa trancado, sem noção do segredo e levava apenas seu raciocínio embalado em papel transparente para ser possível visualizá-lo quando bem lhe aprouvesse.

Os dois, numa simbiose perfeita dos sentidos, do calor e da química, amaram-se como nunca fizeram antes. Perderam a noção do tempo. A noite se aproximava.

Quando a razão voltou ao seu convívio, era necessário encontrar uma saída para chegarem sãos e salvos às suas casas.

A imaginação e a criatividade de mãos dadas decidiram: – Vamos chamar um táxi e, quando você chegar a casa, informe que perdeu a noção de onde estava e começou a perambular pelas ruas como se sentindo perdida. Seu marido pensará que você enlouqueceu e, certamente, tomará alguns cuidados médicos para que você recupere a consciência.

Para a minha mulher eu direi que fui visitar alguns clientes interessados na compra de nossos produtos. Ela nada desconfiará, tenho certeza.

Como na maioria das vezes nenhum crime é perfeito, aquele também não foi.

Havia em sua pele e em seus cabelos as marcas daqueles momentos vividos de muito amor e paixão. Os resquícios e o cheiro da união daqueles corpos impregnaram seu corpo, seu olhar e sua postura. Impossível disfarçar.

Seu marido conhecia de maneira profunda o comportamento de uma fêmea que vivera um encontro amoroso dos mais vibrantes e que sua imaginação ainda teimava em não assimilar essas emoções de forma total. Era como se ela tivesse vivido um sonho e que de repente iria acordar. Mas a situação era real, e ele disfarçava querendo afastar de sua mente esse incômodo que sufocava sua alma.

O importante era descobri aquele homem que fizera esse estrago em seu viver. Certamente deveria ser alguém próximo.

O sossego que fazia parte de sua vida, até então, foi dar um passeio em lugares alhures.

Mas também seria de bom alvitre não demonstrar para ninguém sua desconfiança. Nem mesmo para Altamira. "O inimigo não deve saber nunca que você sabe".

E a vida continuava sem grandes alardes, e todos continuavam fazendo de conta de que tudo estava dentro de uma normalidade previsível.

Quando o fogo de uma paixão incendeia corpos e alma, o cheiro de queimado sobrepõe-se a um equilíbrio emocional, apagando a razão de forma total e absoluta. A inteligência apaga-se. A criatividade aflora porque é necessário dar continuidade àquele estado surreal comum dos apaixonados.

Otaviano a amava e tinha nela o apoio necessário para que sua vida fluísse de forma tranquila. Porém suportar essa paixão que ela estava vivendo seria como se seu viver tivesse dois lados perfeitamente distintos: um marido presente e um traído. Como conciliar essa situação? Deveria haver uma alternativa viável para não o levar à loucura.

Em mais uma comemoração de um aniversário em sua casa, ele notou algo estranho na troca de olhares entre David e Altamira. Ficou na espreita. Recusava-se a admitir suas desconfianças. Os dois já eram amigos de longa data, e ele tinha uma amizade de irmão com o americano. Não lhe passava, mesmo longínqua, um pensamento que aquele homem poderia ser o amante de sua mulher. E lembrou: "Um falso amigo é mais terrível que um animal selvagem; o animal pode ferir o seu corpo, mas um falso amigo irá ferir a sua alma".

Otaviano planeja uma viagem, afirmando que iria participar de um congresso de medicina na França e que deveria permanecer naquele país por pelo menos 15 dias. Nessa ocasião faziam-se presentes em sua casa. Todos receberam essa notícia com naturalidade, exceto os apaixonados. Eles se entreolharam, e dentro de seus corações a alegria e o entusiasmo subiram ao patamar mais alto da emoção: – "vamos vivenciar estes dias com todo o amor e tesão". A felicidade, finalmente, batera a sua porta, e era necessário aproveitar todo o tempo de sua ausência.

David morou na França por algum tempo e, durante aquela noite, fez muitas recomendações para seu amigo de como aproveitar o que há de melhor naquele país: Os divertimentos, os shows e as mulheres lindas que ele encontraria em todas as ocasiões.

Altamira não demonstrou nenhuma ponta de ciúme diante de tudo o que seu amigo falara. Dentro de sua cabeça, ela começou a imaginar o que viveria naqueles dias com seu amante. Isso era o que importava.

Quando uma mulher encontra o macho perfeito e ele uma fêmea na mais alta significância da palavra, são capazes de abandonar toda a riqueza do mundo, todo o bem-estar que a família lhes proporciona e sair para vivenciar essas emoções que se elevam ao infinito sentindo-se seres especiais. Podem até passar por situações ridículas; mas, para eles a noção do certo ou do errado perde a conotação estrita desse comportamento. O que vale é viver dentro de uma áurea de felicidade absoluta.

A vida foi e será assim, sempre que encontramos a nossa alma gêmea e uma química perfeita de nossos corpos e o encontro de nossas almas. Certamente a loucura os acompanhará e um dia poderão concluir que, apesar de tudo, valeu a pena viver esses momentos de profundo encanto e prazer. Tudo acaba com a morte porque a vida não é eterna. Eternos são, sem dúvida, os momentos vividos e degustados com toda a emoção que os nossos corações conseguiram suportar.

Os traumas e danos que acontecem às pessoas ao seu redor não serão sentidos nem assimilados pelos apaixonados porque esse mundo de encantamento está num patamar acima de qualquer situação constrangedora. Eles se tornam insensíveis ao sofrimento dos demais, impedidos de refletir sobre seu proceder. É uma suprarealidade dentro de um contexto inatingível.

As providências para a viagem do Otaviano faziam-se presentes: passagem, bagagem, passaporte. Altamira começou a separar todos os pertences que ele levaria e, enquanto isso, vislumbrava o que iria viver com seu amante na ausência do marido. Seu coração abria-se em leque num contentamento nunca antes experimentado. Seu corpo arrepiava-se só de prelibar as emoções que a aguardava. Sentia-se leve e solta no espaço, vivenciando o infinito passando por planetas, cometas, estrelas, lua, sol e tendo a impressão que toda humanidade se extinguira da terra e sobrara apenas ela e ele.

O que ela não lembrou, em todo esse devaneio, era que existem, também, os meteoros ou meteoritos e que, num impacto com estes últimos, o estrago pode ser total e sem direito a conserto. Mas viva sonhar. Sonhar é sair da realidade para um mundo etéreo e fantasioso.

Sonhar é querer ter o controle de todas as emoções dentro da palma de nossas mãos.

Sonhar é caminhar por um mundo inexistente onde somente nós sabemos que ele existe.

Sonhar é navegar sem barco e sem leme por um mar revolto e ter a certeza da quietude das águas.

Sonhar é vislumbrar um paraíso com todas as situações de bem-estar.

Sonhar é caminhar por uma estrada e não sentir as dificuldades do caminho.

Sonhar é querer o impossível tendo a certeza do possível.

Sonhar é ser vencedor de uma batalha onde todos os demais têm armas letais.

Sonhar é sentir-se poderoso.

Sonhar é ultrapassar a fronteira dos nossos problemas e saber que tudo tem solução.

Sonhar é um devaneio que nos conduz à felicidade.

Sonhar é ter a certeza de que o amor existe e que podemos encontrá-lo na próxima esquina.

Sonhar é soltar as rédeas da imaginação e vivenciar situações inatingíveis.

Sonhar é ter a existência de Deus em nossas vidas.

Sonhar é arquitetar uma situação antes mesmo de ela se tornar realidade.

Sonhar é viver, é amar, é esperar, é suportar uma dor na alma e saber que ela não durará eternamente.

Altamira tomara outras providências com relação ao seu filho: o mandaria para um acampamento de escoteiros por, também, 15 dias. Assim ela ficaria sozinha e poderia desfrutar da companhia de seu amante em sua própria casa.

No dia da viagem, Otaviano dispensou a presença de todos no aeroporto. Pegou um táxi e se foi.

Momentos depois de sua saída, ela andou pela casa leve como uma bailarina rodopiando pelo espaço ao som de uma música que a deixava enlevada e feliz. Conferiu todos os detalhes para ter certeza que não lhe faltaria nada para aqueles dias tão esperados e que certamente culminaria numa felicidade nunca antes vivida. Ela se esqueceu de que, nos acontecimentos da vida, há sempre outros seres envolvidos e que podemos ter surpresas inesperadas.

Nesse dia nada aconteceu de extraordinário. O avião deveria pousar em Paris para ela ter certeza que Otaviano estava do outro lado do continente. Ele prometeu telefonar logo que chegasse àquela cidade. E assim procedeu.

Tudo lhe era favorável. Todas as circunstâncias convergiam para o sucesso de sua empreitada. Até o tempo soprava ventos a seu favor. A natureza deu sua contribuição com um céu incrivelmente azul, um sol brilhando e aquecendo a terra e a sua alma. O fogo da paixão estava de plantão, e o incêndio aconteceria quando da chegada de seu amante.

Ele adentrou naquela casa pelas portas do fundo, trazido por um táxi. Tinham que ser discretos. Havia uma vizinhança ao redor. O disfarce usado por ele transformou-o numa figura idêntica à de seu jardineiro. Ela ainda teve o cuidado de dispensar todos os serviçais da casa. Naquele cenário só havia lugar para os dois apaixonados. A seu ver, tudo estava imbuído de uma perfeição absoluta.

Diz o ditado que "quem não sabe é como quem não vê". Otaviano está ali pertinho hospedado em um hotel com nome falso. Aquela primeira noite ele se recusou a sair. Esperou o dia amanhecer para presenciar um espetáculo dos mais aterrorizantes. Tivera paciência nessa conduta porque o amante de sua mulher, provavelmente, chegaria durante o dia. À noite ele tinha compromissos familiares. Sua expectativa se cumprira.

Usando alguns disfarces, pegou um táxi e foi em direção a sua casa. O motorista estacionou nas proximidades de onde se podia ver toda a movimentação de quem entrava e saía de sua propriedade. E ali ficou a esperar. No meio da manhã, um táxi para em frente à sua casa e de lá saiu um homem com roupas surradas, de chapéu, usando óculos escuros, portando uma bengala e com dificuldade para andar. Entra pelas portas do fundo. Antes, porém, ele olha em volta para ter a certeza de que ninguém o viu entrar.

O coração de Otaviano, ao presenciar essa cena, pula fora do seu corpo e foge para não ser testemunha de fato tão chocante. Apenas a razão ficou porque esta queria agir de forma consciente e avassaladora.

Manteve a calma, apesar de sentir seu corpo numa temperatura insuportável. Depois de duas horas, aquele homem sai de sua casa. Ele volta ao hotel e, deitado em uma cama desconfortável, planeja o que fará. Certamente, no dia seguinte, ele voltaria ou talvez ainda naquele dia à tarde.

Quando duas pessoas estão envolvidas numa sintonia de paixão, não querem se separar. Ele conhecia bem essa sistemática porque vivera com ela esse arrebatamento anos atrás. Agora ele era testemunha de que outro homem tomara seu lugar no coração e no corpo de sua mulher.

Era madrugada quando, a bordo de um táxi, ele voltava, novamente, nas proximidades de sua casa e pediu ao motorista para estacionar o carro no mesmo lugar. Na noite passada perdera o sono. Passou todo o tempo concatenando ideias para uma solução plausível. Havia crianças no contexto, e uma atitude animalesca poderia causar traumas profundos em suas vidas.

As soluções que planejava faziam um emaranhado em seu pensamento, deixando-o aturdido e confuso.

Novamente o amante de sua mulher e também seu amigo volta a sua casa. Dessa vez, havia outro disfarce. Ele trazia nas mãos um enorme buquê de flores e entrou pela porta principal. Ao abrir a porta, eles se beijaram levemente no rosto e ele entrou.

Ainda sem forças para tomar uma atitude, levou seu pensamento para a cidade de São Paulo onde um dia uma grande amiga sua, após ver seus quadros, ajudou-o a fazer uma exposição naquela cidade. Ficaram juntos durante um mês usufruindo de passeios, jantares e entrevistas nos canais de comunicação. Foram dias de muito amor vivenciado.

Agora surge a dúvida: Eu pude fazer isso e por que ela também não! A diferença, talvez, era que ele não amava sua amiga e sua mulher ama esse homem com uma paixão desmedida. Para um macho fazer sexo, basta tão somente ter uma mulher ao seu lado e senti algum tipo de atração. A fêmea é diferente. Ela se entrega movida por uma atração incontrolável que poderíamos denominar amor. O que chamaríamos de amor carnal, desejo, vontade de atingir o ápice e sentir as sensações fantásticas numa troca de energias e prazer.

As lágrimas da sua amiga, no aeroporto, em São Paulo, ainda o comoviam, quando ele lhe falou que aquele caso terminaria ali. Ela queria acompanhá-lo. Impossível. Ele não a amava para ter uma convivência ao seu lado. Também ele não conhecia a sua vida pregressa.

Hoje concluiu que conhecer a vida, a família e os amigos de uma mulher não é garantias de um casamento bem-sucedido. As pessoas mudam seu comportamento devido a mutações da própria vida. Os perigos estão a rodeá-los sempre. Por vezes vão caminhando por uma estrada, onde tudo parece confiável, e de repente surge um precipício que os abarca, levando-os a sofrimentos físicos e morais.

Era urgente e imediato tomar uma atitude. E assim fez. Dispensou o táxi e saiu caminhando em direção a sua casa. Aquele caminho foi o mais difícil e surpreendente de toda a sua vida. A duração de tempo foi de minutos, mas dentro de seu pensamento havia uma extensão interminável.

Seu corpo tremia, sua alma estava alucinada e seu coração ainda não havia voltado da viagem que fizera para não participar dessa jornada. Apenas a razão, teimosinha, acompanhou-o.

Sua casa tinha dois pavimentos. Certamente eles estariam no andar superior onde uma das camas estava a sua disposição.

Ela nem percebeu que ele havia levado a chave da casa. Seu pensamento estava apenas concentrado nos momentos que viveria em sua ausência.

Em frente à porta de entrada, respirou fundo para ser possível aguentar o cenário que iria presenciar. Colocou a chave na fechadura e abriu a porta. Tudo muito devagar para não os assustar.

No andar térreo nada de anormal. Todas as coisas em seus devidos lugares. A escada que dava acesso ao andar superior não se notava pisadas diferentes. E assim, devagarzinho foi subindo degrau por degrau com calma e com a respiração controlada.

Quando se aproximou dos últimos degraus, ouviu gemidos de prazer e as mesmas palavras que ela costumava falar enquanto faziam sexo. Ele urrava de prazer como nunca tivera conhecimento antes de alguém. Parou e esperou. Apesar de tudo, ele não deveria interromper aquela troca de energia. E, rapidamente, pensou: – Também agi dessa forma com a amiga em São Paulo. Agora recebo em troca aquele meu proceder.

Sentou-se no último degrau e esperou pacientemente o desfecho do que acabara de ouvir. Até hoje, passando esse filme em sua mente, não entende o controle que pôde ter diante de uma situação tão chocante para um marido traído.

É bem provável que ele ainda a amasse apesar do desconforto daquela situação. E também ela era um ser humano e que, apesar de estar casada, tinha o direito de escolher outro companheiro para sua vida. Certamente, quando ela o conheceu, deixou de amá-lo. Era uma verdade cruel que tinha que absorver.

Ali ficou imóvel, aguardando o fim desta cena que estava acontecendo pelo estardalhaço que se ouvia.

Não sentia raiva, rancor, vingança ou ciúmes. Apenas, com tristeza, pensava na saudade que ela lhe provocaria ao sair de sua vida.

A tarde chegava a passos lentos, recusando-se a dar lugar à noite. Ele partiria antes do anoitecer. Tinha certeza disso.

Os dois, ao abrirem a porta do quarto, depararam-se com ele. Ao vê-los, não conseguiu falar absolutamente nada. As palavras fugiram. Seus olhos estavam em choque. Seu corpo não externou nenhuma reação. Estava imóvel, surpreso e derrotado.

Ela aproximou-se dele, ajoelhou-se e pediu perdão; ele implorou que não o matasse. Ouviu todo o clamor dos dois, mas, mesmo assim, não conseguiu emitir uma única palavra. Desceu as escadas e foi em direção à garagem. Acionou o carro e saiu. Vagou por longo tempo por ruas e avenidas num descontrole próximo à loucura.

Ao amanhecer, estava sentado em uma praia qualquer, olhando o balanço das ondas do mar quebrando na areia. Sentia-se sozinho e desamparado.

Quando se perde coisas e bens, conseguem-se outros; todavia perder a pessoa amada é tornar a vida sem sentido. Não valeria a pena continuar vivendo. O vazio que invadiu sua alma deixou-o numa situação de desconforto absoluto.

Perdera a noção do tempo. Também não saberia voltar para casa. O caminho turvara-se. Via a sua volta um mundo desconhecido e pessoas andando de um lado para outro sem entender o porquê dessas andanças.

Em dado momento, um homem aproximou-se dele, reconheceu-o e começaram a conversar sobre a doença de sua esposa. Ele nada entendia. Apenas ouvia sons de alguém falando coisas sem nexo. Essa pessoa salvou-o nesse momento. Percebeu que havia algo de errado com aquele médico que cuidava de seu familiar, colocou-o em seu carro e levou-o ao hospital.

Seus colegas não sabiam dos acontecidos de sua vida nos últimos dias. Ficaram perplexos com o estado de apatia e amnésia que sua mente revelava. Providências imediatas foram tomadas: Um deles foi até a sua casa, porque ninguém atendia ao telefone. Não havia ninguém naquele lugar e ainda a porta principal da entrada estava apenas encostada. A polícia foi acionada. Ao chegarem ao local, a casa estava toda revirada, móveis sem os pertences como se alguém tivesse entrado ali e roubasse tudo. Feitos os procedimentos legais, restava agora encontrar os serviçais para terem alguma pista de tanta desordem.

Ele não tinha outros parentes a não ser a esposa e um filho. Esses haviam fugido com seu amigo americano para um lugar ignorado.

O motorista, a empregada e o jardineiro foram finalmente encontrados e levados aos órgãos competentes para darem seus depoimentos.

Eles confessaram nada saberem de todo esse emaranhado de situações, contudo a empregada, a senhora Maria Albuquerque, contou que um dia chegou à casa para trabalhar e sua patroa pagou seu salário e a dispensou. Também fizera o mesmo com o motorista e o jardineiro. Ela alegou que iria viajar e não sabia quando voltaria.

Há sempre em todos os acontecimentos uma testemunha ocular ou ouvinte. Ela era os dois. Maria era sua confidente e sabia detalhe por detalhe de toda sua vida, principalmente, quando a família de americanos passou a conviver com eles depois do acidente de sua filha.

A polícia interrogou-a durante muitas horas. Ela contou tudo que vira, o que sabia e algumas conclusões que sua mente condensara. Para aqueles profissionais era mais um caso de amor e traição numa família aparentemente bem estruturada. Seus personagens se arrumariam como tantos outros que diariamente explodem em qualquer lugar da cidade ou do mundo.

Nesse caso não houve violência ou morte. A dor da alma e o ultraje vividos por ele não são situações táteis, por isso a prova do crime ficou guardado no recôndito de sua alma ferida. O caso foi arquivado.

Enquanto isso Otaviano estava no hospital sob cuidados médicos. Seus colegas de profissão envidaram todos os esforços para aliviar aquela angústia que o cercava. Todos os procedimentos foram executados com os melhores especialistas psiquiátricos. Ele não falava, não pensava e parecia estar absorto num mundo sombrio sem direito de retornar à realidade.

David Wood tomara para si a responsabilidade de cuidar de Altamira e de seu filho Gustavo. Colocou-os em um hotel, de forma provisória, até que outras medidas fossem tomadas.

A situação mais difícil foi relatar para sua esposa e sua filha, agora adolescente, que se faziam urgentes algumas providências para a volta de todos para a Califórnia.

Sem nenhuma cerimônia, ele contou a verdade para as duas. E ainda acrescentou que ele a amava e que sob nenhuma hipótese iria abandoná-la.

Katty recusava-se a aceitar e entender tal procedimento do marido, porém, tomada de ares superiores de sarcasmo, expressou: – Esta sua atitude só nos trouxe benefícios. Vamos providenciar o divórcio e viva feliz ao lado dela.

A fábrica de sabonetes foi vendida, e a mudança para os Estados Unidos foi efetivada. Partiram em voos diferentes. David temia que pudesse haver uma reação de sua esposa e causar um vexame na aeronave. Nunca sabemos a atitude que uma pessoa pode tomar quando ferida em seu ego. Ele não queria arriscar.

O Dr. Otaviano recuperava-se daquela apatia e, aos poucos, voltou a conviver com seus amigos e pacientes.

Quando sozinho em sua casa, relembrava aqueles momentos de muito sofrimento que vivera. A bebida era uma forma que encontrara para esquecer aqueles horrores que ouvira e presenciara.

Um dia, conversando com um amigo, contou-lhe o drama que estava vivendo. E acrescentou que a vida estava se tornando insuportável. Que a saudade que ele sentia de sua ex-esposa era muito grande e que tinha certeza de que nunca mais voltaria a ser feliz.

Esse amigo deu-lhe uma sugestão de como esquecer todo esse drama: Fazer parte de uma mesa de jogo de carteado. Era uma forma de distrair a mente e ganhar algum dinheiro e que se ele tivesse sorte poderia até ficar milionário.

Qualquer estrada que se apresentasse para limpar sua mente daqueles dramas vividos era bem-vinda. A esperança entrava nesse contexto, tentando descortinar para aquela alma desanimada um novo horizonte. Infelizmente, ele não fazia ideia de que, ao sair de uma situação aflitiva, entraria em outra muito pior.

Durante aquele dia de trabalho em seu consultório, seu pensamento estava voltado para aquela primeira noite em que participaria, pela primeira vez, de um divertimento que o faria esquecer por completo as mazelas que sua alma teimava em não abandonar.

Chegou ao local, e esse amigo apresentou-o aos demais companheiros. Tomaram champanhe para comemorar a chegada de mais um que estava fadado a ter um destino cruel e sem direito a reclamar. Ele participava desse convívio de livre e espontânea vontade. Era maior de idade e deveria assumir os riscos advindos dessa sua decisão. Só que o Dr. Otaviano, em sua ingenuidade, não tinha a menor ideia desse mundo amargo, sórdido e imprevisível do qual agora participava.

Nos primeiros dias, ele ganhou uma soma inesperada. Animou-se. E em muitas outras, aquela situação se repetia. A ganância subiu ao pódio e de lá ele ouvia os aplausos e a certeza de que o mundo se transformara para melhor. Em momentos de lucidez, questionava aquele seu comportamento. Entretanto onde há bebida, mulheres e dinheiro fácil de ser ganho perde-se a razão. Também se sentia um derrotado: perdera a mulher que amava, o filho e a compostura. Nada mais importava. Tudo que surgisse a sua frente era uma estrada nova que deveria caminhar sem maiores questionamentos.

A bebida era da melhor qualidade e nada se pagava por ela. Também era permitido fumar charutos havana importados de Cuba. Comida havia em fartura e de variadas iguarias preparadas pelos melhores chefes do ramo.

Era realmente um paraíso aquele local faustoso. Aos sábados havia show musical com belas mulheres solteiras e disponíveis. Cada um podia escolher a que melhor lhe encantasse e vivenciar momentos de sexo e prazer.

Esse divertimento entrava pela noite; e só quando o sol dava os seus primeiros sinais de vida, eles deixavam esse local, para se esconderem em suas casas, ou voltar ao seu labor diário.

O Dr. Otaviano já não tinha o equilíbrio para exercer sua profissão. Seus pacientes foram se afastando, e um dia ele tomou a decisão de fechar o consultório.

Desnorteado, sem família e sem crenças, caminhava a passos largos para um abismo que lhe fora induzido por falsos amigos.

Sua conta bancária ainda era alta, produto de seu trabalho e também daqueles valores que ganhava no jogo.

Enquanto os contratempos eram enfrentados pelo Dr. Otaviano, Altamira vivia dias de muito amor num país civilizado e de uma cultura diferente. Tudo a sua vista revestia-se de surpresas e encantamento. Seu filho já fazia parte de uma comunidade que o acolheu. A nova língua já fazia parte de seu cotidiano.

O divórcio de David e Katty fora concretizado, e numa cerimônia simples uniram-se perante Deus e os homens. Seu filho Gustavo estava presente e feliz.

A Maria Albuquerque recebia cartas com frequência de sua antiga patroa e sempre tinha notícias alvissareiras para relatar. Ao contrário, as notícias do Brasil não eram das melhores. Sua antiga empregada esmiuçava todo o caminhar da trajetória de Otaviano e estas notícias eram passadas para Altamira.

Quando se está em um patamar de felicidade, às vezes torna-se impossível vivenciar, a rigor, o sofrimento de outra pessoa, mesmo que esse ser humano tivesse sido um dia seu marido. Era como se tomasse ao pé da letra que "águas passadas não movem moinho".

E, ainda, é notório saber que Altamira fora amada por esse homem que caíra em desgraça total e absoluta. Ele a amava com tanta paixão que, mesmo presenciando um ato de sexo com seu amante, não a feriu nem proferiu uma só palavra de desacato. Preferiu ignorar aquele incidente e partir com sua dor.

Cada ser humano deve assumir seus próprios atos. As escolhas do livre arbítrio deixam-nos confortável para direcionar a vida como queiram. Quando se tem sucesso, atribui-se ao fator sorte. Quando o insucesso bate à porta, o coitado do destino é chamado para ser o responsável. Essa atitude é própria dos seres humanos. Assim, será sempre.

Passada a euforia dos ganhos naquela casa de jogatina, a situação de Otaviano se revertera. Agora ele perdia com frequência todos os valores amealhados. Sua conta bancária chegara à zero. Os impostos da casa não eram pagos. Nos cômodos daquela mansão majestosa, acumulava-se sujeira de toda espécie. Uma noite, ao chegar a casa, teve a surpresa do corte da eletricidade. A casa estava às escuras bem como a sua alma.

Andou cambaleando por alguns cômodos e, finalmente, deitou-se no sofá. O dia já se fazia claro quando acordou. Olhou-se num espelho que havia na sala e não pode acreditar que aquele era o médico que fora bem-sucedido e que tinha uma família exemplar. Tudo acabara. Restava agora um homem amargurado e envelhecido. Não tinha forças para recomeçar uma nova vida. Todos seus amigos fugiram. Estava só, sozinho num mundo que não oferece perdão para quem ultrapassa os limites de sua própria dor. Tudo lhe parecia irreconhecível.

Resolveu, então, jogar sua última cartada. Voltaria naquela noite para aquele lugar que lhe dera algumas esperanças de início para selar o último episódio. Se o resultado fosse positivo, ele abandonaria tudo e partiria para tentar viver uma vida diferente. Esse foi um momento de extrema lucidez depois de anos mergulhado em catástrofes e mais catástrofes.

Tomou um banho frio porque não havia água aquecida. Vestiu uma roupa que ainda encontrou limpa e foi-se com o propósito da mudança.

Às vezes as decisões chegam tarde demais. O abismo que o cerca não lhe dá o direito de uma saída segura. Mas vale tentar, principalmente, quando há uma pequena centelha de esperança.

Aquela noite revestia-se de características especiais. Todos reunidos aguardavam sua chegada. Ele era especial. Ao embebedar-se, não tinha noção das cartas que deveriam apresentar e perdia. E assim perdeu todo o dinheiro que ganhara ali como também seus valores bancários.

Restava apenas sua casa que, embora tivesse muitas dívidas, ainda era de um valor considerável.

Aqueles amigos sabiam dos mínimos detalhes de seu comportamento, da sua vida dos valores que ainda possuía e estavam dispostos a tomar-lhe o último centavo.

Sua propriedade foi colocada sobre a mesa. Agora, tudo ou nada. Se ele ganhasse, teria alguns milhões e se perdesse ficaria sem um lugar para se abrigar.

Aposta é aposta e não lhe dá o privilégio de um recuo.

Infelizmente, o Dr. Otaviano Andrade perdeu o último bem que possuía. Seu lugar de repouso seria, a partir desse momento, a rua.

Todo o pranto que não conseguira chorar durante os grandes dramas que vivera agora caíam em pesadas e grossas gotas. Era como se todos os seres do mundo parassem de chorar e oferecessem para ele suas lágrimas.

Era um homem sozinho, derrotado e infeliz. Tiraram-no dali e o colocaram-no numa calçada nas proximidades. Tinha apenas a roupa do corpo. Não portava documentos.

Perambulava pelas ruas sem destino, sem amigos, sem família e sem dignidade.

Em alguns momentos, pessoas que passavam a sua volta davam-lhe algumas moedas imaginando tratar-se de um mendigo doente e abandonado pela vida.

Um dia ele fez parada em frente a uma casa. Fazia um frio terrível e a proprietária desse lugar, apiedando-se dele, deu-lhe um cobertor velho e surrado, como também um prato, uma caneca e uma colher, tudo dentro de uma sacola para que ele pudesse transportar de um lado para outro sem dificuldade.

Há muito não tomava banho, e suas necessidades fisiológicas eram feitas em qualquer lugar e à vista dos transeuntes. Ele perdera também o pudor. Não se importava com mais nada.

Encontrara um lugar distante da curiosidade pública, ao lado de um muro, e resolvera fazer morada naquele lugar.

Ali seus dias terminariam de forma penosa e surpreendente.

Seu corpo foi encontrado antes que as aves de rapina decidissem fazer um lauto banquete.

Viver é uma arte que ultrapassa nossa imaginação.

Viver com felicidade é um privilégio para poucos.

Viver com sabedoria é uma situação destinada àqueles que sabem que a vida não é apenas uma fantasia.

Viver é amar a vida e amar-se muito, mas muito mesmo, a si próprio.

Viver é ter humildade

Viver é assumir tudo o que a vida lhe oferece e saber separar o joio do trigo.

Viver é acreditar em Deus.

Viver é manter-se alerta a tudo o que acontece ao nosso redor.

Viver é não menosprezar os seres humanos.

Viver é participar da vida e assimilar os infortúnios como uma coisa natural do viver.

Viver é passar por guerras e enfrentá-las com coragem e determinação.

Viver é saber renunciar algumas coisas que incomodam o seu dia a dia.

Viver é respeitar o próximo em suas decisões e sempre de cabeça erguida seguir uma nova estrada.

Viver é ter a certeza que o amanhã trará soluções para os problemas que hoje nos aflige.

Viver é ser dono de seu destino e saber que ele também pode nos trapacear.

Viver é ser independente para tomar decisões que somente nós sabemos serem as melhores.

Viver é confiar desconfiando sempre. É um palco onde os atores são diversificados, e cada um desempenha o seu papel.

Viver é pautar sua vida em seus princípios mesmo que esses não sejam comuns entre os envolvidos.

Viver é amar e se sentir amado. Todavia, quando esse sentimento sofrer mutações, entender que a vida deve continuar.

Viver é não abrir mão de suas metas.

Viver é por vezes sentir-se à beira de um precipício e encontrar asas para voar.

Viver é não se importar com o pensar dos outros a seu respeito. "Cada cabeça é um mundo diferente".

Viver é não se anular em função de outrem.

Viver é ter uma linha de conduta sem causar prejuízos a terceiros.

Viver, finalmente, é encontrar a felicidade da alma.

Elilde Browning

2

EDITE MARON
A TRAGÉDIA DE UMA EXISTÊNCIA

Aquela cadeira de rodas fazia parte de sua vida há mais de 10 anos. Ao seu lado um revólver com carregamento total para não falhar um só tiro, esperava o momento certo para entrar em ação. Visualizava a cena: um deveria acertar a cabeça porque foi naquele pensar que tudo foi arquitetado; outro nos órgãos genitais para ficarem sem o poder de manter relações sexuais; no coração viria o terceiro para exterminar algum sentimento que, se porventura ainda se fizesse presente.

Aquele cenário a sua frente mudava com a troca das estações. Às vezes tudo verde e florido e em outras, folhas amareladas e sem brilho.

Assim é a vida. As mutações acontecem quer queiramos ou não. A natureza dá exemplo e deveríamos observá-la e segui-la para que a nossa existência assumisse essas mudanças com resignação e consciência. Mas não é bem assim o que acontece. As aflições e as alegrias, quando se fazem presentes, mudam nosso comportamento. E é nesse mundo irreconhecível com o qual, muitas vezes, deparamo-nos.

Essa cena foi ensaiada, assimilada, vivida e sofrida. Não poderia haver erro; pois, se houvesse, a vítima seria ela e não ele. A maior parte do tempo vivendo nessa forma incômoda e cruel acumulou-se dentro de seu pensar um veneno mortífero e fatal. Aquele condensado grosso e pesado que, se não houver as dimensões apropriadas, dificulta a saída.

Tudo planejado, aguardava apenas a execução. A vingança não se quedaria ao luxo do remorso. Por trás de tudo, haveria um instante de felicidade. Aquela que lhe foi roubada em tempos idos.

Uma vez por ano ele aparecia em sua casa, mas não se aproximava dela. Seu subconsciente talvez o avisasse do plano diabólico que o aguardava. Ele conversava com alguns serviçais, inteirava-se dos ocorridos e saía carregando todo o peso de suas tirânicas atitudes. Todos os seres humanos têm uma aparência que todos veem e outra que fica guardada dentro de cada um. São os mistérios nos escondidos de nossa vida.

Ela precisava encontrar uma situação para vê-lo de perto. Tinha certeza de que no próximo ano seu plano seria executado. E assim, desde agora, ficou a imaginar o que fazer.

Não importa quanto tempo será preciso viver para a realização de um sonho bom ou mal. O importante é que ele seja concretizado. Ela tinha todo o tempo do mundo para fazer conjecturas para tudo sair perfeito.

Sua moradia era em um apartamento no segundo andar de frente para o maior hospital da cidade. Por vezes via ambulâncias chegando com feridos ou pessoas quase mortas.

Em vista daquele cenário, pensava e se interrogava: Qual a diferença de estar vivo ou morto! Os mortos têm sua destinação natural. Os mortos vivos como ela, que sentia seu corpo apenas pela metade, era como convivesse com uma metade viva e outra morta. Faria sentido prolongar essa vida por tempo indeterminado? Sim. Até que o seu grande sonho se tornasse realidade. Matar aquele homem que um dia proporcionou-lhe todas as glórias que uma mulher pode vivenciar e depois a destruiu de forma tão cruel.

Ela tinha 14 anos quando Dilermando Maron a viu pela primeira vez. Era uma tarde de verão quando o sol abandonando a terra dá lugar para que a noite se instale. Sua mãe era lavadeira da família e ela ajudava-a a transportar aquelas roupas penduradas em cabides ou amarradas a um lençol sobre a cabeça.

Seu corpo ainda em formação já despontava que seria um belo corpo de mulher. Alta, morena, cabelos e olhos castanhos, ancas pronunciadas, pernas longas e bem torneadas.

Seus olhares encontraram-se por alguns segundos. A insistência do olhar dele continuava e ela, em sua ingenuidade de adolescente, desviou o seu, quase envergonhada.

Ao sair daquela imensa casa, levou consigo aquele momento tão perturbador. Ninguém a mirara antes dessa forma. Era impossível esquecer. Durante todo o tempo, fazia conjecturas sobre aquele membro da família. Um homem rico e fino olhando para uma moça simples, semianalfabeta e filha de uma das serviçais da casa.

Porém milagres existem e podem acontecer em qualquer momento e com cada um dos mortais.

Dilermando também tinha a imagem daquela moça pregada em seu cérebro. Desnudou-a em seus pensamentos e concluiu que, em poucos anos, ela seria uma mulher linda. Precisava apenas de trato corporal: tecido, cuidados e maquiagem.

Investigou com seus familiares o nome dela e também onde morava. Com essas informações, saiu a sua procura. Ela se chamava Edite da Silva. Morava em um bairro da periferia, numa casa humilde e desconfortável, dividindo-a com mais sete irmãos. Nenhuma atitude deveria ser tomada, nesse momento. Decidiu seguir seus passos para fazer outras descobertas.

Durante muito tempo, percebeu ser aquela jovem trabalhadora e cumpridora de seus compromissos. Muitas vezes ele a via indo ou voltando da escola, carregando uma sacola que deveria conter seus livros e cadernos. Num desses dias ele se aproximou e perguntou se ela precisava de ajuda. – Não, respondeu. Obrigada. Ela voltou o olhar e conferiu ser o filho de sua patroa.

E, assim, durante muito tempo, ele observou-a e seguiu-a em todos os momentos. O dia em que ela ia a sua casa para cumprir suas obrigações de serviçal, ele estava a sua espera. Olhava-a, conferia sua postura de menina pobre e ficava a imaginar a transformação que ele seria capaz de operar naquela criatura tão simples.

Ela tinha outros irmãos todos diferentes em suas características. Era aparente que os progenitores eram diversificados. Sua mãe, a senhora Ambrosina da Silva, era uma mulher responsável e uma mãe zelosa. Via-se em seu corpo o estrago que o tempo fizera ao trazer ao mundo tantos filhos. Certamente Edite deveria ter o mesmo destino.

Ele a pouparia desse desconforto. Estava disposto a dar-lhe outras perspectivas para tornar a vida dela diferente e também usufruir todo o prazer que aquele corpo imaculado lhe proporcionaria.

Marlene Fonseca era sua namorada há mais de um ano. Moça bela e rica. As famílias planejavam um casamento suntuoso e um futuro com muitos filhos.

Dilermando tinha, agora, seu caminhar em outra direção. E pensava que "A direção é mais importante do que a velocidade". Não tinha pressa nem para casar com a sua pretendida e nem de se aproximar da Edite. Tudo seria minuciosamente calculado e planejado para o sucesso do empreendimento. Ninguém de sua família deveria desconfiar dos seus planos. Tudo deveria revestir-se de um segredo guardado em seu pensar.

O sossego de sua alma foi-lhe roubado por aquela menina moça e o seu viver concentrava-se naqueles planos, por vezes, mirabolantes que arquitetava. Sua namorada desconfiava de algo anormal. Eles não mais se aproximavam como namorados e até os beijos tomaram-se escassos.

Quando um homem interessa-se por uma mulher e que esta não está ao seu alcance por qualquer circunstância, as lutas internas do seu eu promovem um desafio arrasador. O querer ganha forças extraordinárias, e ele é capaz de cometer as maiores loucuras.

Todos estavam absortos com seus próprios problemas, e os pais não se davam conta do que acontecia com seu único filho. Tudo caminhava de forma precisa e dentro do planejado. Dilermando cumpria suas funções de gerenciar a fortuna da família em inúmeras fazendas de cacau com o mesmo entusiasmo e eficiência.

Os sentimentos de cada ser humano é uma situação própria e única sem se tornar palpável aos demais. Mesmo quando confidenciamos para alguém, ainda, assim, é impossível transferir de maneira exata o que sentimos porque quem nos ouve vai jogar para seu mundo aquelas informações e decantá-las a seu modo. Sentimentos não se transferem, apenas, sentem-se.

Edite continuava seu viver normal sem perceber que um vulcão de ideias daquele homem povoava o seu redor como ondas magnéticas invisíveis.

Sua mãe, mulher experiente, percebeu que o Sr. Dilermando, como ela o tratava, olhava em demasia para a sua filha. No último pagamento de seus serviços, ele lhe dera um valor superior ao combinado e, quando esta reclamou, ele apenas disse: – "compre um vestido para a sua filha". Aquela atitude deixou-a com uma "pulga atrás da orelha". Ela se interrogava: Por que ele agiu dessa forma?

Ela conhecia o mundo e os homens. Eles são ladinos e imprevisíveis. Assim pensava. Começou a vigiar os passos de sua filha, principalmente, nas idas e vindas da escola, porque em outros momentos ela estava sempre ao seu lado, ajudando-a em seu labor diário.

A senhora Ambrosina da Silva surpreendeu-se quando, numa tarde, o Sr. Dilermando parou seu carro próximo à escola de Edite. Certamente ele estava ali a sua espera. Escondeu-se detrás de um muro e ficou à espreita. Nada aconteceu. Ele apenas ficou a distância, olhando-a. O que a sua mãe não sabia era que, por trás daquele comportamento de seu patrão, ele maquinava pensamentos que em breve poria em prática.

Edite e sua mãe eram duas mulheres vulneráveis a qualquer decisão de um homem rico e poderoso. Ninguém e nenhuma lei as protegeriam porque o dinheiro compra tudo. Compra consciências e envelopa o clamor de suas almas.

A namoradinha eleita para ser esposa também saiu em ação para fazer as suas descobertas. Todos os interessados cercavam-no na esperança de saber o que tramitava em seu caminho, envolto em um denso nevoeiro.

Enquanto a espera, a expectativa e a loucura de alguns tomavam corpo, Edite na sequência lógica do tempo desabrochava com uma flor que vai se abrindo devagarzinho e num dia qualquer explode em seu esplendor máximo.

A natureza tem as suas manhas e sabe o tempo certo para tudo acontecer.

É bem provável que seus sentimentos ainda imaturos não estivessem alheios a toda a movimentação diária, mas admitia que não deveria se preocupar. O que terá que acontecer, acontecerá independente de sua vontade. O tempo tem leis próprias, e ela acompanhava-o com certa parcimônia.

A mansão dos Marons era sempre marcada por festas suntuosas e extravagantes. Todos nessas ocasiões enfatiotavam-se com roupas vindas dos melhores costureiros. As mulheres desfilavam pelos salões com postura de rainha. Os homens tornavam-se grandes *gentlemen*. O perfume que usavam de diferentes aromas tornava aquele ambiente agradável no olfato e no sentir.

Num desses acontecimentos, Ambrosina fora convidada pela senhora Hilda Maron, mãe de Dilermando, para ajudar nos labores dessa festa. Edite viera junto.

As duas receberam roupas apropriadas para trabalhar: Um avental branco com chapéu da mesma cor cobrindo os cabelos. As suas atribuições eram lavar todas as porcelanas e cristais servidos. Realizado esse trabalho, deveriam manter-se na cozinha.

A curiosidade de Edite foi além do combinado. Seu olhar pelas frestas da porta deslumbrava-se com aquele ambiente magnífico. Por vezes fechava os olhos e sentia-se ali em meio aos convidados desfrutando de todo o prazer daquela festa. Em sua condição, o máximo que poderia fazer era sonhar. O sonho é uma situação permitida a todos os mortais. Vivenciar é diferente. Participar daquele convívio era algo que estava além de sua imaginação.

Esses festejos terminavam sempre ao amanhecer. Todos literalmente embriagados. Alguns invadiam aposentos da casa deitavam em qualquer lugar e ficavam parte do dia sem noção de onde estavam. Seus semblantes, ao recuperar a consciência, eram devastadores. Em muitas situações da vida, o prazer vivido de forma excessiva pode acarretar angústia e tristeza. O equilíbrio deveria ser constante em todo o palmilhar do nosso viver.

Já se avizinhava o amanhecer. Edite e a sua mãe voltaram a sua casa no carro da família dirigido pelo motorista. Era a primeira vez que ela entrava em um carro. A sensação de conforto e bem-estar invadiu a sua alma e sentiu-se leve e feliz. Nesse instante, seu eu interior despertou para participar de um mundo que não era uma rotina em sua vida.

Também, aquela festa e todo o encantamento ali visto passou para seu cotidiano e era impossível esquecer todos aqueles detalhes.

Em cada fazenda da família, havia sempre uma casa suntuosa e cheia de serviçais denominada de "Casa Grande". Nas proximidades, havia as casas mais simples dos trabalhadores. Dilermando, beirando os seus 35 anos, gerenciava todos os bens da família com uma capacidade incomum. Aprendera com o velho pai, o Coronel Osvaldo Maron, agora aposentado de vontade própria.

Numa de suas viagens a uma das fazendas, intitulada "Fazenda Cascata", de sua propriedade, começou a tramar seu plano para viver os seus dias mais felizes desde que descobrira Edite. Tudo deveria revestir-se de segredo até a consumação dos seus atos. O querer está acima de todas as dificuldades que se apresentem em seu caminho. O querer é uma força poderosa que o impulsiona na realização dos sonhos. O querer transpõe montanhas e os maiores obstáculos postos a nossa frente. "O querer é poder".

De tocaia, esperava o momento certo para agir. A decisão já havia sido tomada há algum tempo. Não poderia fazer alarde, e a discrição era imprescindível para o sucesso do seu desejo.

As dúvidas pairavam em seu cérebro. A mãe da Edite deveria saber de seus planos! Seria melhor usar um método sorrateiro! Embora ela pertencesse a uma família simples, eles a amavam e, percebendo seu desaparecimento, certamente procurariam os meios legais para encontrá-la.

Como o dinheiro resolve a maioria dos problemas e como muitas gerações futuras sobreviveriam com a fortuna da família Maron, Dilermando decidiu usar de meios legais e convincentes para, inclusive ter a calma necessária, para vivenciar aquele grande encontro amoroso.

Embora fosse um homem vivido e com muita experiência com as mulheres, ele nada sabia a respeito dos sentimentos de Edite para com ele. Achava-a bela, tímida e recatada. Essas qualidades ele adorava nas mulheres, principalmente, aquela que, a seu ver, nunca fora beijava e tocada por um homem.

Por vezes ficava horas a fio imaginando a presença dela num espaço somente a dois. Essas conclusões deixavam-no excitado em seu pensar e vivenciava cada cena como se ela estivesse acontecendo nesse momento. Seus olhos brilhavam de tanta emoção. Seu coração enchia-se de esperança. Não suportava mais esperar. Seu limite chegara ao topo.

Dilermando sabia toda a trajetória diária da senhora Ambrosina. Enquanto numa tarde Edite estava na escola, ele a cercou, convidou-a a entrar em seu carro, estacionou em um lugar distante de transeuntes e começou o seu discurso: – Eu amo a sua filha Edite desde o primeiro dia que a vi em minha casa. A figura daquela moça simples entrara em minha alma como um furacão e, desde aquela data, tenho-a em meu pensamento. Gostaria muito de levá-la para conhecer uma de nossas fazendas, a mais próxima de nossa cidade. Quero conversar com ela a sós e dizer-lhe de minhas pretensões para o futuro.

A mãe de edite levou um considerável susto e falou: – Por que o senhor não vai até a nossa casa e fala tudo isso com ela em nossa presença? Dilermando justificou não agir dessa forma porque não saberia a reação dela e de seus irmãos. Ainda acrescentou que ele ficaria muito triste e decepcionado se não houvesse uma receptividade favorável de Edite.

Houve um instante de silêncio entre os dois que durou uma eternidade. Os argumentos convincentes fugiram. Foram passear bem longe sem dar notícias de quando voltariam.

Enquanto isso o pensamento de Dilermando, num borbulhar incessante, decidiu dar sua última cartada.

"Se Edite decidir casar-se comigo, toda a sua família será amparada e a senhora passará de lavadeira da família a um membro dos Marons." Os olhos da Senhora Ambrosina arregalaram-se de forma tão assustadora que o mundo inteiro caberia dentro deles.

– Vou pensar, falou a senhora Ambrosina. – Agora preciso ir. As obrigações me esperam. Dilermando deixou-a em frente a sua humilde casa e foi-se carregando dentro de si a esperança de seu convencimento.

Estava a um passo para realizar um plano que arquitetava em sua mente há mais de dois anos: Ter em seus braços aquela quase mulher, pura, inocente e bela. Ele a transformaria realmente em uma fêmea de verdade com todos os aparatos necessários.

Para sua surpresa, um dia a senhora Ambrosina procurou-o em seu escritório. Aquele local exalava o cheiro forte de cacau debulhado e seco. Correu os olhos em volta e viu montanhas de sacas daquele produto prontas para exportação. Ao vê-la, Dilermando cumprimentou-a com a sensação de já se tratar de uma pessoa de sua família e, após uma troca de gentilezas, levou-a a conhecer todo aquele espaço.

Na proporção do seu caminhar, ela ia assimilando o gosto de ter aos seus pés todo aquele mundo diferente do seu. A empolgação atingiu a sua alma e rapidamente pensou: – Edite não pode perder a chance de ser rica e poderosa. E, ademais, se ele se casar com ela todos seremos ricos.

Agora sentados no escritório, Dilermando informou-a minuciosamente de seus planos: como levaria Edite para a fazenda, possivelmente os dias em que ficaria naquele local e, finalmente, advertiu-a: – Seus pais não deveriam tomar conhecimento de nada. Ele faria uma surpresa para eles na volta. E assim, combinado e acertado, faltaria o detalhe mais importante de toda essa trama: Como falar ou convencer Edite dessa viagem.

A euforia inundou a alma daquela pobre senhora e, durante o trajeto de volta a casa, tinha certeza que convenceria sua filha desses planos do seu senhorio poderoso. "Acreditar é o segredo para aqueles que querem transformar sonhos em realidade".

Há um instante na vida que, quando um ser humano se depara com uma solução aparentemente inatingível e tendo consciência que ela está ao alcance de suas mãos, o viver ganha conotações extraordinárias de prazer. Ambrosina prelibava os acontecimentos futuros com um sabor nunca antes sentido.

Dilermando costumava levar mulheres diferentes às suas fazendas. Não seria surpresa para seus empregados fazer-se acompanhar de mais uma. Só que, para ele, aquela era uma criatura diferente de todas as outras que compartilhara naquela casa. Nessa ocasião, deveria haver um aparato único e revestido de muito encantamento.

Dias antes de sua chegada com Edite, ele reuniu-se com seus serviçais e planejou em seus mínimos detalhes tudo que aconteceria naqueles dias de sua permanência naquela fazenda: As refeições que deveriam ser servidas, as roupas de cama e mesa e muitas flores por toda a parte. E, assim decidido, voltou à cidade para inteirar-se do dia exato que partiria com a sua amada.

Enviou um mensageiro com um bilhete à casa da senhora Ambrosina para saber do ocorrido entre ela e Edite. A surpresa foi a esperada. Edite decidira ir-se com Dilermando para a Fazenda Cascata. A senhora Ambrosina confirmou, também, com uma mensagem escrita.

O mais surpreendente é que, quando sua mãe a informara das decisões do Dilermando, ela não deixou transparecer em sua fisionomia nenhum tipo de aprovação ou reprovação. Apenas concordou com aquela viagem. Mal sabia a senhora Ambrosina que sua filha portava dentro do seu eu todos os sonhos desse encontro, embora não soubesse de forma real como eles aconteceriam e as emoções que a aguardavam. Seu coração, cheio de uma expectativa sem precedentes, disparou e partiu para o mais alto ponto do infinito. Era uma adolescente matreira, esperta e sonhadora.

Calmamente começou a separar as roupas que levaria. Todas muito simples, mas eram aquelas que ela tinha. Nesse momento deu asas a sua imaginação e, em frente a um pequeno espelho, em seu humilde quarto, que era dividido com outros irmãos, viu o seu corpo envolto em roupas deslumbrantes e rodopiava sentindo-se leve e etérea.

Na vida a realidade começa sempre com um sonho, e ela tinha certeza de que esses seus desejos se transformariam em breve num mundo diferente àquele que vivera até então. Aguardava com ansiedade todas as portas que iriam se abrir a sua frente, trazendo-lhe felicidade e bem-estar.

Na véspera da partida, os envolvidos fizeram vigília em seus aposentos. Não foi possível dormir. A senhora Ambrosina vivia o afã de se tornar rica e poderosa. Edite vivenciava ter-se nos braços daquele homem que há muito tempo sonhara. Dilermando degustava a seco cada segundo ao lado daquela jovem que por muito tempo deixou-o em estado de excitação, expectativa e esperança.

Quer queiramos ou não, o dia sempre chega para tomar o lugar da noite. Em muitos momentos da vida, esperamos pela noite nesse caso o esperado era o amanhecer.

Quando Dilermando chegou com o seu carro àquela casa, Edite aguardava-o com uma infinita ansiedade. Despediu-se de seus familiares entrou no carro e partiram. Os dois tinham seus corações em uma situação nunca antes vivida. Cada um carregava seus comprometimentos baseados nas experiências que tiveram antes, na menor ou maior proporção. Ela baseava-se em sua imaginação de adolescente, e ele vivenciava aquela viagem com um gosto diferente de todas que tivera antes.

Nos primeiros instantes a sós, Dilermando perguntou como ela se sentia ao lado dele. Ela simplesmente respondeu: – curiosa. Ele externou seu contentamento de poder levá-la a sua fazenda e contou-lhe todo o seu sentir desde a primeira vez que a viu. As palavras dele poderiam ter sido as delas, mas havia uma sabedoria por trás daquela menina humilde, e ela apenas disse que notava que de vez em quando ele a olhava de forma diferente.

A viagem durou apenas 50 minutos. Mas, para os dois, o caminho pareceu interminável.

Chegaram, finalmente.

Ele desceu do carro, deu a volta e abriu a porta do lado dela. Nesse momento ele segurou sua mão e seu corpo foi ao encontro do dele. Eles sentiram um calafrio estonteante e se abraçaram. Era a primeira vez que ela abraçava um homem e ele percebeu as emoções que os aguardavam nos dias a seguir.

Seus empregados acorreram para tirar seus pertences do carro. Duas grandes malas foram levadas para os aposentos. Uma com as roupas dele e a outra com uma pequena surpresa para Edite.

Antes de entrar naquela casa monumental, ela olhou em volta e sentiu-se extasiada diante do que presenciava. Nunca antes ela imaginaria que poderia hospedar-se em uma casa tão grande e fascinante. A vida lhe reservara uma surpresa.

Dilermando levou-a para conhecer todos os aposentos da mansão da fazenda, e em cada cômodo ela ficou a imaginar a pobreza em que vivia. Tudo era grandioso em seus olhos e em seu sentir.

Entraram no quarto principal, onde havia um banheiro ao lado. Uma suíte completa. Ali eles se instalaram. Ela pegou seus pertences e fora tomar banho. Seu estado emocional estava descontrolado, e ela mal podia segurar-se de pé. Quando não se tem ideia do que lhe acontecerá nos minutos a seguir, nossa alma entra numa expectativa que transcende nosso eu, deixando-nos numa situação acima do nosso sentir.

Enquanto ela se ausentou por alguns minutos, ele aproveitou para abrir a mala que continha muitas roupas, sapatos, lingeries, perfume, chinelos e outros mimos que ele comprara para ela.

Edite vestiu aquele vestidinho surrado e pobre e apresentou-se diante dele. Ele percebeu que ela estava embaraçada e pediu-lhe que sentasse numa cadeira ao lado da cama com a intenção de deixá-la à vontade. E em seguida foi entregando para ela, um a um, todos aqueles presentes.

Havia em seu rosto um misto de felicidade e espanto. Em dado momento, ela se levantou e beijou o rosto dele em sinal de agradecimento. Dilermando aproveitando esse momento agarrou-a pela cintura e cobriu-a de beijos e abraços dos mais calorosos. Aqueles que ele guardara por longo tempo. Agora ela estava ao seu alcance, e ele poderia externar todo seu desejo e a realizar seus sonhos.

Embora assustada, ela desfrutada daquelas carícias com um prazer que até então nunca sentira. Era uma troca de emoções. Ele ciente do seu sentir, e ela vivendo pela primeira vez o corpo de um homem junto ao seu.

Seu vestidinho foi arrancado e sua calcinha também. Rapidamente ele se livrou de suas roupas e estavam agora os dois nus usufruindo todo o prazer que aquele momento lhes proporcionava. Ele beijou-a poro por poro do seu corpo e ela gemia desconcertada, mas feliz.

Nesse enlevo ficaram horas a fio. Em dado momento, ele sussurrou em seu ouvido para que ela separasse as pernas porque ele queria possuí-la. Ela não entendia ainda a sistemática de uma relação sexual. Obedeceu. Ele penetrou-a de forma suave, e os dois chegaram ao ápice do prazer.

Ao levantar-se da cama, havia sangue nos lençóis. Ela ficou assustada e envergonhada porque não entendia o que estava acontecendo. Ele calmamente explicou que agora ela se tornara mulher e que nas próximas relações isso ainda poderia acontecer.

Ela foi até o banheiro e lá sentiu uma sensação estranha em seu órgão genital. Uma leve dor recheada de um prazer indescritível.

Após tomar banho, voltou ao quarto e ele agarrou-a, novamente, acariciou seus seios, ainda em formação, deslizou as mãos sobre sua pele e percebeu que, além de bela, ela seria em pouco tempo uma mulher extremamente carinhosa e fogosa.

Ficaram uma semana naquele lugar; a maior parte do tempo trocando energias e amando sem trégua. Ele sentia estar vivendo os melhores momentos de toda sua vida. Ela sentia o despontar para uma nova vida, que certamente seria diferente daquela que até então vivera.

Durante o tempo em que estiveram na fazenda, ela usou todas as roupas, perfume, sapatos e chinelos que ele lhe presenteara. Postou-se em frente a um grande espelho, e cada roupa que vestia sentia seu pensamento voltar àquele momento em sua casa quando essa situação era apenas um sonho. Quando a realidade substitui o sonho e esta está ao nosso alcance, o prazer que emana da alma eleva-nos aos píncaros da maior satisfação pessoal.

Edite nesses dias roubou para si toda a felicidade da raça humana. Ela sentia-se enlevada e dentro do contexto desse mundo metafísico. Havia muitas conotações de esperanças que a rodeava e visualizava um caminho com muitos acontecimentos dos mais promissores. A partir de agora a vida seria diferente, recheada de vitórias e grandes acontecimentos. Estava pronta para viver em sua plenitude todo o desenrolar dos grandes instantes que se apresentariam.

Dilermando, na véspera da partida de volta a casa, sentou-se ao lado de Edite e instruiu-a como proceder a partir de agora: Ela não mais voltaria para a casa de sua família e sim para sua mansão onde morava com seus pais;

– Se houver rejeição dos meus pais, providenciarei de imediato uma casa para morarmos, até que eu possa construir uma nova residência;

– Providenciarei de imediato nosso casamento com todas as pompas e circunstâncias. Nesse instante, beijou-a levemente no rosto e acrescentou: – Você merece! – Você é tudo que sonhei durante toda a minha vida.

– Tenha cuidado com a aproximação de Marlene Fonseca, minha ex-namorada. Uma mulher abandonada é capaz dos maiores desatinos;

– Comprarei de imediato uma nova casa para sua família, a qual deverá abrigar de maneira confortável todos os seus irmãos e a sua mãe;

– Sua mãe abandonará o ofício de lavadeira. Mensalmente, darei uma mesada para ela. Apenas cuidará da casa e de seus irmãos;

– Vou colocar uma professora a sua disposição, em nossa casa, para dar continuidade aos seus estudos;

– Contratarei, também, uma pessoa entendida em etiqueta e boas maneiras. Ela irá lhe orientar de como proceder na vida social;

– Você poderá escolher todos os vestidos que desejar, assim como outros acessórios, sapatos etc.;

– Tudo o que lhe acontecer, a partir desse momento, deverei ser informado de imediato;

Em seguida interrogou se ela tinha alguma dúvida dessas instruções. – Não, respondeu.

No dia seguinte, quando o sol apresentava os seus primeiros raios de luz, eles partiram daquele ninho de amor. Ele, feliz por ter encontrado a felicidade, e ela trazendo as marcas de ter se tornado mulher. De vez em quando, olhava para trás para fixar em suas retinas o cenário que mudou a sua vida.

A família do Dilermando estava em horário de almoço quando eles adentraram em sua casa. Segurando-a pela mão, sentaram-se à mesa, e ele falou para os pais: Apresento-lhe minha mulher, Edite da Silva. A senhora Hilda e o Coronel Osvaldo levaram um susto e ficaram perplexos com o que acabaram de ouvir. A comida fugiu daquela mesa e foi dar uma voltinha na cozinha, para não ser responsável por uma congestão que poderia ocasionar aos Marons diante dessa notícia.

Uma das empregadas da casa, vendo a presença dos dois, providenciou pratos e talheres para que eles almoçassem também, mas não foi preciso. A fome podia esperar por uma hora mais oportuna.

A senhora Hilda Maron, olhando fixamente para seu filho, falou:
– Essa moça não é a filha da lavadeira?

– Sim, respondeu Dilermando e acrescentou: "A senhora Ambrosina não é mais a nossa lavadeira. Ela agora é minha sogra e os seus filhos meus cunhados".

Diante dessas afirmativas, seus pais ausentaram-se dali e foram para seus aposentos chocados e sem capacidade de uma reação imediata.

Seus pertences foram trazidos para dentro de seus aposentos pelos serviçais. Edite, sem dar muita importância à atitude dos seus sogros, sentou-se numa poltrona que havia em seu quarto e ficou ali como se todo esse acontecido não fosse ela a figura principal.

Dilermando já esperava aquela reação dos pais, pois pertenciam a uma elite em que casamento deveria ser realizado sempre nas estirpes semelhantes.

Ele aproximou-se de Edite e confortou-a, dizendo que em breve tudo se arranjaria a contento. Ela, com desdém, respondeu: – Não estou nem um pouco preocupada! Pelo pouco conhecimento que tenho da vida, essas reações são normais.

Ele surpreendeu-se com essa atitude de sua amada e concluiu que, além de bela, era também inteligente.

Depois de uma semana afastado de suas atribuições no trabalho, faziam-se urgente algumas providências.

Avisou-a que iria sair e voltaria mais tarde. Ainda recomendou que ela poderia circular normalmente pela casa, inclusive podia pedir aos empregados que lhe servisse almoço e qualquer outra coisa que quisesse. Ele foi-se confiante de que ela se sairia bem em qualquer situação.

Por volta do anoitecer, entra casa adentro sua ex-namorada Marlene Fonseca. A notícia do encontro de Dilermando e Edite na fazenda correra rapidíssimo e fez pousada em seus ouvidos. Ela entrou gritando e pedindo uma explicação. Não encontrou guarida porque cada um, nesse momento, estava afeito aos seus próprios problemas. Dilermando, fora de casa trabalhando; Edite em seus aposentos desfrutando e assimilando toda essa transformação de sua vida em apenas uma semana. Seus pais ausentaram-se, propositadamente, e fizeram parada na casa de um amigo para dividir com este o sofrimento que atingia às suas almas.

Os serviçais mantinham-se ocupados e não lhes era permitido intrometer-se em assuntos de seus patrões.

Marlene Fonseca sentou-se em uma poltrona na grande sala de estar e resolver esperar até que alguém aparecesse.

Ela olhava ao redor e sentia uma situação de desalento como que o seu subconsciente lhe avisasse que para ela tudo estava perdido. E, assim, ficou ali por algumas horas mesmo se sentindo derrotada. Ela se recusava a aceitar os novos rumos que a vida de Dilermando tomaria.

Toda mulher tem uma intuição aguçada. Ela não era diferente. Enquanto isso relembrava com saudade os grandes momentos vividos ao lado dele e muitas viagens que fizeram juntos, inclusive àquela mesma Fazenda. "Recordar é reviver e vivenciar os grandes momentos da vida".

Quando já estava decidida a abandonar aquela casa, à qual certamente nunca mais voltaria, viu Dilermando entrando. Postou-se diante dele e exigiu uma explicação de seu proceder com Edite.

Calmamente, ele falou que não tinha que lhe dar nenhuma explicação e que gostaria muito que ela se fosse dali e nunca mais voltasse àquela casa. Nunca sabemos o que o futuro nos espera. Por isso precisamos estar sempre antenados e receptivos aos acontecimentos que podem chegar sem avisar.

Edite observava tudo da janela entreaberta de seu quarto e, quando aquela cena deu-se por finda, ela continuou impassível como se nada tivesse acontecido. Foi uma atitude sábia.

O jantar foi servido apenas para os dois: Dilermando e Edite. Ela sorvia com um prazer incomparável todas as mordomias de seu novo viver. Fazia questão de estar alheia ao pensar e comportamento dos demais. Havia um mundo só seu e este ela desfrutava como merecedora absoluta das circunstâncias.

Seus pais inventaram uma viagem e se foram. Longe eles teriam a chance de refletir sobre as ações recentes de seu filho. A ideia dessa ausência foi a mais benfazeja para Edite, pois facilitou sua adaptação àquela mansão, sem os olhares atentos dos proprietários.

Numa tarde, sua mãe, Ambrosina, veio visitá-la. Ela estava ansiosa para ver a filha e inteirar-se de tudo o que aconteceu naquela fazenda. O encontro das duas foi emocionante. Abraçaram-se e choraram juntas. Sentaram em confortáveis poltronas na varanda imensa da casa e ali conversaram. A noite chegara sem que as duas percebessem o corrido do tempo.

Dilermando chegou a tempo de encontrar sua sogra. Abraçou-a e falou que ainda naquela semana tomaria as providências de sua mudança para uma casa que estava negociando. A felicidade instalou-se em seu coração e desejou-lhe que Deus o ajudasse em seus negócios.

Os três participaram do jantar daquela noite. Dilermando mandou servir champanhe para comemorar a visita de sua sogra e a felicidade do casal.

Ambrosina e Edite já tinham ouvido falar do nome dessa bebida, mas ninguém nunca havia lhes dito o prazer que é sentir o borbulhar que ela causa ao paladar. Ficaram inebriadas de satisfação. Saboreava-a em pequenos goles seguindo o compasso lento do prazer.

Dilermando levou a sogra até sua casa, acompanhado de Edite que desejou rever os irmãos. Foi um reencontro de muita alegria para todos.

A vida caminhava conforme previram, e todas as providências prometidas por Dilermando cumpriram-se: A família mudou-se para uma casa espaçosa; os irmãos matriculados em escola particular com um bom nível de ensino e ela vivenciando o prazer de ser rica, amada e poderosa.

Edite fazia progresso em seus estudos a domicílio, como também nas aulas de etiqueta e boas maneiras. Dilermando orgulhava-se dela, e a cada dia o amor entre os dois era uma sucessão crescente de bem-estar.

Seus pais voltaram a conviver com eles sob o mesmo teto. O entendimento entre todos se tornou perfeito. Edite, apesar da pouca idade, tinha um discernimento incomum de convivência pacífica. Sua inteligência e compreensão estavam acima da expectativa dos demais. Ela era admirada pela família e pelos amigos que frequentavam a mansão. Devagarzinho ela se tornou a rainha absoluta de todos os mandos da casa. Todas as decisões estavam a ela impostas e as exercia de forma surpreendente.

A perfeição atingia o seu grau mais elevado, todavia um dia acordou no meio da noite e pensou: Desde que fora àquela fazenda em seu primeiro encontro amoroso, nunca mais teve a liberdade de sair sozinha para nenhum lugar, nem mesmo para visitar sua família. Havia sempre alguém determinado por Dilermando para lhe fazer companhia. Aquela situação começou a tomar corpo em sua alma e decidiu com muita calma pensar em como reverter esse procedimento.

O casamento estava marcado para o próximo mês. As preocupações deveriam girar em torno desse grande acontecimento. – Um passo de cada vez. Assim concluiu.

Como era de se esperar, foi o ponto máximo, naquele ano na cidade, a união legal dos dois. Os festejos duraram alguns dias, e aquele ato foi a concretização de tudo que desejara.

Nunca sabemos o que se passa no pensamento de um ser humano quando ele decide manter um segredo alojado no esconditinho do seu pensar.

Edite sentia-se vitoriosa: estava casada um homem rico e jovem que a amava; sua família amparada; seu nível de conhecimento ampliava-se a cada dia com as aulas de sua dedicada professora.

Em poucos anos, houve uma transformação radical em sua vida. Agora ela fazia parte de uma elite, frequentava o melhor clube da cidade e tornara-se uma mulher elegante, exuberante e desejada por outros homens.

Dilermando não a perdia de vista porque ele sabia o fascínio que ela despertava em todos que a rodeava e conhecia. Nas rodas sociais, ela era sempre o assunto a ser comentado. Todos a viam como uma mulher monumental, inteligente e acima dos padrões normais de beleza.

As festas na mansão já não eram tão frequentes como outrora. Ele guardava-a a sete chaves e sempre estava debaixo de seu olhar ou de alguém de sua confiança.

Apesar de tudo que usufruía, ela se sentia presa como se estivesse numa gaiola, com grades brilhantes, ofuscando a possibilidade de ver o mundo a sua volta. O espaço de que dispunha limitava-se apenas ao de sua grande mansão. Seus pulmões passaram a reclamar do ar que não se renovava. A rotina era exasperante.

Uma noite, depois daquele ritual de amor em que ele ficava à mercê dos acontecimentos de forma calma e prazerosa, ela investiu-se de coragem e externou todo seu descontentamento com o ritmo que vida que era obrigada a cumprir: não tinha amigas, confidentes nem ao menos tinha a ventura de sair às ruas sozinha. Ele deu um pulo da cama e assustado falou: – Eu não quero que você saia sozinha para nenhum lugar. Não quero que tenha amigos. Não quero que se relacione com ninguém além daqueles que eu decidi serem seus amigos, ou seja, meus pais, sua família seus professores e seus serviçais e ninguém mais. Não quero vê-la conversando com nenhum estranho e se isso acontecer, e eu tiver conhecimento, você verá o que lhe acontecerá.

Ainda, rechaçou a ideia de terem filhos, afirmando que não gostaria de ver o seu corpo deformado e a sua atenção dividida entre crias.

Foi uma ameaça que a deixou em estado de alerta. Seu ciúme beirava a um estado de loucura. Todo aquele aparato que ele a envolvia tinha como objetivo único fazê-la escrava de seus desejos. Manipulava-a ao seu bel prazer e tinha-a sob os seus caprichos de macho que tudo dá e que quer em troca uma dedicação acima do que alguém pode suportar.

Até aquele incidente, ela não havia percebido o quanto egoísta e possessivo ele era.

Edite tinha a leve mais acertada certeza que seu ninho fora feito em um galho seco de uma árvore. A qualquer momento um vento mais forte poderia derrubá-lo.

Há sempre um preço altíssimo a pagar quando, por algumas circunstâncias, uma pessoa se anula e passa a viver sob o comando e a vontade do outro.

Era tarde demais para voltar atrás. Essa situação tinha raízes fortes e estava cimentada com o melhor material encontrado no pensar e nos cálculos que a cada dia ele construía sem que ela pudesse se dar conta do precipício que a rodeava.

O encantamento que a cercava passou para um estado de reflexão. A inteligência e a criatividade invadiram a sua alma, e o seu pensamento foi costurando um material que, sem pressa, pudesse transformar-se um dia em asas poderosas com a certeza de que voaria para bem longe e, de um patamar bem alto, pudesse ver o desmoronar da consciência de um homem manipulador.

Era um sonho, e sonhos serão sempre sonhos. A realidade em seu estado mais cruel cumpre seu papel e, por vezes, torna-se impossível ir-se em outra direção porque os acontecimentos tornam a estrada inacessível para o caminhar.

No entanto a esperança deveria ser a última a abandoná-la. E, acreditando, passava seus dias construindo um arsenal de ideias para pôr em prática quando lhe fosse possível.

Decidiu sair um dia das amarras que a vida lhe cercava e foi ao médico sozinha, dispensando a companhia de uma de suas serviçais. Estava na sala de estar esperando ser atendida quando, de repente, Dilermando invade o consultório e pega-a pelo braço de forma grosseira e levou-a de volta para casa. Durante o trajeto, iniciou-se uma discussão das mais acaloradas.

Quando chegaram a casa, ele puxou-a para o quarto, arrancou com violência toda a sua roupa e obrigou-a a ter relações sexuais com ele. E enquanto isso acontecia, ele gritava que o único macho que poderia possuí-la era ele. Ainda fez outras ameaças: se ela se atrevesse ter outro homem, ele a mataria.

Diante dessa situação constrangedora e louca, ela sentia que sua vida caminhava para um abismo dos mais aterradores. Era impossível livrar-se daquele marido. Qualquer atitude que ousasse tomar, certamente não teria sucesso.

A tristeza passou a ser a sua companheira em todas as horas. As densas nuvens carregadas de uma cor cinzenta pairavam sobre sua cabeça, não lhe dando a oportunidade de ver o sol e muito menos o luar. A natureza despedira-se de seu viver e fora fazer morada em lugar desconhecido.

Por mais que o seu pensar passeasse em longínquas paragens, ela não encontrava uma razão para o proceder daquele homem que um dia a amou com paixão, tirou-a da pobreza e colocou-a em um lugar que nunca a sua imaginação houvera sonhar. E pensou: – Quando era pobre, tinha liberdade. Rica era prisioneira de um homem que claramente dava sinais de descontroles emocionais.

As amarguras inundavam a sua alma e, por prudência, nenhum dos seus familiares sabia dos seus dramas vividos a sós. Quando se tem alguém para dividir os sofrimentos da alma, eles se tornam menos penosos. Ela já não tinha familiares nas proximidades. Alguns se foram desta vida e outros moravam a uma distância que a impossibilitava de manter contato.

O Coronel Osvaldo Maron e sua esposa faleceram em um acidente automobilístico, deixando Dilermando em estado de depressão.

Consequentemente, os negócios já não apresentavam resultados satisfatórios. Algumas fazendas foram invadidas por uma grave praga denominada vassoura de bruxa, que dizimava os cacaueiros sem trégua ou piedade.

Dilermando tinha apenas Edite por companhia. Seus amigos afastaram-se pelo mau humor e o veneno que destilava com cenas de ciúme por muitas vezes infundadas. Ela vivia única e exclusivamente para ele, naquela mansão, que aos poucos se deteriorava. Os serviçais foram diminuindo, restando apenas dois: os mais fiéis, talvez.

Num estado raro de discernimento, Dilermando vasculhou seu pensar e convenceu-se de que em Edite, por detrás daquele estado de ingenuidade e pobreza, já existia esta mulher bela e fascinante. Ele apenas tirou aquela cobertura que a envolvia. Há pessoas que nascem prontas para a vida a questão é apenas a oportunidade que elas têm para mostrar ao mundo a sua verdadeira face.

Ela tomou uma atitude extrema e decidiu acomodar-se em outro quarto. Não mais queria dormir ao lado dele. Por uma semana, ele apenas observava aquele seu proceder sem nada falar. O silêncio por vezes leva o ser humano a refletir qual o melhor caminho a seguir ou, também, tramar uma solução para um problema que o aflige.

Numa noite, enquanto ela dormia, ele invadiu seu quarto, pegou-a pelos cabelos, arrastou-a até os seus aposentos e surrou-a com uma cinta de couro, deixando seu corpo todo ensanguentado. Ninguém ouviu seus gritos porque ele tivera o cuidado de amarrar uma toalha em sua boca. Enquanto ela estava caída no chão, ele ainda pegou fortemente os seus ombros e virou o seu corpo, lesionando sua espinha dorsal. Percebendo que ela não se movimentava, ele saiu, pegou o carro e foi em direção à fazenda, naquele mesmo lugar, onde um dia amou-a pela primeira vez.

A loucura satânica de seu proceder desnorteou-o, e somente uma semana depois ele foi encontrado por seus trabalhadores andando por dentro dos cacaueiros.

Edite foi encontrada no dia seguinte pelos seus serviçais e levada ao hospital. Os ferimentos curaram-se, mas agora ela não mais andaria. Ficara paraplégica. Ainda havia a dor da alma, essa que não se pode medir e que, por vezes, não se tem palavras precisas para externar o sofrimento.

Dilermando não foi acusado de tal tortura porque ele forjou que estava na fazenda quando tudo aconteceu em sua casa. Mais uma vez o dinheiro teve o poder de livrá-lo de um indiciamento.

O jornal da cidade estampou na primeira página essa violência doméstica. Um de seus irmãos que morava em uma cidade próxima, quando soube dessa tragédia, veio em seu socorro e acompanhou o desenrolar dos fatos.

Os moradores daquela pequena cidade ficaram estarrecidos. Eles se recusavam acreditar que ricos e famosos também tinham problemas comuns a qualquer mortal. Na vida todos estão sujeitos a tudo. Ninguém está livre de todas as desgraças que são inerentes a qualquer um ou de qualquer classe social. Não importa onde tenha nascido ou o idioma que fale. As culturas em diversos países do mundo podem ser diferentes, mas todas são iguais em sua essência. O homem é um animal domesticado e provido de inteligência e discernimento; porém, quando ferido no âmago do seu eu, torna-se um selvagem e é capaz de praticar os maiores desatinos.

O descontrole emocional é uma situação desastrosa e de difícil entendimento porque ele provém do cérebro. O equilíbrio sai para dar uma voltinha em torno do planeta, deixando suas vítimas sozinhas e desamparadas. Esta é a hora do perigo.

Fabiano, o irmão de Edite, providenciou a compra de um apartamento para ela. A cadeira de rodas era a ferramenta necessária para movimentar-se dentro daquele pequeno espaço. Ainda colocou a sua disposição uma enfermeira que a atenderia em suas necessidades. Os seus dias eram de lembranças boas e más.

Um dia ela fez um pedido ao seu irmão que, pelas razões expostas, era impossível não atender.

Ela queria ter ao seu lado um revólver para proteger-se caso Dilermando tentasse se aproximar dela para qualquer tipo de vingança. Foi atendida. Essa arma ficava ao seu lado nas 24 horas do dia. Era uma companheira inseparável.

O que ela tinha em mente era diferente: Matar Dilermando por todos os males que ele lhe causara inclusive pela situação incômoda de viver com um corpo metade vivo e metade morto.

Esse dia chegaria. Tinha certeza. Enquanto aguardava esse momento numa situação conflitante ela tomou conhecimento de como aquele homem estava vivendo: Ele perdera suas fazendas de cacau, a mansão e se abrigava em um pequeno lugar de uma humildade extrema.

As surpresas da vida tornam as pessoas reflexivas e, por vezes, o sofrimento que sentem na alma é tão volumoso que morrer poderia ser uma saída para minorar aquele estado letal. Todavia, como a morte ainda é para o ser humano um fator desconhecido, muitos não se arriscam com receio de que o outro lado seja pior que este.

Havia uma sacada no apartamento de Edite, e um dia ela estava olhando o mundo em volta e de repente viu Dilermando saindo do prédio onde morava. Seus olhos não podiam acreditar ser aquele homem que ela conhecera um dia no maior esplendor de seu poderio.

Ele caminhava curvado, passos lentos e a impressão que ela tinha era que o peso de todas as intempéries do mundo fazia pousada em seus ombros.

Como poderia ela matar um homem que já estava morto e que a vida tornou em um espectro dos mais horripilantes.

Ele merecia viver para carregar todo o peso de suas maldades e toda a dor que lhe sufocava a alma.

Se ela o matasse, provavelmente, seus dias se tornariam pior porque traria para ela o peso medonho que ele carregava. A sua alma certamente passaria a viver num inferno onde o fogo ardente do cotidiano do seu subconsciente iria consumi-la, devagarzinho, e sem piedade.

E por fim pensou: A morte extingue a vida. O sofrimento do viver é perverso. Dilermando precisa viver!

Elilde Brownin

3

VALDETE DE SOUZA
A ESPOSA VAGANTE

Era domingo. Todos sentados à mesa para o almoço. Oito filhos e o casal. O prato principal era cozido à moda espanhola: carnes diferentes e legumes também. José estava sentado ao lado de um dos seus filhos e havia outro em frente. Seu pensar deu uma reviravolta ao olhar para aqueles filhos tão diferentes em características físicas e comportamentais. Suas retinas miraram os demais e concluiu que o povo brasileiro é assim mesmo: cruzamento de raças diferentes; fisionomias diferentes, peles de coloridos diferentes. Deslizou ainda mais os seus olhos para certificar-se das semelhanças dos demais.

Apenas os maiores pareciam ser filhos dos mesmos pais. Aquela situação intrigante pousou em seu cérebro uma dúvida e forçou-o a pesquisar sobre seus ancestrais.

Não fez nenhum comentário. Guardou aquela decisão em local inacessível aos demais e comportou-se costumeiramente como em outras ocasiões.

Parecia uma ideia absurda, mas estava disposto a ir em frente com esse projeto. Faria uma árvore genealógica, colocando de um lado a sua família e de outro a de sua esposa.

Na união das duas seria possível descobrir as misturas de raças tão gritantes que impuseram aos seus filhos.

Começou seu trabalho com os iguais: Carlos e Alberto aparentavam serem mulatos.

Justino, Everaldo e Mateus eram caboclos.

Laura loira de olhos azuis.

Almira, cafuza.

Roberto, olhos puxadinhos de asiático.

Numa tarde de domingo, quando o dia resolve caminhar lentamente, foi à procura de seus pais para obter as primeiras informações. Sentaram-se em uma confortável área externa onde a brisa refresca seu rosto e acalma o calor de seus pensamentos e de seu corpo.

Pai, mãe e filho juntos para uma missão delicada mais importante. Não havia testemunhas ou alguém por perto que pudesse acercar-se dessa conversa.

Os momentos de dúvida que se instalaram em seu cotidiano trouxeram-lhe angústias e sofrimentos. Todavia a verdade, por mais cruel que ela resolva se apresentar, é necessária para tornar o caminhar aberto a novas decisões.

Com uma folha de papel às mãos, José começou a discorrer sobre a intenção daquele encontro.

Pousou fixamente seus olhos nos de seu progenitor e perguntou de supetão: – Onde nasceram os seus pais? – Ah, filho, os meus pais nasceram na Itália e um dia descobriram o Brasil e vieram morar nessa terra abençoada. A mesma pergunta fizera a sua mãe e esta curiosamente perguntou: – Por que essa pergunta? Se você não me explicar direitinho o que você tem nessa cabecinha, eu não vou responder. Não era prudente dar explicações porque essas informações eram sigilosas.

Mas ela assim se expressou: – Os meus pais eram mulatos. O meu pai negro e minha mãe branca de olhos verdes. Confusão total, concluiu José.

E depois de muitos detalhes sobre a origem dos dois e com as devidas anotações, despediu-se e saiu a caminhar em direção a sua casa tendo em mente um emaranhado de mistura de raças e sem nenhuma forma plausível para identificar os seus rebentos.

Ignorar os fatos e as verdades escondidas dentro de um cofre, cujas chaves foram perdidas e apenas o segredo não tem condições de abri-lo, talvez, seja a melhor forma de um viver tranquilo.

Todavia é preciso lembrar que o ser humano não teria desenvolvido este mundo com toda a tecnologia existente e as maravilhas que se pode vivenciar se não fosse movido pela curiosidade.

Não importa se as descobertas os leve a ter uma consciência tranquila ou para um desastre total. Ficar numa situação de desconforto em cima da muralha é visualizar o abismo dos dois lados e sem opções de livrar-se desse incômodo viver.

Em outra ocasião, convidou sua esposa para visitar os pais dela. Ir sozinho poderia levantar dúvidas e era exatamente o que ele menos queria.

Quando a vida nos impõe buscar a verdade dos fatos, e esses matreiramente se escondem em lugar fora do alcance dos objetivos que se tem em mira, é preciso revestir-se de coragem e muita perspicácia.

Esse encontro deu-se no sítio de seus sogros. Um lugar sossegado, onde a natureza soberana fica alheia aos fatos acontecidos ao seu redor. Era inverno. O frio gelado que soprava naquele incômodo entardecer fazia ecoar dentro de sua alma uma situação idêntica.

O café quentinho foi servido acompanhado de algumas guloseimas. Quando se está com o pensamento voltado para algo significativo e de interesse imediato, nosso paladar não dá importância ao sabor dos alimentos porque ele se distancia do real e foge para o imaginário.

A conversa inicia-se recheada de entremeio e de conotações evasivas. Por fim, José interrompeu a conversa desnecessária e perguntou ao sogro. – Qual a origem racial de seus pais? A surpresa campeou aquele momento, e ele, sem saber dar uma resposta acertada ou convincente, apenas respondeu: – Sou a mistura de raças brasileira.

Voltando-se para a sogra, formulou a mesma pergunta, e ela naquela ingenuidade simples de uma mulher afeita às tarefas do lar disse: –O meu pai era descendente de índios e a minha mãe, negra. Rapidamente José pensou: cafuzos.

A equação de todos os dados obtidos não encontrou conclusão para suas dúvidas. Elas continuavam martelando seu pensar de forma insistente. Ele teria que buscar outros meios e fazer novas descobertas.

José e Valdete iniciaram a vida como assistentes de enfermeiros de um hospital local. Por meio de concurso, galgaram a posição de Agentes de Saúde. Diariamente, cada um, portando seu material, saía às ruas para executar seu trabalho. Era cansativo andar alguns quilômetros todos os dias, enfrentando sol ou chuva, e ser testemunha de tantas desgraças que vivem os seres desprovidos do mínimo de sobrevivência.

Ela não era uma mulher bela, mas a inteligência era um traço marcante de sua personalidade. Ele, um abobalhado e de caráter fraco. Seu andar era desengonçado e sem firmeza. Via-se nele um homem que se tornou adulto sem o amadurecimento necessário para sobreviver os grandes problemas que a vida, por vezes, oferece-nos.

Valdete era uma esposa exemplar. A casa constantemente limpa e arrumada e os filhos bem cuidados. Cozinhava como poucas. Entre rodas de amigos exaltava os dotes culinários de sua mulher.

Os dois numa noite conversavam sobre o trabalho que faziam e tiveram uma ideia das mais promissoras: Eles abandonariam aquele cansativo labor. Ele se dedicaria a cuidar dos filhos e da casa e ela poderia ensinar a outras mulheres como fazer todas aquelas comidas, bolos e outras iguarias de seu notável saber.

A dúvida era se aquela nova atividade lhe daria o suficiente para sobreviver com a família composta de quatro pessoas. Tentar um caminhar por uma estrada desconhecida pode trazer surpresas ou mesmo abrir novos horizontes. A decisão estava tomada e não voltariam atrás.

Para garantir o pagamento das despesas dos primeiros meses, acertou-se que ele continuaria naquele trabalho por um pequeno período. Ela sairia à procura de clientes para sua nova atividade.

Uma conhecida sua de longa data foi informada dessa sua decisão e, querendo ajudá-la, indicou seu primeiro trabalho na área de culinária. Haveria uma grande comemoração em um bordel famoso numa cidade vizinha e que a proprietária Madame Matilde estava contratando os serviços de uma cozinheira para fazer todas as iguarias que iriam ser servidas para, pelo menos, 100 convidados.

Valdete não se deu ao trabalho de consultar o marido, mesmo porque a decisão teria de ser exclusivamente dela.

No dia combinado, foi àquele local na esperança de ser contratada e ganhar um bom salário. No trajeto ela buscava em seu pensar o que seria um bordel. Pelo pouco conhecimento que tinha, ia arquitetando em sua mente o cenário que a encontraria. De qualquer maneira, sua atividade seria cozinhar e nada mais importava.

Nunca sabemos o que o futuro nos reserva quando precisamos entrar em um caminho desconhecido. A curiosidade persegue-nos e ela é a razão para ir adiante. O importante é não temer os inconvenientes que porventura possam surgir. As novas experiências são necessárias para enriquecer o nosso viver ou, também, mudar o rumo de uma existência planejada.

O bordel ficava numa cidade vizinha a 30 quilômetros de distância. Era uma grande vivenda com um anúncio na entrada principal: "Passatempo do Amor". Ela foi recebida por uma funcionária e, ao entrar, deparou-se com uma legenda estampada na parede em letras imensas: "Sede bem-vindo ao paraíso. Aproveite!" Madame Matilde.

Valdete não conseguia assimilar que espécie de paraíso era aquele que adentrava nesse instante. Esse vocábulo traz um significado amplo e revestido de prazer: Assim pensava. Também para ela a culinária era uma de suas maiores satisfações. Cada comida doce ou salgada que fazia era como se todos os conhecimentos do mundo estivessem à sua disposição. E quando alguém comia o que ela preparava, cobria-a de elogios. Essa situação deixava-a feliz e dava a certeza de que um dia poderia conquistar sua independência financeira.

Enquanto caminhava em direção ao encontro da Madame Matilde, seus olhos corriam de um lado para o outro, observando cada detalhe e, principalmente, o luxo que havia naquele lugar.

O terreno que abrigava essa mansão tinha a forma arredondada e no meio uma enorme piscina com jardins floridos e bem cuidados.

A proprietária aguardava-a com a ansiedade pelas excelentes informações que tivera de ser a Valdete uma cozinheira das mais eficientes. Um verdadeiro chefe em seu ofício.

A expectativa de qualquer encontro é cercada de curiosidade por seus protagonistas, mas aquele ia além para Madame Matilde porque o sucesso de seus negócios dependia muito de um grande serviço culinário. As iguarias servidas naquela casa deveriam satisfazer o paladar de sua clientela tanto quanto a beleza e a postura de suas "meninas".

A funcionária que a recebeu acompanhou-a até o escritório e lá estava Valdete diante daquela mulher que mudaria o rumo de sua vida em pouco tempo.

Feitas as apresentações, sentaram-se e foram direto ao assunto. Antes a candidata à cozinheira sentiu o olhar daquela senhora detalhadamente por todo seu corpo. Ela se sentiu desnuda de corpo e alma. Foi uma sensação intrigante e surpreendente. Imediatamente pensou: – Será que para ser cozinheira de um bordel é preciso ter outras qualidades físicas e comportamentais? Guardou aquele instante em um local de difícil acesso para qualquer outro mortal.

Cada um em sua profissão conhece os detalhes em pormenores de um candidato. Às vezes, nem precisa falar uma única palavra. Nesse caso a evidência estava exposta.

Após em mais de uma hora de troca de informações sobre iguarias, Valdete foi contratada e deu início ao seu trabalho imediatamente. Foram até a ampla cozinha que era provida de tudo o que há de mais moderno em aparelhagem. Também visitaram a dispensa e lhe foi apresentado o cardápio do que cotidianamente era servido aos seus clientes. Já era perto da meia noite quando suas funções terminaram.

Naquele horário não mais havia ônibus para a sua volta a casa. Madame Matilde ordenou ao seu motorista que a levasse para casa.

Durante aquela viagem, o pensamento de Valdete deu algumas voltas pelo universo e finalmente pousou em sua residência. Agradeceu o motorista e desejou-lhe boa noite.

Há momentos memoráveis na vida. Aquele dia ficaria marcado em sua vida por longos anos. Tudo o que vira ali e todas as conjeturas que o seu pensar pôde vivenciar davam-lhe a certeza de que seu futuro vislumbrava uma trajetória de sucesso, muito dinheiro e tranquilidade para sua família.

Ela só não se lembrou de que até o caminho que leva ao céu pode ter surpresas das mais imprevisíveis. A vida é pautada de muitas nuances de situações agradáveis e outras nem tanto.

No entanto todos têm o direito de sonhar, e são esses sonhos que nos dão coragem para viver a realidade de forma aceitável.

Seu marido aflito recebeu-a com espanto pelo adiantado da hora. Ela apenas falou que tudo estava bem e que um táxi a trouxe de volta.

Informou que fora contratada para ser chefe de um restaurante na cidade próxima e que, possivelmente, essa seria a hora que ela retornaria, diariamente, para casa. Ele estava interessado apenas com o salário que ela receberia. Quanto ao horário, não havia nenhuma importância, assim concluiu.

Há dois grandes poderes neste mundo: o sexo e o dinheiro. O sexo é o prazer máximo que um ser humano pode experimentar. O dinheiro compra tudo ou quase tudo e em outras circunstâncias manda trazer a seus pés tudo o que a sua imaginação determinar. Ambos são perigosos se não forem bem administrados.

Valdete adaptou-se rapidamente às suas novas funções. Saía de casa por volta das 10 horas da manhã e só retornava pela madrugada.

Durante seus momentos de folga, quando a clientela era mais restrita, ela costumava conversar com seus ajudantes e também dar uma voltinha para fazer suas pesquisas e inteirar-se do funcionamento de um meretrício.

Havia 10 suítes, com uma pequena sala, em volta dos jardins. Em cada uma tinha uma entrada pelo lado de fora e outra que dava acesso à parte interior. Dessa forma, quem chegava estacionava seu carro em uma pequena garagem individual, que se fechava com uma porta automática. Privacidade absoluta para os clientes preferenciais.

Também para aqueles que não precisavam esconder-se, a porta principal dava acesso a um grande salão onde havia muitas mesas e cadeiras e um palco onde de vez em quando aconteciam shows com as suas "meninas" ou mesmo cantores famosos.

A grande comemoração aconteceria em uma semana. Muito trabalho à vista. O bolo teria 10 velinhas em comemoração aos anos de seu funcionamento. Muitas comidas típicas da região e petiscos dos mais variados.

Ela recebeu instruções para preparar o melhor do que ela era capaz de fazer. Nenhum cliente pagaria nada. Somente as bebidas. Os champanhes também foram colocados em cada mesa e estava previsto para a meia-noite o estouro dessa bebida borbulhante. A expectativa era notória entre todos.

As participantes deveriam vestir um longo branco e, se bordado, deveria ser na cor prata brilhante. A exigência dessa vestimenta feita pela madame Matilde era com o intuito de causar com a iluminação um impacto faiscante nessa cor e tornar as suas "meninas" mais belas e desejáveis. Os homens poderiam vestir o que melhor lhes aprouvessem. Afinal de contas, eles eram o sustentáculo daquele comercio. A maioria tinha outros compromissos e uma roupa caprichada poderia causar transtornos inconvenientes.

Quando aguardamos o momento de vivenciar um grande acontecimento, formulamos em nosso pensar um mundo imaginário e cheio de envolvimentos, que muitas vezes não espelha a realidade. Mas vale a utopia e é nela que se apoiam os nossos desejos.

Aquele dia tão aguardado, finalmente, chegou. Todo o cenário era festivo: flores espalhadas em jarras de prata ou de cristal, a iluminação dos jardins e do grande salão a cargo de um grande profissional, os artistas incumbidos do show em seus camarins, e as "meninas" caprichavam na maquiagem e na vestimenta. Um conjunto musical dava a leveza da atmosfera envolvente.

Madame Matilde desfilava em todos os espaços, com um vestido longo e esvoaçante, com postura de rainha, diminuindo assim alguns anos de sua existência. O sucesso de seus negócios deixava-a feliz e a dava-lhe a certeza de que aquele prostíbulo era a glória de sua vida. Tinha amigos de todos os escalões, muito dinheiro para suas extravagâncias e um tino invejável para seduzir e manipular pessoas.

Postou-se à porta para receber, pessoalmente, seus convidados. Seus nomes e procedência ela os tinha em sua mente com uma precisão absoluta. Essa sua maneira de ser e agir dava a todos uma intimidade soberana. Cada um sentia-se valorizado e também reconhecia o grande mérito daquela mulher pelos grandes momentos de prazer que vivenciavam ali.

O nome "Passatempo do Amor" estampado em frente ao prédio era merecedor dos mais altos elogios. Muitos sentiam que, ao adentrar naquele local, seus problemas, como num passe de mágica, desapareciam. O envolvimento que ela era capaz de proporcionar aos seus clientes era de uma maestria inconfundível.

Sempre que ela tinha conhecimento de um fato importante acontecido com um deles, era motivo para brindar com champanhe francês. Quanto aos insucessos que podem ocorrer com qualquer mortal, ela oferecia conforto e ajuda. Nas diversas ocasiões, agia como amiga e até como mãe. Era uma mulher bem-sucedida e que tinha consciência de seu poderio.

A casa lotada. Os petiscos e bebidas servidos por garçons uniformizados davam um ar de felicidade aos convivas dentro daquela atmosfera de um prazer sem limites.

De repente alguém confidenciou ao ouvido da Madame Matilde: – Quem era o responsável no preparo daquelas comidas que estavam sendo servidas? Imediatamente ela respondeu. – Não é um homem. É uma mulher de conhecimentos extraordinários de culinária. Eu a contratei recentemente.

Esse assunto passou de boca em boca e em coro falaram: – Queremos conhecer essa notável cozinheira!

Impossível não tornar público aquela pessoa que estava causando ao paladar de todos um sabor distinto.

A proprietária num gesto de atenção ordenou a um dos seus funcionários que fosse até a cozinha e trouxesse a Valdete para ser apresentada aos seus clientes.

Vestida em seu uniforme branco típico, ela se apresentou no grande salão. Alguém gritou lá do fundo: – tira o chapéu! – Queremos ver melhor seu rosto. Ela obedeceu e ainda soltou os belos cabelos castanhos que se deslizaram por cima dos seus ombros, deixando a plateia extasiada de emoção. – Que bela mulher! Gritou outro.

Ela volveu os olhos ao redor e se sentiu parte integrante daquela festa; mas era preciso voltar à cozinha porque muitas surpresas do banquete ainda estavam por vir.

Diante dessa ovação de seus clientes, Madame Matilde, mulher esperta e vivida, foi até a cozinha e ordenou que, quando ela trouxesse o bolo com as velinhas, deveria vestir uma roupa diferente. Apressadamente foi até seu guarda-roupa e pegou um sensual vestido branco bordado com uma abertura que deixava a sua perna até a altura da coxa à mostra. Seu maquiador providenciou os retoques finais para deixá-la mais atrativa.

As surpresas que surgem inesperadamente em nossas vidas, por vezes, deixam-nos tolhidos para uma reação imediata. Vai-se no embalo dos acontecimentos, deixando que o futuro assuma as responsabilidades de suas decisões.

O bolo tinha o formato de um palacete representando a nobreza daquele bordel. Havia 10 varandas distribuídas pelos andares com velas acesas que na escuridão tinha-se a impressão de uma casa verdadeira. Todos se levantaram e aplaudiram aquela criação culinária. Os aplausos também eram destinados a Valdete que, majestosamente, desfilava, empurrando um carrinho com o bolo, dentro de um vestido no qual suas formas esculturais transcendiam a imaginação dos presentes.

Matilde pensou nessa festa em seus mínimos detalhes. Quando pousou o seu pensamento no bolo que seria servido, poderia naquele momento convidar um dos seus famosos clientes para cortar a primeira fatia. Entretanto os outros poderiam ficar enciumados, portanto ela preferiu colocar os nomes de todos em pequenas papeletas e sortear. Assim, não haveria nenhum desconforto para os demais.

Após o famoso "Parabéns pra você", o sorteio foi feito e o privilegiado foi o coronel Henrique Simões. Ele apagou as velinhas e cortou a primeira fatia daquela iguaria. A ele foi dado o privilégio de abraçar a

Valdete em nome dos presentes. Foi um longo e prazeroso aconchego que durou mais do que um tempo permitido para um abraço diante de uma plateia ávida e descontraída. Os aplausos foram também calorosos. Via-se, em seus semblantes, a alegria que todos sentiam de participar de uma festa com tanta pompa e circunstâncias.

O sol apareceu anunciando que a festa chegara ao fim. Alguns preferiram prolongar esses momentos de prazer, em suas suítes, fazendo-se acompanhar de suas escolhidas.

Valdete, ainda inebriada por tudo que vivera naquela noite, também ficou ali tendo por companhia aquele que a abraçara. O calor daquele corpo deixou seu incendiado e, como não era conveniente levar as cinzas para seu lar, preferiu recompor-se enquanto vivenciava momentos de muita surpresa e deslumbramento. Havia um mundo diferente que ela começou a descobrir agora.

O prazer sexual, quando vivido de forma intensa e prazerosa, traz à vida dos seres humanos um novo descortinar de emoções. O mundo passa a ter um colorido diferente porque a felicidade invade todos os sentidos e leva-nos para um universo ilimitado.

Porém é preciso sempre ter muito cuidado com as aparências que se apresentam a nossa frente, porque as verdades, por vezes, escondem-se dentro de um envelope lacrado que, quando nos é permitido abrir, podem gerar decepções ou mesmo enquadrar-se dentro de um contexto previsto.

Ela não tinha a menor ideia desse envolvimento. Em pouco tempo, ela passaria a não ter mais escolhas. As escolhas eram feitas pelos interessados. Ficar exposta ao bel prazer de outrem pode ser humilhante ou, também, ser uma opção de vida sem direito a retorno.

É uma encruzilhada das mais perigosas porque estão no jogo o prazer e o dinheiro. Essas forças são envolventes e capazes de varrer de sua mente os princípios que até então estavam arraigados em sua conduta e em seu proceder. Há seres humanos convincentes e capazes de pintar um quadro da vida com os matizes de cores diferentes quando na realidade há apenas nuances escuras e despidas de brilho.

Madame Matilde, depois da grande festa, ganhara mais clientes. A notícia espalhou-se a "boca pequena", e muitos outros estavam interessados em frequentar aquele bordel para vivenciar os prazeres e outros mimos que ela lhes proporcionava.

Suas "meninas", assim ela tratava as profissionais do sexo, eram escolhidas com rigor e passavam por uma triagem sob todos os aspectos de saúde e beleza. Ainda recebiam aulas de etiqueta, comportamento e maneira de se vestir de forma sensual para atrair os homens que frequentavam aquele lugar. Tudo era minuciosamente comandado por ela.

Valdete, vestida com a mesma roupinha simples que quando saíra de casa, voltou ao convívio da família. Seu olhar e sua postura sofreram transformações. Sua alma foi invadida por dúvidas que a deixavam desconcertada. O questionamento de seu proceder não lhe trouxe arrependimento porque voltava também com algum dinheiro além daquele que ganhara como chefe de cozinha. Era um valor que seria necessário trabalhar por uma semana e que foi ganho em apenas algumas horas de prazer dado e vivido.

Ao encarar o marido, sentia-se levemente culpada, mas a compensação viria na avaliação do ganho que ajudaria na solução dos problemas financeiros existentes.

Um dinheiro ganho por um trabalho digno é diferente daquele que o esforço físico recheado de prazer lhe dera. Assim, ficou por algum tempo vivenciando uma dualidade numa briga interior conflitante.

Não se pode voltar atrás quando o mal ou bem já foram concretizados. Resta-nos nesse momento fazer as escolhas para um futuro menos penoso ou encarar a realidade dentro das opções.

Dois dias depois volta ao trabalho, Madame Matilde levou-a ao seu escritório e conversou longamente sobre o interesse de seus clientes por ela. Agora estava entre a cruz e a espada: Valdete agradava o paladar de todos e igualmente iria agradar a muitos com seus encontros amorosos.

Depois de muitas ponderações, decidiu-se que ela passaria seus conhecimentos culinários para outra pessoa: porque tudo se ensina e tudo se aprende. Agora ela deveria desfrutar daquela vida recheada de prazer e muito ganho. Ganho fácil como afirmou a sua alcoviteira.

Aparentemente não havia de imediato uma saída para Valdete. Qualquer posição que tomasse teria um cerco de material resistente à sua volta e de difícil ultrapassagem. As circunstâncias, por vezes, levam-nos a tomar decisões por não se ter outras escolhas.

Suas ausências do lar eram cada vez mais longas. A clientela aumentava e ela precisava atender em horários diferentes aqueles homens que clamavam por seus serviços sexuais. Também o dinheiro que ganhava assumia proporções que nunca imaginara.

Seu marido estava feliz, mas desconfiado. Ele nunca poderia imaginar que o trabalho de culinária rendesse tanto dinheiro. Um dia ele a interrogou sobre aqueles valores, e ela simplesmente falou que o seu labor era da melhor qualidade. Ainda acrescentou que ele deveria preocupar-se apenas em cuidar de suas atividades, porque o restante ela proveria da melhor forma.

Todos os dias ela saía de casa vestida em seu uniforme branco de chefe e voltava da mesma maneira. Tinha sempre a preocupação de ir até a cozinha de Madame Matilde sujar aquela vestimenta para fazer jus ao seu trabalho e para que o seu marido continuasse na absurda ignorância de quem não se incomoda com a realidade visível aos seus olhos.

Muitas vezes, ignorar os fatos é uma forma de sobrevivência quando o bem-estar sobrepõe à razão e o coração fica alheio às evidências ao seu redor.

Valdete adaptou-se àquela dupla vida e agia com uma naturalidade impressionante. Todos os domingos, apoiada no braço do marido e ao lado dos filhos, ia à igreja. Certamente suas orações eram de muitos pedidos de perdão. Para ela o Divino perdoava-a e assim estava pronta para cometer novamente seus pecados ou, talvez, não se sentia culpada porque o prazer que ela proporcionava aos seus clientes, deixando-os assoberbados de felicidade, era o suficiente para ter a clemência de seus atos.

Descobrira que estava grávida. Quem seria o pai dessa criança? E assim com o seu pensar martelando, diuturnamente, tentava descobrir o progenitor. Impossível. Ela se relacionava com muitos homens naquele meretrício e, também, com o marido.

Resolveu não se preocupar, inutilmente, e deixou o filho chegar ao mundo para ver a semelhança com um dos muitos homens que tinha.

E nessa sequência louca, esse fato repetiu-se por mais seis vezes. Agora o casal tinha oito filhos.

Cada um apresentava um comportamento e características diferentes. O último tinha olhos de gene asiático. Agora era impossível acobertar o que há muito tempo era sabido por todos, exceto pelo marido.

José, que era responsável pelas tarefas caseiras e pelos filhos, um dia resolveu fazer uma faxina completa na casa e encontrou alguns depósitos bancários. Era muito dinheiro! Seu pensamento deu uma volta completa pelo planeta terra, mergulhou no mais profundo dos oceanos e tentou descobrir a razão desse dinheiro, apenas no nome dela. Guardou segredo. Não era conveniente deixar que ela soubesse dessa descoberta.

Foi até a sala onde seus filhos brincavam, pegou o último de olhos puxados, colocou-o dentro de seus olhos, visualizou algo terrível e pensou: – Este não é meu filho. – Você não é meu filho! Era prudente não falar. Não queria que aqueles inocentes tomassem conhecimento do drama que estava vivendo. Era um assunto que deveria ficar restrito entre ele e sua esposa.

Nessa madrugada ele ficou de plantão, aguardando-a. Quando seu carro chegou, saiu de dentro de casa calmamente e, ao encontrá-la, abraçou-a e beijou-a.

Apesar de achar estranho aquele comportamento do marido, ela considerou como um ato de agradecimento por tudo o que ela havia conseguido para tornar a família dentro de um padrão de conforto e bem-estar.

A casa passara por uma reforma, já tinham um carro confortável e muito dinheiro no banco.

Ele tinha ideias e não deveria, nem de leve, ser do conhecimento dela. Os cuidados na execução de suas metas deveriam revestir-se de sigilo absoluto. Também, ele não sabia que tipos de homens ela se relacionava. Todo o cuidado, nesse momento, fazia-se mister.

Nessa madrugada ele envolveu-a num sexo longo. Ela mostrava-se pesadamente cansada e, mesmo assim, José não lhe dava tréguas. Exigiu muitas horas de prazer e muitas formas de proceder que eles comumente não faziam. Em cada situação, ele visualizava o que certamente ela fazia com outros homens. Em determinado momento, ela desmaiou. Ele deixou-a sozinha na cama e foi terminar a noite em outro aposento.

Ao amanhecer, José cumpriu suas obrigações com os filhos e mandou-os para a escola. Estavam, agora, os dois sozinhos em casa. Ele dispensou a empregada para não ser testemunha das possíveis desavenças que poderiam ocorrer.

Entrou no quarto onde ela dormia, acordou-a e convidou-a a ir até o banheiro para que juntos pudessem desfrutar de um banho. Nessa ocasião ele viu marcas de mordidas em seu corpo e muitas manchas roxas. Essas evidências foram suficientes para que ele concluísse que o trabalho culinário que ela dizia fazer todos os dias tinha outro tipo de atividade: Prostituição. Ele conseguiu disfarçar a raiva e agiu de forma sorrateira. Enxugou seu corpo e levou-a novamente para cama e exigiu mais sexo. E assim ficaram por longo tempo.

O pensamento de um ser humano é algo inviolável. Portanto ele precisava agir com disfarces para não ser surpreendido sobre o que planejava. A aparência é uma situação diferente daquela que ronda o interior de cada um.

Valdete, ao se recompor daquela maratona de sexo vivida com o marido, tinha em seu pensar que ele a amava com paixão e não desconfiava da estratégia que ele usou para comprovar as suas desconfianças.

Ela continuou em suas saídas diárias, e ele maquinando o seu plano para colocar em ação. Era necessário descobrir toda a sua trajetória de vida e, assim, teve a ideia de contratar um policial, seu amigo, para seguiu os passos de Valdete.

Após uma semana, esse profissional trouxe-lhe um relatório completo, inclusive com nomes e os diversos lugares que ela frequentava.

Em todas as madrugadas que ela chegava a casa, ele simulava estar dormindo e ela sentia-se aliviada por não ter necessidade de fazer sexo mais uma vez. E assim passaram-se muitos meses, cada um vivendo dentro de mundos diferentes.

Na vida é preciso sempre está conectado com os acontecimentos ao seu redor para que as surpresas não lhe tragam novos desafios a enfrentar.

José não tinha ainda uma solução para o monstro do problema que o cercava. Ele dependia do dinheiro dela para sua sobrevivência e dos filhos. Sentia seu caminho carregado de incertezas e muitos empecilhos a transpor. Em algumas vezes, pensou em matá-la ou mesmo abandoná-la. Ainda pensava na repercussão que poderia eclodir entre seus familiares e amigos.

O tempo, não se importando com as soluções que os interessados pudessem tomar, foi seguindo seu caminho, atento apenas a uma ação repentina e eficaz dos envolvidos.

Valdete recebera a notícia do falecimento da esposa de seu primeiro e costumeiro cliente, o coronel Henrique Simões.

Voltou seu pensamento para aquele primeiro encontro e reviveu o grande impacto daquele abraço que incendiou seus corpos naquele amanhecer. Tomada de um impulso instantâneo, vestiu-se com uma roupa e sapatos pretos e foi ao velório. Ela sabia que a única família do coronel era a sua esposa porque o filho que tiveram morreu em um acidente de aviação entre Rio e Paris. Agora ele ficara sozinho e desamparado. Ela precisava oferecer, agora, um pouco mais do que os momentos de sexos vividos pelos dois.

Ela chegou àquele local de maneira discreta, e quando ele a viu foi ao seu encontro, abraçaram-se e choraram juntos. A surpresa que sentiu aquele homem ao perceber que Valdete não tinha apenas um corpo para seus clientes. Ela também tinha alma e sentimentos. E estava ali para lhe prestar solidariedade em um momento tão delicado.

Os rituais foram cumpridos. Ela acompanhou o cortejo até o cemitério, ajoelhou-se próximo à sepultura e parecia rezar. E assim ficou um tempo até que percebeu que todos os acompanhantes se foram. Os dois foram os últimos a deixar o cemitério. À porta despediram-se, e cada um seguiu seu caminho.

A vida, em sua infinita trajetória, pode revestir-se de momentos inusitados que, podem levar os seres humanos a mudanças no seu viver, por situações inesperadas, provenientes de um único gesto.

Na missa de sétimo dia, Valdete fez-se presente. Ele percebeu que, enquanto ela rezava, lágrimas brotavam de seus olhos. O Coronel apiedou-se dela e, no fim da missa, abraçou-a e agradeceu seu comparecimento àquele evento.

A saída da igreja, ele postou-se de pé na calçada e ficou olhando o caminhar de Valdete até que sua figura desaparecesse.

Valdete, em sua nova profissão, aprendeu lições seculares. Estava atenta à forma de proceder de seus clientes e às confidências que eles faziam em seus encontros. Tudo era ouvido, assimilado e levava-a a conclusões que lhe permitia, com o aprendizado, a ter um descortinar de elementos, para pôr em prática quando fosse necessário. O que o coronel não sabia era que, de dois dos filhos que ela tinha, ele era o pai. Esse segredo foi guardado por sábia conveniência.

Embora ela se sentisse uma mulher pública e de muitos homens, não custava ter um ato de piedade num momento tão frágil em que ele se encontrava. Também ponderou que as atitudes que podem ter uma pessoa estão, muitas vezes, acima de qualquer preconceito. É sempre válido tentar outra saída quando a vida não mais lhe oferece outra direção além daquela prevista.

Sua vida continuava no mesmo compasso lento, rotineiro e sem nenhuma perspectiva de mudança. Seu marido fingia que tudo estava perfeito, embora ela percebesse que seu comportamento tinha mudado depois daquela maratona de sexo que ele lhe impusera.

No meio de uma tarde ensolarada, o coronel Henrique Simões chega ao bordel de Madame Matilde à procura de Valdete. Alguém informou que ela foi atender um cliente em um sítio nas proximidades. Ele estava acompanhado de dois guarda-costas portando armas de grosso calibre. Todos ficaram intimidados, exceto Madame Matilde, mulher experiente e consciente da postura que, por vezes, seus clientes milionários tinham em determinadas situações.

Ela convidou-o a entrar em seu escritório e entabularam uma conversa digna da mais alta categoria de suas experiências.

Passados alguns minutos, ela pediu licença para ir ao banheiro e, nesse momento, pela janela, chamou um dos seus serviçais e ordenou que fosse imediatamente ao sitio do Coronel Justino e trouxesse Valdete, imediatamente, viva ou morta, e reafirmou de preferência viva.

Enquanto isso ela serviu o drinque preferido do coronel, ressaltando que era uma cortesia da casa. Ela nada suspeitava das intenções dele. O importante era deixá-lo descontraído enquanto esperava pela Valdete.

Em menos de uma hora, ela entra no bordel e é orientada a ir ao escritório para encontrar-se com Madame Matilde. Ao deparar-se com o coronel Henrique, quase sofre uma síncope. Ele pegou-a pelo braço e disse em alto som: – A partir desse momento você será a minha mulher com direito a todos os meus bens. Vamos a sua casa falar com o seu marido, pegar seus filhos. Faremos sua mudança ainda hoje. Estou com os meus funcionários e eles têm a minha ordem para agir da forma como eu determinar.

Valdete ficou surpresa, e Madame Matilde recusava-se acreditar no que ouvira; mas era verdade. Uma verdade que começou naquele primeiro abraço e nas demais ocasiões em que eles viveram momentos de sexo muito prazeroso.

O comparecimento dela ao velório, ao enterro e à missa de sétimo dia de sua esposa e as lágrimas que brotaram de seus olhos naqueles eventos fizeram aflorar em seu consciente que ele a amava. Agora, sentindo-se um homem livre, não havia mais nenhum impedimento para ele assumir uma vida a dois acompanhada de todos os filhos que tivera com outros homens.

Ele pediu uma suíte para Madame Matilde, e juntos comemoraram uma nova fase de suas vidas que se iniciava nesse momento.

Certamente os anjos no céu cantaram: "Aleluia".

Despediram-se de Madame Matilde, e todos choraram. Valdete agradeceu o apoio que lhe fora dado em todos esses anos. O Coronel externou seus agradecimentos e acrescentou que estava muito feliz porque foi naquele lugar que encontrou o grande amor de sua vida.

O mundo para ela, enquanto seguiam em direção a sua casa, tornou-se irreconhecível. Aquele era o caminho que percorria todos os dias para seus encontros. Agora, havia nuances diferentes e detalhes que somente a sua alma percebia. Nunca mais voltaria a essa estrada com os objetivos anteriores.

Seguia em direção a novo patamar de vida e que certamente lhe traria felicidade. Teria, além de um companheiro verdadeiro capaz de perdoar toda a maléfica vida que viveu nos últimos 10 anos, o sossego e a oportunidade de cuidar de seus filhos, desse homem e de uma mansão com muitos serviçais.

A garantia desse novo viver dependeria apenas dela. Certamente as experiências vividas lhe garantiriam um futuro sem atropelos.

O carro do Coronel Henrique Simões estacionou em frente à sua casa, bem como o caminhão que levaria toda a sua mudança e os filhos.

A vizinhança inteira saiu à porta para testemunhar o ocorrido. Os comentários que faziam eram inaudíveis, mas se sabia do que falavam.

Seus guarda-costas postaram-se à porta e chamaram: – José de Souza venha nos atender. Nós precisamos falar com o senhor. Imediatamente, ele apresentou-se, e o coronel entrou naquela casa ordenando que tudo que pertencia à Valdete e aos filhos fossem retirados daquele lugar. Ele ficou perplexo e se recusava entender essa mudança tão repentina.

Valdete deixou o carro por ordem de seu novo companheiro e ajudou na remoção de tudo que lhe pertencia.

Chocado, desesperado e sem nenhuma condição de reagir, José sentou-se na calçada em frente à casa e começou a chorar. E perguntava para Valdete: – O que está acontecendo? Nesse momento o coronel Henrique

Simões falou: – Eu estou levando sua mulher e seus filhos para compartilharem a vida ao meu lado. Há quase 10 anos, ela é mulher de muitos homens, agora ela será apenas minha. Seus filhos serão os meus filhos.

E, em meio a toda essa confusão, abandonaram aquele lugar deixando José de Souza refém de sua própria sorte.

Seus filhos, alguns adolescentes, choravam e perguntavam: – Mãe para onde estão nos levando? – Calma, filho, daqui a menos de uma hora estaremos em outra casa e em uma nova cidade.

Para surpresa de todos, ao entrar naquela imensa vivenda, viu-se que tudo estava arrumado à espera dos novos habitantes. O coronel teve o trabalho de mandar preparar, minuciosamente, o espaço que cada um ocuparia. A suíte do casal estava primorosamente preparada como se fora receber uma rainha: Roupas da melhor qualidade e muitas flores.

Os quartos dos filhos indicavam o nome de cada um sobre a cama. Todos ficaram boquiabertos. Era muita emoção para um só dia.

Depois de algum tempo, o coronel Henrique ordenou que fosse servido o jantar. E à mesa ele indicou o lugar de cada um e acrescentou: – Nos momentos das refeições, cada um deve se sentar nesse mesmo lugar. Eram 10 lugares.

Nenhum participante dessa nova família conseguia assimilar tamanha mudança. Parecia um sonho, mas tudo real e bem planejado por um homem que um dia, ao acordar, certamente, com um sol brilhando sobre a sua cabeça, tinha certeza que amava aquela mulher e que tudo faria para mudar o rumo de sua vida.

Às vezes torna-se difícil acreditar que a vida possa emergir e mudar para melhor em apenas um piscar de olhos. Eles levariam, com certeza, alguns dias ou meses para sentirem-se adaptados a um novo viver.

O atual marido de Valdete ordenou a todos os seus empregados que nunca deveriam trazer notícias do José de Souza. Fossem elas boas ou más.

Todos, ainda aturdidos, procuravam seus pertences naquela mudança repentina e, assim, muito devagar, iam colocando as peças certas nos lugares corretos.

Haviam deixado para trás amiguinhos, vizinhos, professores, casa, pai. Tudo. A perfeita situação era como se todos tivessem morrido e ressuscitado em um lugar diferente onde deveriam começar uma nova vida sem as lembranças do passado. Esse pensamento era o que norteava todo o envolvimento do Coronel Henrique Simões quando decidiu tomar essa responsabilidade de todos os envolvidos.

Não importava mais a vida pregressa de Valdete. Para ele foi um acidente que o tempo curou com a rapidez de um meteoro deslizando no espaço. Também ele fez cair no esquecimento total e absoluto os pais diferentes daquelas crianças. Agora, todos eram seus filhos e ele cuidaria deles da melhor forma possível.

A felicidade fez pousada na alma do coronel quando todos sentados à mesa para um jantar, após quase dois meses, levantaram-se e em coro falaram: – Obrigado Coronel Henrique Simões por tudo que o senhor tem feito por nós e pela nossa mãe. O senhor é o nosso pai. Nós o amamos.

As lágrimas brotaram de seus olhos e ele se levantou e os abraçou um a um. Estava formada uma família verdadeira naquela mansão.

Valdete tornou-se uma senhora do lar com todas as regalias de esposa, mãe, administradora de uma casa onde havia muitos empregados e, principalmente, cozinheira. A cada dia o coronel exaltava seus dotes culinários com a variedade de comidas que fazia. A felicidade fixou residência naquele espaço e estava disposta a viver ali até a eternidade.

Há seres humanos que só precisam de uma oportunidade para demonstrar sua capacidade de amar, de serem honestos, de compartilhar da vida com ética, e sobretudo fazer os outros felizes. As experiências vividas, sentidas e ouvidas ensejam um comportamento altaneiro despido de todas as mazelas do passado.

José de Souza caiu em profunda depressão e lamentava que, embora sua vida tivesse ao lado de Valdete e daqueles filhos situações desconfortantes, era melhor do que viver sozinho. Não tinha trabalho, dinheiro nem família. Sua vida foi virada pelo avesso e esse lado trazia-lhe um panorama obscuro e desesperador. Não tinha forças para tomar nenhuma atitude que pudesse aliviar seu sofrimento.

E numa manhã, quando a chuva parece prolongar-se e a certeza de que o sol não brilhará, foi até o banheiro e com uma faca que ele mesmo afiou cortou a artéria carótida do pescoço.

Dois dias depois, sem que os vizinhos pudessem vivenciar qualquer movimentação naquela casa sombria, ele foi encontrado morto. Havia sangue por toda a parte. Os exames da perícia comprovaram suicídio. E assim terminou uma vida marcada por grandes dúvidas, desesperos, incompreensão, tristeza e desamparo. Ele foi vítima das circunstâncias do seu viver.

Durante anos aquela casa abandonada e desgastada pelo tempo tornou-se um lugar mal-assombrado, e as pessoas da vizinhança, ao passar nas proximidades, faziam o sinal da cruz e muitos rezavam pela alma de José de Souza.

Os desfechos finais da vida de cada um não acontecem de repente. Eles são resultados de acontecimentos que vivenciamos em nosso caminhar.

Em muitas situações, a coragem, a determinação e a astúcia podem minimizar as tragédias, mas evitá-las de forma total é impossível porque, quando entram o poder e o dinheiro, eles solapam nossas decisões tornando-nos vulneráveis. E tudo pode acontecer na imprevisibilidade da vida.

Elilde Browning

4

LAURINDA NUNES
OS DESENCONTROS DA VIDA

Voltava de uma viagem do exterior quando decidi visitar minha mãe, que morava em uma pequena cidade do interior no Sul da Bahia. Precisava dar-lhe notícias alvissareiras sobre o sucesso de minhas empresas como também convencê-la a mudar para a Capital. Meus irmãos já estavam comigo há algum tempo. Restava, apenas, minha mãe e minha irmã.

Aquele lugar não mudara muito, desde que estive aqui há anos. A vizinhança era quase a mesma, exceto os mais jovens, que partiram para o mundo em busca de melhores oportunidades de sobrevivência.

O rio paralelo à avenida principal deslizava sobre as pedras, e a vegetação existente em algumas pequenas ilhas tinha o frescor próprio de quem está próximo de águas cristalinas e frequentes.

A escola de minha infância pousava no mesmo lugar e fui visitá-la para rever minha fotografia de adolescente ao concluir o primeiro grau de meus estudos. Aquele rosto em meio aos colegas mostrava-me, agora, não uma face de menino pobre, mas um homem que o sucesso profissional escolheu entre os demais.

Caminhando pela praça principal, pude rever e sentir saudade daquele primeiro encontro com Laurinda Nunes. Moça bem situada na vida provinda de uma família rica e poderosa. O aperto que o meu coração sentiu fez-me sentar em um dos bancos que, apesar do tempo, mantinha-se em bom estado de conservação.

Lembrei-me nesse instante do famoso poema "As Pombas", de Raimundo Correia, em que se comparam os sonhos de adolescente com o voltar das aves aos seus pombais. "As pombas ao entardecer voltam aos pombais e eles os sonhos não voltam nunca mais".

O ímpeto de sonhar faz parte da humanidade desde que ela existe. Sonhar é ter esperança. É ver e vivenciar um mundo diferente do real. Sonhar ajuda os seres humanos a arquitetar um mundo cheio de situações impossíveis, mas possíveis para quem almeja um mundo cheio de encantamento e felicidade.

Fazia calor e decidi entrar em uma sorveteria para tomar algo gelado. Ao entrar, tive a pior surpresa de minha vida. Havia uma senhora de costas lavando louça. Pelo contorno do corpo e pelos cabelos ressecados e sem vida, imaginava ser uma funcionária daquele comércio. Quando ela se virou para me atender, reconheci-a apenas pela cor de seus olhos e também a surpresa que estampou em sua mente ao me ver. Ficamos olhando um para o outro, sem palavras, durante o tempo que a vida houve por bem se prolongar por um século.

Passado o susto, ela veio ao meu encontro e me abraçou. Não senti o mesmo entusiasmo porque para mim aquela era outra pessoa completamente diferente. O tempo colocou em seu corpo dezenas de quilos. Sua pele enrugada e sem brilho e o cheiro de sabão recém-saído de suas mãos diziam-me que os dias de sua existência, desde que nos vimos pela última vez, mudaram de maneira espantosa.

Enquanto ela conversava coisas sem nexo, no meu entender, saiu lá de dentro um homem grande, abrutalhado e chamou-a e perguntou o que estava acontecendo. Ela se afastou para atendê-lo. Não sei precisar o que tenha ocorrido porque me afastei sorrateiramente, deixando para trás aquela mulher com sua vida e seus problemas.

Ainda aflora à minha mente aquele primeiro dia em que a vi na praça principal da cidade ao lado de amigas. Elas conversavam e davam deliciosas gargalhadas. Aproximei-me e perguntei: – Posso saber por que vocês estão tão alegres? Ela adentrou em meus olhos e aquela imagem me seguiria por longos anos de minha existência.

Era comum, ao entardecer dos domingos, jovens circularem por essa praça. Adolescentes à procura de namorados. Os meninos ficavam parados, vendo-as caminhar em volta e de vez em quando entabulavam alguma conversa.

Naquela noite que conversamos pela primeira vez era uma noite de lua cheia. As árvores daquele jardim roubavam o brilho desse satélite tornando aquela noite muito especial. Foi curiosa uma afirmativa que ela me fez de imediato: – Eu nunca o vi em meu clube. – Realmente. Você nunca me encontrou naquele lugar porque eu pertenço a uma classe diferente da sua: sou pobre e pessoas como eu não têm o privilégio de frequentar determinados lugares reservados aos ricos.

– Como você se chama? – Clodoaldo Pacheco. – E você? – Laurinda Nunes. – Muito prazer! E apertamos as mãos. De imediato descobri pelo sobrenome ser aquela adolescente filha de uma das maiores fortunas da região. Ainda conversamos por algum tempo, coisas banais como: onde você estuda, se trabalha e se eu vinha a essa praça com frequência.

Havia uma luz no poste ao nosso lado que refletia sobre seu rosto e pude observar a beleza daqueles olhos verdes. Seus cabelos loiros e sua pele imaculadamente branca, macia e brilhante indicavam que ela tinha por volta de 17 anos de idade.

Depois de algum tempo, as amigas chamaram-na e ela se foi. Voltei para a minha casa com aquela mocinha dentro da minha mente e do meu coração. Foi impossível dormir. Fiquei a sonhar com aquela criatura tão bela e planejei voltar àquele lugar na esperança de reencontrá-la.

Na semana seguinte, antes que o sol se despedisse, estava eu no mesmo lugar aguardando-a. Quando a avistei, a alguns metros de distância, fui apressado cumprimentá-la. Seu sorriso se abriu ao me ver, iluminando sua face, deixando-a mais linda.

E, assim, em todos os demais fiquei à sua espera, sempre aos domingos. Esses encontros superficiais aconteceram por muitos meses.

Numa noite consegui separá-la das amigas e, segurando sua mão, caminhamos em volta da praça. Em dado momento, à sombra de uma imensa árvore, nos beijamos. E desfrutamos de um prazer inconfundível. Subimos ao infinito, demos algumas voltas pelas estrelas e aterrissamos no mesmo lugar com roupagem e sentimentos diferentes.

Iniciou-se uma paixão das mais vulcânicas e recheadas de muitos contratempos.

Eu trabalhava em um escritório de contabilidade e à noite estudava. Ela estudava na escola destinada às meninas ricas da cidade. Todos os dias o motorista da família trazia-a e levava-a para casa.

Um dia descobri que, no período da tarde, ela estudava balé. Para fazer-lhe uma surpresa, decidi ficar em frente a esse lugar, esperando-a sair. Quando ela me viu, correu ao meu encontro, me abraçou, me beijou e ficamos durante um período conversando. Estávamos loucamente apaixonados.

Como sempre, o funcionário da família veio buscá-la. Ele percebeu que alguma coisa estava acontecendo no coração daquela adolescente e certamente deve ter tecido algum comentário com alguém da família. No dia seguinte, ela veio acompanhada da mãe. Para o nosso sofrimento, ficamos meses sem nos encontrar. Nem mesmo na praça onde a conheci ela voltou.

Esse afastamento fez aumentar de forma descontrolada a nossa paixão. Nossos corações e pensamentos estavam juntos e convivendo em todas as horas do dia. Cada empecilho criado pela família só contribuía para que nosso amor aumentasse.

Surpresas acontecem quando menos esperamos. Saía da escola por volta das 10 horas da noite quando me deparei com Laurinda que me aguardava em frente ao portão. Ela fugira de casa, pulando a janela do seu quarto, e caminhou quase um quilometro para me encontrar.

Por instantes, fiquei perplexo e não sabia que atitude tomar. Afastamo-nos, rapidamente, antes que algum conhecido nos visse e fomos àquela praça, debaixo daquela árvore, onde nos beijamos pela primeira vez.

Ela trajava um vestido leve sem as roupas íntimas o que me deixou enlouquecido de tesão. Eu sentia aquele corpo quente, quase desnudo a me apertar e sentíamos um prazer dos mais excitantes. Dos nossos beijos saíam lampejos de fogo que nos consumiam numa simbiose das mais ardentes.

Levantei sua saia e deslizei as minhas mãos pelo seu corpo. Nesse espaço físico que vivenciávamos, um misto de desejo, paixão e loucura fomos transportados para um mundo onde o prazer nos embriaga e deixa-nos sem noção do que realmente está acontecendo.

Caminhamos até um banco do jardim e sentamos. Ela veio por cima de mim dando continuidade àqueles abraços e beijos, levantou o vestido, abriu as pernas e, quando foi possível raciocinar, eu já a havia possuído. Foram instantes de muito prazer para os dois.

Há acontecimentos na vida que são eternos. Por mais que queiramos esquecer, eles teimam em se fazer presentes independentes de nossa vontade.

A vida seria inútil e sem razão de existir se não tivéssemos inúmeros prazeres. Todavia o prazer do sexo compartilhado é uma elevação da alma, é uma volta completa pelo infinito em que vislumbramos um espetáculo de luz e nos tornamos seres movidos de coragem para enfrentar todos os desafios que a vida nos impõe.

Passada essa euforia, agora teríamos que encarar uma terrível realidade que era levá-la de volta para casa. Ela se recusava a me abandonar. Queria ficar ao meu lado embora soubesse que essa sua decisão era inaceitável, pelo menos, momentaneamente. Meus argumentos caíam num vazio que ela, propositadamente, não queria entender. Por fim prometi que iríamos criar condições para nos encontrar, todas as vezes que fosse possível.

Durante o trajeto até a sua casa, paramos algumas vezes para vivenciar outros momentos de sexo. Num determinado momento, ela tirou o vestido forrou a vegetação, deitou e me pediu mais carícias. E, assim, foram muitas vezes até chegar à sua vivenda. O dia anunciava sua chegada. Era urgente que ela chegasse ao seu quarto antes de ser vista por alguém da família ou empregado.

Embora rica e filha de pais poderosos, ela era carente de afeto e amor. Nada neste mundo substitui o aconchego, a atenção e o carinho que a nossa família ou a pessoa amada pode nos dispensar. Ter dinheiro para comprar tudo o que nossa imaginação quiser pode nos levar a uma vida vazia e desestimulante, porque coisas serão sempre coisas. Nossa alma tem necessidades diferentes.

A mansão dos Nunes situava-se no topo de uma montanha nos arredores da cidade. Tinha-se notícias que havia 10 suítes e imensos salões para as grandes festas que, frequentemente, aconteciam. Laurinda tinha apenas um irmão e que, segundo comentários, nasceu com problemas neurológicos. Era incapacitado e precisava sempre da ajuda de um profissional.

Seus pais estavam sempre viajando: ora para suas fazendas de cacau, ou para o exterior. Na maioria das vezes, quando em férias escolares, Laurinda também participava dessas viagens. Em períodos escolares, ela ficava sob os cuidados de uma serviçal especialmente para atendê-la em suas necessidades e o motorista que a levava a todos os lugares que ela determinava.

Apesar da pouca idade, ela se sentia sozinha e solitária.

Certamente, ao me conhecer, imaginou que eu poderia, sem dúvidas, preencher esse imenso vazio de sua vida. Sua entrega total de corpo e alma de forma tão imprevisível ensejou-me uma responsabilidade para a qual eu não estava preparado. Eu, descendente de uma família pobre com apenas 20 anos e alguns irmãos que eu precisava ajudar em sua sobrevivência. Minha mãe era cozinheira e meu pai ajudante de pedreiro.

Nem sempre é possível escolher a estrada que queremos caminhar. Repentinamente, situações alheias a nossa vontade surgem à nossa frente, açoitadas por ventos nefastos, não nos dando chance de reflexão. Tinha consciência de ter entrado em um beco sem saída. A qualquer momento, uma surpresa poderia acontecer, e eu não tinha a menor ideia de como reagir.

Apesar dos pesares, eu também a amava e até pensei em casar-me com ela. Mas como poderia eu enfrentar aquela família que pisava num chão diferente do meu! Resignei-me e covardemente fiquei à mercê dos acontecimentos.

Fiquei com as lembranças de todos nossos encontros, em particular o último, quando senti em meus braços não uma garota de 17 anos, mas uma mulher que vivenciou momentos de prazer como uma veterana. Ela nasceu uma fêmea perfeita para o sexo e o amor. Na mesma proporção que esse meu pensar me deixava feliz, havia muitas interrogações do futuro que nos aguardava.

Laurinda sabia que o único horário disponível que eu tinha para ela era depois das minhas aulas ou nos fins de semana.

Era uma sexta-feira. Seus pais tinham viajado. Ela chegou à porta da minha escola acompanhada do motorista da família e convidou-me para passar o fim de semana com ela em um hotel onde fizera reserva. Fiquei atônito. Chamei-a em um local reservado e falei-lhe que não tinha dinheiro suficiente para aquela despesa. Ela jogou os cabelos para o lado e num tom de desafio falou: – Desde quando você precisa de dinheiro para ir a qualquer lugar comigo? Fiquei estupefato, mas aceitei o convite. Apenas falei-lhe que precisava passar em minha casa para avisar meus pais.

Paramos em frente a minha humilde vivenda. Desci do carro, entrei em casa e falei com minha mãe que iria viajar e que só voltaria no domingo à noite. Com ares de preocupação ela me perguntou para onde eu iria e com quem. Respondi-lhe que, quando de minha volta, eu lhe contaria tudo. Ela me abraçou, beijou e disse: – Cuidado filho, o mundo é muito perigoso e há pessoas muito más nesta vida.

Coração de mãe não erra nunca. Ela pressentia que alguma coisa estava por vir embora não soubesse de nada do que estava acontecendo comigo e aquela adolescente. Ela seguiu-me até a porta e me viu entrando no carro. Olhei para trás e percebi que seu olhar nos acompanhou até perder-se no caminho. Certamente ela rezava.

Nesse momento sentia uma vontade louca de voltar a fazer sexo com Laurinda, agora num lugar convenientemente confortável. Ninguém seria capaz de me impedir de ir em frente. Quando o coração e o desejo estão intrinsecamente unidos e dispostos a vivenciar momentos que transcende a nossa razão, não há força capaz de deter esse caminhar.

O hotel situava-se nos arredores da cidade há alguns quilômetros do centro. Era um lugar frequentado por milionários. Ao chegar, senti-me perdido tendo ao meu redor todo aquele luxo à minha disposição. Nunca havia me hospedado em um hotel e não sabia como proceder. Ela orientou-me no preenchimento de um formulário e em poucos minutos estávamos de posse das chaves de um apartamento onde seria o nosso ninho de amor naquele fim de semana.

Achei estranha aquela familiaridade com ela da pessoa que nos atendeu. O motorista nos deixou à porta e se foi. Certamente ela deve ter feito os acertos sobre o dia e o horário que ele deveria voltar.

Varri da minha mente todas as dúvidas e deixei meu coração e meus sentidos prontos para vivenciar os momentos de prazer que me aguardavam.

O apartamento era um espetáculo de luxo e beleza. Nunca, em toda a minha vida, pude imaginar um local como aquele. Mas estava ali levado pela vontade de uma menina que talvez não me amasse, mas que certamente sentia um desejo incontrolável de desfrutar momentos de sexo comigo.

Havia uma pequena geladeira e um barzinho com muitos tipos de bebidas. Ela me mostrou uma garrafa de champanhe e me pediu para abri-la. Meio desconcertado tentei tirar a rolha e ela, percebendo meu embaraço, tomou-a das minhas mãos e falou: – Aprenda como se abre uma garrafa de champanhe porque, nos próximos encontros, teremos sempre essa bebida a nossa disposição.

O estouro que eclodiu a ser destampada acelerou as batidas do meu coração e sentia-me como um robô cumprindo ordens. Ela encheu duas taças e falou: brindemos o nosso segundo encontro e muitos outros que virão.

Enquanto bebíamos aquele borbulhar de espuma, ela fez-me sentar na cama e ordenou-me que ficasse imóvel, porque ela iria me oferecer um espetáculo inesquecível.

Sentou-se em uma cadeira à minha frente: livrou-se dos sapatos, da fita que amarrava seus cabelos, deixando-os deslizarem sobre os seus ombros, da saia, da blusa, ficando apenas com as roupas íntimas. Nesse momento virou-se de costas e foi descendo a calcinha enquanto mexia e remexia as nádegas. De frente desabotoou e tirou a peça superior e com as mãos alisava os seios e apertava os bicos deixando-os intumescidos.

Tentei levantar-me para agarrá-la, mas ela advertiu-me que ainda não havia terminado. Senti-me numa situação de tortura olhando aquele corpo, sentindo todo o fogo do mundo a me consumir e sem nada poder fazer.

Agora, de frente, ela desceu a calcinha devagarzinho e com ajuda dos pés deixou essa peça no chão e, nuinha, aproximou-se de mim e caiu em meus braços com toda a volúpia que sentia.

Durante a vida tive muitas outras noites de amor com mulheres diferentes em países diferentes, mas essa superou todas as minhas expectativas. Aquele fim de semana me deixou marcas profundas que me seguiram por toda a vida.

Laurinda era uma mulher bela e jovem com muita experiência de sexo. É bem provável que essa sua forma de proceder fosse inata. Ela nasceu para ser a fêmea de todos os homens do mundo.

Voltei para casa no domingo à noite. Minha mãe me esperava para saber os acontecidos.

Contei-lhe como conheci a Laurinda, quem ela era e o que estava acontecendo nos últimos meses.

Percebi um ar de extrema preocupação da minha genitora. Ela deu-me alguns conselhos e advertiu-me que muitas pessoas que têm dinheiro são capazes de praticar muitos desatinos em momentos de desespero e que eu precisava ter cauteloso. Ainda me perguntou se sua família sabia desses encontros. – Não. Afirmei categoricamente. E concluiu: – Filho que Deus o proteja porque você está numa encruzilhada das mais perigosas.

Minha mãe tinha razão. Aquela mulher entranhou-se em todo o meu ser, não me dando a menor chance para fazer mais nada a não ser ficar pensando nela todo o tempo. Laurinda não era uma sombra a me acompanhar. Eu era a sombra dela. Não tinha forças nem coragem para recusar seus convites para fazer sexo.

E, em cada encontro, fazíamos algo diferente e isso me deixava mais louco e dependente de suas carícias.

O meu coração tirou férias por tempo indeterminado e resolvi pesquisar a vida daquela demoníaca mulher.

Numa tarde de sexta-feira, peguei um ônibus e fui até as proximidades daquele hotel, que costumeiramente nos hospedávamos e fiquei escondido atrás de uma árvore na esperança de que ela pudesse aparecer no carro do seu motorista acompanhado de outro homem. Voltei a esse lugar inúmeras vezes. Não obtive sucesso.

Troquei o dia de visita. Quando saí do meu trabalho, numa quarta-feira, desisti de ir à escola, e fui novamente fazer as minhas investigações. Insucesso total.

Eu era um jovem novato na vida no sexo e no amor, mas, quando eu me lembrava das diversas situações que vivenciávamos, não me era possível assimilar as diversas formas do comportamento de uma jovem, que ainda no início de uma vida, era dotada de tamanha habilidade no manejo das pessoas e mesmo de mim. Havia muita névoa nesse caminho, e eu precisava descobrir o que se escondia por trás de tudo.

Como eu pertencia a uma classe social diferente, é bem provável que essa fosse a maneira de ser e agir de alguns milionários.

Tínhamos a nossa disposição um apartamento em um pequeno hotel da cidade. Já não precisávamos do motorista dela para nos transportar. Pelo menos três vezes por semana, ela fugia da escola ou das aulas de balé e nos encontrávamos nesse novo lugar.

Numa manhã amanheci apreensivo. Tinha uma sensação de que alguma coisa fosse acontecer. E aconteceu. Estava andando em uma das avenidas da cidade quando de repente alguém segura meu ombro, vira o meu corpo de forma brusca, olha dentro dos meus olhos e diz: – Afaste-se da Laurinda Nunes porque se você não fizer isso será um homem morto em pouco tempo.

– Quem é o senhor, perguntei assustado. – Eu não tenho nome nem rosto. E dando-me um forte solavanco me deixou ir.

Caminhei até o jardim, sentei-me naquele mesmo lugar do nosso primeiro encontro e sugiram em minha mente muitas interrogações e dúvidas. Quem seria aquele homem que me fez tamanha ameaça? Será que o pai dela mandou um dos seus funcionários agir daquela forma? Será que ela teria outro homem?

Desnorteado, naquela tarde, fui esperá-la em frente ao prédio onde ela tinha aulas de balé. Como de costume ela chegou com o motorista. Aproximei-me dela, peguei-a pelo braço, levei-a a um lugar discreto e contei-lhe sobre a ameaça que aquele homem me fizera horas antes.

Sem demonstrar nenhuma preocupação, ela apenas falou: – Esqueça esse incidente. Eu vou tomar providências para que esse fato não mais se repita.

A impressão que tive era que Laurinda sabia o autor da ameaça e também se sentia segura para solucionar o problema. E que problema, pensei!

A minha vida tomou agora um rumo diferente. O medo se ser morto caminhava ao meu lado, tirando-me o sossego e o tesão que sentia por ela.

Apesar de tudo, decidi não parar as minhas investigações. Havia muito mistério no seu proceder e muita experiência para uma mulher daquela idade.

A curiosidade fez-me companhia e partimos para descobrir todo aquele emaranhado que me envolvia.

O mais difícil é que as pessoas pobres estão fora do contexto do mundo dos ricos. Eles têm artimanhas e poderes suficientes para camuflar qualquer situação e torná-las de difícil acesso a qualquer mortal.

Como eu não podia me expor, guardei segredo e comecei, de vez em quando, a ficar em dias e horários diferentes nas proximidades daquele hotel luxuoso que estivemos algumas vezes. A situação era a mesma: Laurinda nunca apareceu.

Numa cidade pequena, todos conhecem os milionários, pelo menos de vista. Eu conhecia alguns porque, no escritório de contabilidade em que trabalhava, de vez em quando, alguém fazia presença para solucionar problemas de suas empresas.

Numa tarde estava trabalhando quando meu chefe imediato me chama e me apresenta o Sr. Severino de Almeida. Ele olha para mim e diz: – Prazer em conhecê-lo. Há muito tempo que eu queria conversar com você. Pelo olhar surpreso do meu chefe, percebi que havia algo estranho.

Convidou-me para sair e, com a concordância do meu superior, saímos e caminhamos pela calçada por alguns momentos e me falou: – Esqueça a Laurinda Nunes. Sou amigo do pai dela de longa data e se você continuar esse romance eu contarei tudo para o Pedro Nunes. Este senhor era também um dos possuidores de uma grande fortuna na região. Aparentava ter por volta de 45 anos de idade.

Agora eu me sentia perdido dentro de um cerco sem encontrar um meio de escapar: um me ameaçando de morte, outro disposto a contar sobre o nosso romance para o pai dela e a Laurinda louca atrás de mim.

Eu tinha um amigo de longa data, chamado Emiliano da Silva, que era garçom e trabalhava no clube que ela frequentava. Um dia fui procurá-lo e contei-lhe o que estava acontecendo comigo e aquela mulher.

Depois de minha narrativa, ouvi o seguinte conselho: – Fuja correndo da cidade. Esses homens têm poder e podem fazer o que bem entenderem. Sua vida está em sérios riscos.

O meu pensar e o meu coração faziam morada no corpo daquela mulher. Não tinha forças nem coragem para renunciar àqueles momentos de sexo vividos ao seu lado. Tinha consciência de que o meu interesse por ela passou por transformações. Todavia eu ainda me sentia preso aos seus encantos.

Visualizava o meu corpo caindo num precipício onde a morte certamente me aguardava com braços abertos.

Já era madrugada de uma quarta-feira quando Emiliano da Silva chegou a minha casa com os olhos esbugalhados e o corpo trêmulo e narrou o seguinte diálogo que ouviu entre Severino Almeida e seu amigo Theodoro Martins, enquanto ele servia algumas bebidas na mesa dos dois no clube dos milionários.

– Você está sabendo que a Laurinda tem um molequinho pobre pelo qual está apaixonada? – Não. Quem é ele e como se chama? – É um tal de Clodoaldo. Ele trabalha no escritório de contabilidade do João. – Eu estive lá na quarta-feira passada e ameacei que contaria o romance deles para o pai dela. Percebi que ele ficou assustado. Entretanto eu não acredito que os encontros deles vão acabar. A Laurinda é uma mulher sensual, perigosa e determinada.

– Como você sabe, eu fui o primeiro homem da vida dela e isso aconteceu quando ela tinha apenas 13 anos. Acredito que ela já deve ter se cansado de mim ou esse pobretão deve ter outros predicados físicos que a deixou louca de paixão. Atualmente eles se encontram no hotel da Carlinda. Vou aparecer lá qualquer dia e pegá-los no flagrante. Inclusive estou pensando em passar um valor alto em dinheiro para a proprietária daquele lugar para ela me dar a chave do quarto onde eles ficam.

Diante do que ouvia, o chão dos meus pés decidiu abrir uma cratera na qual caía devagarzinho, sem chance de sobrevivência.

Há determinados momentos da vida que fugir de situações perigosas não é um ato de covardia, mas de preservar a próprio viver.

Mandei o coração para endereço desconhecido. Despachei o tesão que sentia por ela para os confins do planeta e tomei a decisão de sair daquela cidade. O mais difícil seria convencer meus familiares que eu deveria partir para bem longe e onde ninguém soubesse do meu destino, exceto eles.

Somente para os meus pais eu contei todos os fatos que me aconteceram nos últimos meses, e por sugestão da minha mãe eu deveria abrigar-me na casa de dois tios na capital do estado. Eles tinham uma situação financeira tranquila, um bom trabalho e que poderiam me ajudar. E assim aconteceu.

Era um domingo e, sentindo toda a amargura que um ser humano pode sentir na alma, parti. O ônibus afastou-se rápido, deixando meu sofrimento menos dolorido.

Deixaria para trás minha família e aquela mulher que me deu momentos de grandes prazeres e paixão, mas que também provocou um estrago medonho nos últimos três anos de minha vida. As lágrimas se recusaram a brotar em meus olhos, talvez, para que o meu olhar não ficasse embaçado com as últimas visões daquele lugar. Havia em meu peito as lembranças da insuportável dor de uma separação.

Saí daquela cidade com uma experiência amarga e em busca de novos horizontes. Sentia que não seria fácil fazer um embrulho desse passado e jogá-lo no lixo ou facilmente colocá-lo no esquecimento da minha alma. Todas as tristezas e angústias levam tempo para dissipar-se. Eu precisava acreditar numa nova história para a minha vida. Certamente iria precisar de muita coragem para enfrentar novos desafios. Essa era a única alternativa para esse momento doloroso.

Depois de dois dias de uma viagem cansativa, cheguei à casa dos meus tios. Fui recebido com muito entusiasmo por toda a família. Todos queriam saber em pormenores, o que me levou a mudar de cidade. Nesses momentos alguns segredos devem permear a narrativa por uma simples questão de sobrevivência e também porque cada um pode fazer sua própria interpretação, não espelhando de forma real os fatos.

Fui acomodado em um quarto confortável, onde havia uma vista de uma montanha ao longe. No primeiro olhar daquele cenário, acercou-se em minha mente a necessidade de levantar-me do chão e erguer-me para atingir os meus objetivos e seguir em frente com a vida.

Minha consciência gritava que não seria uma tarefa fácil, mas eu tentaria.

Nos dias imediatos fui conhecer a cidade com um familiar: Grande demais. Eu estava acostumado viver numa cidade de poucos habitantes. Via nesse novo lugar que oportunidades de trabalho e estudo estavam à minha disposição e ainda dispunha da ajuda dos meus familiares.

Precisava revestir-me de muita coragem, humildade e continuar os meus estudos para que novos horizontes pudessem surgir.

Ainda, fazia-se necessário sepultar aquele passado porque a vida nos dá oportunidade de renovar nossas atitudes e ainda aprender com as amargas lições que por vezes somos escolhidos para vivenciá-las.

Por sugestão do meu tio Emanuel, preparei um pequeno currículo e as minhas experiências de trabalho para ser entregue em alguns escritórios de contabilidade de amigos próximos.

Numa noite durante o jantar, veio-me a primeira notícia de trabalho. Meu tio Justino era amigo do Sr. Paulo dos Anjos e este tinha um escritório que se chamava Contábil Ltda. Havia uma vaga para alguém com o meu conhecimento.

No dia seguinte, fazendo-me acompanhar dele, fomos até aquele lugar. Depois de uma pequena entrevista, fui admitido. O contentamento inundou a minha alma, e assim eu começava a dar os primeiros passos, numa trilha que se foi alargando, ao longo dos anos, tornando o meu caminho uma estrada de dimensões intercontinental.

Matriculei-me numa escola. Durante o dia trabalhava e à noite estudava. Nos fins de semana, sempre havia reunião familiar com alguns amigos dos meus familiares, e assim fui-me entrosando com todos de forma amigável. A vida corria tranquila e sem maiores preocupações.

Por vezes ainda sentia saudades daquela mulher e sempre escrevia para meu amigo Emiliano para ter notícias dela. É impossível abandonar o passado de forma total e absoluta. O tempo segue a sua estrada, mas vai deixando pelo caminho as cicatrizes dos ferimentos que um dia sangraram e provocaram muita dor.

Ao entrar em meu quarto numa noite de uma sexta-feira, vi uma correspondência em cima da minha cama. Remetente: Emiliano da Silva. O tempo parou naquele momento, e eu não tinha coragem para abrir aquela missiva. Sabia que seriam notícias da Laurinda.

Enfrentar um problema é, talvez, o meio mais apropriado para tirar dúvidas e acercar-se dos ocorridos em que estamos ou estávamos envolvidos. Adiá-los é ficar numa expectativa torturante, deixando o nosso pensar numa situação de desconforto.

Levei o meu pensamento para dar uma voltinha naquela cidade, tendo o cuidado para que meu coração não participasse dessa viagem. As emoções poderiam sufocá-lo. Deixei-o em lugar seguro e parti.

Rasquei aquele envelope com a impetuosidade necessária para fazer uma descoberta boa ou má. Não importava o contexto da notícia.

Qualquer uma certamente iria me colocar numa distância segura, para saber dos fatos, sem me sentir contaminados por eles.

Prezado amigo Clodoaldo,

O clube dos milionários foi palco de notícias no jornal. O Pedro Nunes, pai da Laurinda, adentrou àquele local, aproximou-se de Severino Almeida, pegou-o pelo pescoço e aos berros pediu que ele confirmasse que já era amante de sua filha desde os 13 anos de idade. O velhinho estava munido de tanta força que, sendo o amigo mais forte, não conseguiu superá-lo na briga.

Os dois ficaram muito machucados e tinha sangue espalhado por toda a parte. Ninguém se atreveu separá-los. Era desavença dos donos da cidade. Cada um tinha seus motivos para não os apartar. A polícia foi chamada, e os dois foram parar no hospital. Enquanto isso um jornalista fez a cobertura dos acontecimentos.

Foi um escândalo à altura de uma novela trágica.

O pai da Laurinda mandou-a para Portugal, segundo informações que circularam no clube. É bem provável que essa sua atitude tinha o objetivo de poupá-la de constrangimentos junto a seus amigos ou, talvez, esperando o fato cair no esquecimento da população.

O ser humano tem a capacidade de deixar para trás os acontecimentos antigos porque outros surgem, sempre fazendo parte do dia a dia de todos e com nuances diferentes.

A cidade sem essas mazelas dos poderosos segue seu ritmo normal. Tenho tido notícias da sua família e tudo parece perfeito.

Voltarei a lhe escrever tão logo tenha outros capítulos interessantes sobre os dois.

Envio-lhe um forte abraço e confesso que estou sentindo saudades do grande amigo.

Até breve.

Até que a notícia não foi das piores. Senti-me aliviado.

Cada um neste mundo é responsável pelos seus atos e deve assumi-los em qualquer circunstância.

Enquanto os problemas com aquelas famílias se desenrolavam de forma não muito afetuosas, eu já estava na Faculdade, cursando Administração de Empresas e trabalhando numa empresa de exportação. Era responsável pelo setor de contabilidade e tinha um salário à altura dos meus conhecimentos.

Respondendo à carta do meu amigo, contei-lhe:

Caro amigo Emiliano,

"Nem todo mal é mau. Há males que vêm para o nosso bem". Ao mudar de estrada, percebemos que outras oportunidades estavam ao nosso dispor acima de nossa imaginação. Estou feliz embora ainda tenha lembranças do ranço daquele passado.

Confesso que já esperava a longo tempo esse desentendimento entre os dois. O pai de Laurinda, assim como muitos maridos traídos, só vê a realidade quando ninguém mais se interessa pelo assunto. A vida é assim, e tudo só acontece no momento exato.

Iniciei há poucos meses um namoro com uma colega de classe que também é filha do proprietário da Empresa onde trabalho. Embora ela seja uma moça muito rica e bonita, é de uma simplicidade incomum. É um relacionamento à moda antiga com muito respeito e dignidade.

A impressão que tenho é que ela teve uma educação para ver o mundo de uma forma em que tudo nesta vida é transitório, e todos estamos sujeitos a mudanças em qualquer momento da nossa vida.

Ainda não fui apresentado aos pais. Todavia acredito que seu genitor desconfia que estamos iniciando um romance. Sempre nos reunimos, às vezes, em sua casa, acompanhados de outros colegas de classe, para elaborar trabalhos escolares.

Estou feliz porque sei que a minha vida está indo a passos largos para um futuro promissor. Ainda estou morando com os meus tios e, como não tenho despesas com aluguel, sempre envio valores para meus pais para ajudá-los a ter uma vida menos penosa.

Um grande abraço e, embora não esteja ávido de notícias daí, a curiosidade insiste em não me deixar alheio aos acontecimentos desses protagonistas que pensam que o mundo está debaixo de seus pés e que tudo podem fazer calcado em seus desejos mais escusos.

Clodoaldo.

Chegou o dia de nossa graduação. No momento em que o meu nome foi chamado para receber o diploma, e enquanto caminhava em direção aquele documento, senti uma sensação de vitória. Aquele foi um passo gigantesco que me possibilitou galgar outros bem maiores em dimensões que atravessariam rios, oceanos montanhas e cidades nos diversos países do mundo.

O baile de formatura teve todo o aparato digno de seus formandos e de suas famílias. Foi deslumbrante. Helena trajava um vestido branco que a deixou mais bela e com postura de rainha. Desembrulhei o pensamento e imaginei-a vindo ao meu encontro e casando-se comigo. Com seu pai, ela dançou a primeira parte da valsa e em seguida ele foi ao meu encontro me disse: – Agora é a sua vez. Cuide bem de minha filha.

Percebi naquelas palavras que ele sabia de nosso namoro e certamente aprovava a nossa decisão. A festa prolongou-se até a madrugada. O dia já avisava que estava chegando quando, para minha surpresa, o senhor Fernando Albuquerque convidou-me para ir até a sua casa onde deveria ser servido um *brunch*.

Helena e eu trocamos olhares profundos e misturamos as nossas curiosidades num envolvimento que perpassou nossos corações e encheu nossa alma de esperança.

Tudo o que a vida decidiu lhe presentear um dia você recebe essas dádivas mesmo que situações inexplicáveis tenha nos acontecido. Estar atento às oportunidades e segurá-las com humildade, inteligência e criatividade são fatores muito importantes para encontrar o caminho do sucesso e da felicidade.

Eu já tinha estado na casa deles em diversas vezes. Surpreendi-me, apenas, com o número de convidados para esse momento: Todos ricos e poderosos. Alguns eu conhecia de vista e de labor. Outros me foram apresentados. O luxo das vestimentas e as joias que aquelas mulheres portavam dariam um longo caminho de brilho e esplendor.

Diante de tudo que via, mantive o controle de minhas emoções. Afinal de contas, eu provinha de uma família humilde, do interior e tinha a obrigação de não me deslumbrar com esse cenário tão suntuoso. Cautela deveria ser a palavra chave que deveria nortear o meu proceder.

Por vezes olhava tudo ao redor e imaginava as festas que aconteciam na casa da Laurinda. Segundo sabia-se na cidade, os banquetes daquela mansão ultrapassavam o pensar das mentes mais férteis.

Fechei algumas portas da minha mente daquelas lembranças e abri outras ainda intocadas para vivenciar aqueles momentos que me foram dados o privilégio de participar.

Helena manteve-se ao meu lado quase todo o tempo e, de vez em quando, mencionava o nome de alguns convidados de maneira discreta. Havia instantes que eu me sentia como um "peixe fora da água". Mas precisava deslizar naquelas águas com a mesma postura de seus convivas.

O sol já se despedia quando aquela festa acabou. Em algumas fisionomias, havia um acentuado cansaço, porém todos estavam felizes. Aliás, a felicidade é um sentimento que está além do estado físico dos nossos corpos. Quando ela resolve envolver-nos, leva-nos para um plano superior e deixa-nos nesse estado contemplativo da vida.

Eu também me fui. Ao sair, cumprimentei os familiares, agradeci o convite e no portão recebi um beijo na face da minha namorada. Tinha certeza de que voltaria àquela casa em outras oportunidades e em outras condições. A esperança estava centrada em minha alma, avisando-me de que algo aconteceria.

Chegando a casa, apressei-me a escrever para a minha família relatando os momentos da minha formatura como também a festa na casa da namorada. E acrescentei: Aguardem para breve outras notícias. Percebo que grandes transformações em minha vida acontecerão nos próximos meses. Sentia uma sensação gloriosa de devaneio.

Trabalhava em minha sala quando fui surpreendido com a presença do senhor Fernando Albuquerque que se sentou ao meu lado, olhou dentro dos meus olhos como querendo descobrir o que havia por trás do meu olhar e formulou o seguinte convite:

— No próximo sábado gostaria que você fosse jantar em nossa casa. Vamos comemorar o aniversário da minha mulher Isaura. Nessa ocasião gostaria de ter uma conversa a sós com você. E acrescentou: — É papo para alguns minutos. Não se preocupe.

A vida é cheia de surpresas boas e más. Confiava que naquele encontro a minha alma pudesse ser renovada para uma confiança ilimitada no futuro. Eu e sua filha nos amávamos, talvez não com aquele arrebatamento do incêndio das paixões. Tudo era calmo e previsível. Certamente planejávamos ter uma vida longa para vivenciar os prazeres gota a gota para sentir o sabor em sua profundidade.

Experiências passadas levavam-me a pensar dessa forma e havia uma correspondência de Helena na mesma direção.

Naquele dia escolhi a melhor roupa e cuidei minuciosamente da aparência. Queria causar uma boa impressão para o meu patrão e quem sabe futuro sogro!

Certamente seria questionado sobre minha família. A verdade deveria ser a tônica das minhas palavras porque, também, eu me orgulhava de minha origem humilde. Nascer pobre é uma circunstância que independe de nossa vontade. Permanecer pobre é uma escolha própria de cada um.

Como todos os dias chegam, aquele também se fez presente. Cheguei exatamente no horário combinado com Helena. Ela me recebeu à porta de sua casa, beijou-me levemente e convidou-me para entrar. Levei um buquê de rosas para a aniversariante. Ao receber as flores, ela agradeceu de forma muito amigável. Visualizei aquela imensa sala e percebi que havia poucos convidados. Imaginei serem todos familiares. Fui apresentado um a um e sentei-me ao seu lado.

Depois de alguns momentos, entrou o senhor Fernando, cumprimentou-me e percebi que em sua fisionomia havia algo de esperançoso.

E assim falou: Enquanto Isaura conclui os últimos preparativos do jantar, gostaria que você me acompanhasse até meu escritório. E lá fui eu prelibando o gosto das palavras que ouviria como também envolto numa atmosfera de expectativa.

Nossa mente tem um poder além da que percebemos. Você é o que ela determinar. A força que emana dela pode remover montanhas e ultrapassar todos os limites que nos forem impostos. Acreditar, confiar e querer são palavras mágicas que sempre nos levará ao sucesso e até mesmo a utopias.

Devidamente instalados naquele espaço, cuja decoração era de um bom gosto incomparável, ele começou a falar: – Clodoaldo você já é nosso funcionário há mais de cinco anos e em todo esse tempo acompanhei o seu trabalho e concluí ser você um homem digno de confiança. Ademais, recentemente, você se graduou em Administração de Empresas e certamente os conhecimentos adquiridos naquela Faculdade possibilita-lhe ter outras responsabilidades em minha empresa.

– Quero lhe propor o cargo de gerente geral. Nessa nova atribuição você terá que fazer algumas viagens para alguns países do mundo para supervisionar os produtos que exportamos. Imediatamente vou colocar à sua disposição uma professora de inglês e espanhol e, em pelo menos duas horas do dia, você deverá se aprimorar nesses dois idiomas. Elas vão lhe ensinar os termos básicos para um bom desempenho em suas viagens.

– E então, meu jovem, você aceita a minha proposta? – Sim. Aceito. Gostaria, apenas de lhe informar que há mais de três anos eu estudo a língua inglesa. Essas aulas eu as tenho em meu horário de almoço. Quanto ao espanhol, eu tenho noções porque sempre leio revistas e livros nesse idioma. – Então eu posso dispensar as professoras? falou o senhor Fernando. – Sim. Respondi.

– Pelo visto estou diante de um profissional altamente qualificado para o cargo que ora lhe estou propondo. – Eu acredito, falei com firmeza. -Obrigado pela confiança!

Senti naquele encontro a maior realização das minhas metas desde que cheguei àquele lugar anos atrás. Aquele homem tímido e medroso ficara no total esquecimento do passado. Agora a vida, aliada ao meu esforço e à ajuda da família, fizera de mim um novo ser humano capaz para enfrentar, não apenas aquele lugar, mas o mundo em toda a sua extensão universal. Estava galgando de forma definitiva um lugar digno dos meus sonhos.

Alguém bate à porta e ele pede para entrar. Era a sua esposa avisando que o jantar estava servido. Levantamos e apertamos as mãos num comprometimento mútuo.

Helena aguardava-me com o brilho nos olhos das águas cristalinas dos oceanos. Certamente ela estaria pensando que aquela conversa girava em torno de nós. Não fez perguntas ou comentários. Era uma jovem discreta na postura e nas indagações. Eu também não mencionei nada. Esse era um assunto que ela deveria tomar conhecimento depois.

Sentado à mesa e degustando aquele lauto jantar com os demais convidados, pensava na nova proposta do patrão e também se seria conveniente falar-lhe sobre as minhas pretensões de casamento com sua filha. Pensei, pensei muito e decidi deixar esse assunto para outra ocasião. Não sei que ideia ele faria a meu respeito costurando um assunto de trabalho com um emocional.

Cantamos o famoso e apropriado "parabéns pra você", tomamos champanhe e desejamos à aniversariante muitos anos de vida. Já passava da meia noite quando me despedi de todos e voltei a minha casa.

Naquele trajeto sentia o peso da responsabilidade que ora acabava de assumir. Recordei a minha jornada até aquele momento e confiava que, mais uma vez, a vida me dera um prêmio pelo meu esforço e coragem que tive ao enfrentar momentos de muitas dificuldades.

O sucesso nesse novo caminhar iria depender única e exclusivamente de mim. Ainda pensei que, se o meu casamento com Helena se concretizasse, teria mais uma chance de chegar ao topo da mais alta montanha do mundo e gritar a plenos pulmões: Obrigado Deus! Obrigada minha família!

Por outro lado, a humildade nunca deveria afastar-se do meu convívio diário. Por mais que queiramos pensar que o mundo inteiro está ao alcance da palma de nossa mão, ainda assim é perigoso sentir-se poderoso porque as surpresas do viver podem mudar num piscar de olhos toda aquela trajetória que havíamos idealizado.

Recebi mais uma carta do meu amigo Emiliano. Abri-a com a pressa de saber suas notícias, embora, quaisquer que fossem elas, já não havia dentro do meu eu resquício de amargura e tristeza. Estava curado daquele passado.

Prezado amigo,

A cidade se movimenta para o casamento de Laurinda Nunes. O pretendente, ela trouxe de Portugal. É um jovem de apenas 24 anos. Ele se chama Manoel da Silva Pinto. Já esteve no clube e ela desfilou ao lado dele com galhardia e o narizinho empinado. O enlace está marcado para a próxima semana. Soube, também, que os pais deram-lhe um poderoso e custoso dote para que esse casamento se efetivasse.

Gostaria muito de saber notícias do meu querido amigo. Sua mãe me contou que você se graduou em Administração de Empresas. Está com tudo, hein, amigo!

Eu continuo no mesmo trabalho, com a mesma mulher e mais dois filhos. Aquela vidinha do trabalho pra casa e vice-versa. Todavia a rotina faz-nos seres automáticos sem necessidade de muito pensar. Estou tranquilo.

Um grande abraço do seu amigo, Emiliano.

Apesar de tudo que nos aconteceu, e na maioria das vezes ela não teve nenhuma culpa, eu desejava que aquele homem pudesse fazê-la feliz. Se seus pais tivessem tido tempo para dedicar-se mais ao bem-estar dos filhos, notariam que ela tinha um desvio sexual que chamamos de ninfomania. Assim poderiam levá-la a um profissional e certamente esse transtorno poderia ter tido um final diferente. Pelas informações que tenho a respeito do assunto, ele se agrava na proporção direta do seu envelhecimento.

Nas funções de gerente geral da empresa, fui agraciado com uma ampla sala de trabalho, uma secretária e um assessor que, em minha ausência, responderia pelas demandas daquele cargo.

Entrosei-me rápido com as novas atribuições. Agora enxergava um mundo diferente cheio de oportunidades como também com muitas missões a cumprir.

Como estava previsto, fiz minha primeira viagem internacional. Iria pisar em solo americano: Miami. Na véspera despedi-me de Helena e prometi que telefonaria todos os dias. Eu já me sentia membro da família porque o pai da minha amada concordou com o nosso namoro e sempre estávamos juntos em sua casa. Era um deleite passar os fins de semana naquela imensa casa com todas as mordomias que se faziam mister.

Ainda morava na casa dos meus tios, mas já vivenciava o mundo dos ricos, saboreando o poder do dinheiro e tudo que ele é capaz de fazer para nos proporcionar bem-estar e conforto. De vez em quando permeava minha mente o poder dos milagres. Aquele era, sem dúvidas, um grande que começava me envolvendo e mudando o meu comportamento adequando-o as atuais situações vivenciais. Não culpava a sorte pelo meu sucesso, mas a confiança, a dedicação ao trabalho, a honestidade, a educação que meus pais me deram e a obediência aos princípios morais que todos conhecem.

Depois de quase 15 dias, naquela cidade, voltei trazendo na bagagem muitas soluções e propostas de novas exportações. O resultado foi festejado pelo patrão com direito a brinde com champanhe e à alegria que vi estampada nos olhos de Helena.

Na vida não é necessário adiar algumas decisões quando já as temos com certas. Naquela sexta-feira, após o expediente, fui até a sala do senhor Fernando Albuquerque e falei-lhe que gostaria de conversar com ele, em sua residência, se fosse possível, no próximo domingo. O assunto: Helena. – Pois não, fica marcado esse encontro. Vou falar com minha esposa, Isaura, para preparar um almoço.

Pela receptividade estampada em sua fisionomia, notei que ele sabia que eu deveria pedir a sua filha em casamento.

A família de meu patrão era constituída apenas por ele, a esposa e a sua filha Helena. Agora éramos quatro. Por sugestão dele, foi marcada uma grande comemoração para o dia oficial do noivado. Foi uma festa digna e pomposa e nessa ocasião marcamos a data do casamento.

Voltando naquela noite para a casa dos meus tios, onde ainda morava, sentia-me levitando e chegando ao cume do ponto mais alto do universo. Vislumbrava um mundo com nuances de utopias e glorias. Não podia me esquecer de que os nossos pés devem sempre estar apoiados e firmes no chão para que o enlevo dos acontecimentos não nos tire a realidade de forma total. Há os desejos e os sonhos. Os primeiros serão determinados e realizados pela nossa maneira de encarar o mundo. Os sonhos são os devaneios que povoam nossa alma. De qualquer maneira havia, ainda, nessa nova jornada, muitas responsabilidades e uma dedicação à altura do que certamente aquela família esperava de mim. Não podia em nenhuma hipótese decepcioná-los.

Todos sabiam a minha origem humilde, e imagino que essas oportunidades que me eram concedidas deviam-se, principalmente, a minha forma de ser e agir. Havia um reconhecimento do senhor Fernando no meu proceder, e com certeza ele teria a certeza que eu pautaria a minha vida dentro de uma conduta digna de ser um membro da família Albuquerque. Esse pensar me deixava à vontade para usufruir todos os privilégios que se descortinavam à minha frente.

A mansão deles era uma imensa casa que caberiam muitas famílias juntas, por isso decidimos, inicialmente, após o casamento, morar com os sogros.

O dia do nosso enlace foi, para mim, a coroação do ápice do meu viver. Toda a minha família estava presente. Inúmeros convidados, muita alegria e uma festa que durou dois dias de regozijo e felicidade. Encheram-nos de presentes. Nossa lua de mel passamos na Europa, viajamos por diversos países, por 30 dias.

Nessa viagem também trabalhamos. Visitamos todas as filiais da nossa empresa e até fechamos alguns negócios. Juntamos o útil ao agradável.

Voltei ao trabalho. Agora não era mais um funcionário. Era um dos donos daquele império. Todo o meu empenho deveria está voltado para o sucesso crescente da empresa. As responsabilidades aumentavam e eu deverei correspondê-las.

O meu tio telefonou avisando-me que recebera uma carta do meu amigo Emiliano. Pedi-lhe que a mantivesse em sua casa. Em qualquer momento eu iria pegá-la. Era o passado que, a meu ver, já estava enterrado, mas o lugar da sepultura ainda teimava em se manter no seu formato original, desafiando o tempo e as lembranças.

Movido apenas pela curiosidade, fui à casa da minha família para ler aquela missiva.

Caro amigo Clodoaldo,

A festa do casamento da Laurinda foi um dos maiores acontecimentos da cidade. Foi a festa do ano em nossa pacata cidade. Não sei precisar quantos dias os convidados ficaram ao embalo dos comes e bebes. Sei apenas que o houve alguns desentendimentos entre o pai dela e o Severino Almeida que fora seu amante. Ele não fora convidado, mas apareceu no auge da festa. Os seguranças, também denominados jagunços do Pedro Nunes, expulsaram-no de sua casa. Houve briga e como sempre a polícia foi chamada. Abafaram esse fato inconveniente, e tudo voltou à normalidade.

Tendo uma nova notícia, voltarei a lhe escrever, embora saiba que você já não mais está ligado nessas situações de nosso lugar.

Soube de seu casamento. Agora você é rico, amigo. Usufrua de tudo! Você merece. Espero que não se esqueça dos amigos pobres.

Um grande abraço, Emiliano.

Fiquei por algum tempo indiferente àquelas notícias, todavia visualizava, ainda, a primeira vez que fizemos sexo naquele banco de jardim. Foi sem dúvida um dos momentos mais prazerosos de minha vida. Por mais que queiramos nos esquivar do passado e deixá-lo no esquecimento ele, por vezes, ele insiste em se fazer presente em determinados momentos para nos mostrar do abismo que conseguimos nos livrar.

Desejava que ela fosse feliz. Talvez ela não tenha me amado na essência profunda desse vocábulo, mas de uma coisa eu tenho certeza: nosso relacionamento sexual foi incomparável porque, quando juntos, roubávamos de todos os seres do mundo o prazer do sexo.

Minha vida tinha uma continuidade dentro do previsto. Assemelhava-se à perfeita colocação de peças de mosaicos, quando assentados em seus devidos lugares, dá formas e reflete a beleza do desenho imaginado.

Meus irmãos já estavam concluindo curso superior e dentro em breve, certamente, eles deveriam mudar para a capital onde as oportunidades de trabalho são viáveis.

Naquela manhã, todos sentados à mesa para o café da manhã, conversamos, rimos, deliciamo-nos com a variedade de iguarias. Ao sair dali, despedimo-nos com troca de beijos. Eu fui para o escritório dar andamento aos trabalhos de minha agenda e o meu sogro prontificou-se a levar Helena ao médico.

A fragilidade da vida deveria andar ao nosso lado, não nos impedindo de viver e gozar os prazeres da vida, mas como um sinal de alerta para sermos criaturas humanas mais compreensivas, bondosas e conscientes do mundo que nos cerca.

Por volta das 11 horas o telefone toca, e minha secretária entra em minha sala em estado de choque para me dar a pior notícia. Com as mãos trêmulas, ela se aproxima de minha mesa e fala:

– Aconteceu, há pouco, um grave acidente com sua mulher e seu sogro.

Procurei as pernas para me levantar e não consegui. Enquanto isso ela chama o advogado da empresa, o Guilherme Alcântara, e este se aproxima de mim e pergunta o que aconteceu. Eu não tinha condições de falar. Levei milênios para assimilar o ocorrido, pensando estar sonhando. De repente uma força repentina impulsionou-me e saí correndo. Na porta de saída desmaiei. Fui levado para o hospital. Quando recobrei os sentidos, estava atônito e sem saber o motivo que me levara àquele lugar.

Um médico psiquiatra esteve em meu entorno, dando-me conforto e tentando me convencer da imprevisibilidade da vida.

Em um momento qualquer alguém me falou: – Seu sogro e sua esposa morreram no acidente. O carro deles capotou e caíram numa ribanceira de quase 20 metros de altura. Eu me recusava acreditar. Aquele estado inerte perdurou por muitos dias.

Por muito tempo eu chegava a casa procurando por Helena e por meu sogro, Fernando. Às vezes tinha a impressão que eles haviam viajado e que, dentro em breve, voltariam. Um dia convenci-me de que aquela viagem teve apenas o bilhete de ida.

Não morreram somente os dois. Minha esposa já estava grávida de dois meses. Helena, Fernando e meu filho foram juntos para continuar a nossa família em algum lugar do infinito, deixando neste mundo apenas eu e minha sogra. Eu ainda tinha meus irmãos, minha mãe e meus tios e sobrinhos. Ela, apenas eu.

O tempo foi curando meu sofrimento num compasso lento e interminável. Ele não tem pressa, e por vezes sentimos a indiferença demonstrada em sua passagem. Talvez pela ansiedade que nos rodeia nesses momentos difíceis, somos compelidos a julgá-lo até como se ele fora um carrasco. Contudo ele conhece seu caminho e não se compromete com os nossos sentimentos. A sua trajetória pode ser difícil, mas certamente um dia podemos concluir que ele passou e passou de verdade!

As responsabilidades que teria que enfrentar, a partir de agora, para dar andamento aos trabalhos e normalidade da empresa, não me permitia ficar sentado à beira da estrada lamentando as perdas dos meus entes queridos. Em memória deles tinha que prosseguir na luta.

Eu sabia tudo o que deveria fazer porque o meu sogro há muito tempo colocou-me a par de todos os problemas da empresa, como também me instruiu como proceder em suas mais diversas situações. Sentia-me pronto e capaz de dirigir esse império que se espalhava por diversas cidades do mundo.

Em alguns momentos poderia me sentir poderoso ao herdar uma fortuna que nunca em toda a minha vida sonhei ter. Mas o exemplo da morte do meu sogro e da minha mulher de maneira tão trágica trazia a minha mente o quanto a vida é imprevisível. A humildade deveria fazer parte do meu cotidiano e lembrar que todas as coisas podem acontecer com qualquer um de nós independente do que temos ou somos.

Precisava ter a família mais perto de mim. Resolvi viajar a minha pequena cidade para trazer o restante dos familiares que ainda relutavam em morar naquela cidade.

Durante a vida sempre valorizei o aconchego da família para me sentir seguro e feliz. Ela é muito importante para nosso caminhar pela vida. Agora essa situação elevava-se aos píncaros do meu desejo.

Minha sogra decidiu afastar-se do mundo e vivia absorta dentro de um contexto que somente ela entendia. Contratei duas enfermeiras para cuidar dela todo o tempo. Via em seu semblante uma reprovação do ocorrido, recusando-se a entender porque isso aconteceu com seu marido e sua filha. Talvez ela não entendesse que eles não foram escolhidos.

A vida não escolhe quem deve morrer ou ficar vivo. Somos levados ao acaso por circunstâncias misteriosas que fogem ao nosso entendimento. O ato de morrer é destinado a todos, não importando se somos ricos, pobres, famosos, anônimos. Não importa a classe social nem o país onde nascemos. Inesperadamente somos tragados por ela e muitas vezes sem prévio aviso.

Pensando assim, a meu ver, torna-se necessário viver em profundidade cada minuto de nossa passagem neste mundo para que, quando sairmos dele, tenhamos a certeza de que valeu a pena viver. A grandiosidade da vida está necessariamente no pensar de cada ser humano e na forma como cada um encara as vicissitudes do seu cotidiano e o encerramento de nossa passagem no planeta terra.

Chega mais uma carta do meu inesquecível amigo Emiliano. Apresso-me a abrir o envelope.

Prezado amigo Clodoaldo,

Estou profundamente triste com os fatos ocorridos em sua vida nos últimos meses. Sua mãe me contou em detalhes. Embora saiba que você detém uma fortuna ilimitada, conhecendo o amigo como eu conheço, você teria preferido se pudesse escolher, ter menos dinheiro mais desfrutar da companhia de sua esposa e seu sogro.

Se imaginarmos que esse foi o destino que Deus houve por bem reservar para eles cabe, agora, ao meu querido amigo resignar-se e pensar que todos estamos sujeitos às intempéries comuns aos mortais. Somos, às vezes, como marionetes que dependem de alguém para movimentar as nossas ações e que muitas vezes não temos controle desses movimentos.

Sei que não é mais do seu interesse saber notícias da Laurinda, mas esta ultrapassou todos os limites da imaginação.

Ela foi encontrada pelo marido, na cama deles, fazendo sexo com um homem que trabalha em um restaurante da cidade. Ele tem quase dois metros de altura e é troncudo e forte. Seu nome é Eduardo Nogueira. Ele é conhecido na cidade pelo apelido de Sansão. Antigamente ele carregava sacas de cacau em um depósito que vende esse produto. Daí ele herdou esse nome.

O marido, ao ver aquela cena, correu desesperado à casa do sogro e contou o que viu. O Pedro Nunes, segundo relato de serviçais, perguntou ao Manuel – Onde está o corpo? – Você não matou aquela desqualificada? – Não, respondeu o marido traído. – Fuja! Fuja, rápido daqui porque quem vai morrer é você.

Nessa mesma noite, o português pegou os documentos e com a roupa do corpo embarcou de volta a Portugal. Não se teve mais notícias do coitado.

Quando o pai chegou à casa da filha, ela já havia fugido para lugar ignorado com esse novo amante.

Com a ajuda de um advogado, ele a deserdou. A cidade inteira comenta esse fato como um acontecimento dos mais horripilantes para uma menina que nasceu rica e poderosa e agora ficara na miséria total.

O Pedro Nunes ainda tem os traços marcantes do machão provinciano que entende que matar lava a honra mesmo que essa criminosa seja a sua própria filha.

Peço desculpas meu caro amigo por ter lhe escrito essas notícias.

Desejo-lhe boa sorte à frente nesse novo patamar de sua vida.

Seu amigo, Emiliano.

O sentimento de piedade é bem maior do que o de amor. Minha alma compadeceu-se das desventuras de Laurinda. Talvez ela tenha contribuído, de forma inconsciente, para esse desfecho tão contundente em sua vida. Julgar é muito fácil para qualquer mortal. Todavia, para que isso seja possível, faz-se necessário conhecer os fatos de forma profunda e analisá-los com imparcialidade.

Não respondi essa carta, porém fiz um telefonema para meu grande amigo, e disse-lhe que no mês seguinte eu iria lhe fazer uma visita porque planejava voltar àquela cidade para trazer o restante da minha família para a Capital. Prometi, também, que nessa oportunidade conversaríamos sobre muitas coisas que me aconteceram ao longo desses anos. E acrescentei: Fique preparado porque vou lhe fazer uma surpresa.

Encontrei meus familiares e em seguida fui à casa do Emiliano. Ele recebeu-me com muita cordialidade, mas, sobretudo, como se eu fora um rei que aportava em sua casa. Seu estilo de vida em nada mudara nesses quase 20 anos. Parecia que tudo parou no tempo. Ele e sua mulher Carmem aparentavam uma idade superior à que eles realmente tinham. Parece que a rotina dá ao ser humano uma estabilidade sem anseios ou vivências. É como se o dia se misturasse à noite as semanas se seguissem cautelosamente uma após outra, os meses não pedissem para começar e o ano surgisse sem trazer novidades.

Tomamos café, comemos bolo e, quando o tempo sopra no seu ouvido que já era hora de partir, fiz uma apologia justificando os motivos do meu anseio de ajudá-lo, talvez na compra de uma casinha melhor ou mesmo um carrinho e dei-lhe um cheque. Quando o meu amigo viu aquele valor, arregalou os olhos e quase de joelhos me agradeceu. Carmem falou: – Você nem precisava se incomodar em nos dar esta dádiva, mas, de qualquer maneira, ficamos agradecidos de coração. E emendou o Emiliano: – Com esse dinheiro vou ajudar minhas filhas que já casaram e precisam de um cantinho delas. Despedimo-nos e saí daquela casa com a certeza que ajudar o próximo faz bem para a nossa alma. Fiquei feliz.

Vendemos a propriedade da minha mãe e, numa tarde, partimos daquela cidade deixando para trás muitas lembranças boas e más.

Na vida de todas as pessoas, há ciclos diferentes. O importante é saber que cada um deles é importante para que tenhamos novas experiências. Alguns são primorosos outros nem tanto, todavia vivenciá-los é sentir-nos vivos e aptos para vislumbrar a beleza do viver em noites escuras ou de luar, em dias de sol ardente ou chuvoso. E, ainda, pensar que as estrelas brilham no espaço todo o tempo. Não as vemos durante o dia porque o sol se incumbe de ofuscá-las. Elas não se incomodam com esse proceder. Pacientemente, aguardam o anoitecer para serem soberanas.

Voltei às minhas atividades com a consciência de que muito trabalho me aguardava.

Durante a minha ausência, todas as atividades da minha empresa caminharam de forma satisfatória sem nenhum grande contratempo. Aconteceram pequenos probleminhas de fácil solução.

Acomodei a família naquela imensa mansão e assim eu tinha o conforto e o suporte para trabalhar e me dedicar aos negócios todo o tempo que era preciso.

Havia serviçais dispostos a nos ajudar e isso facilitava a minha vida e a adaptação da minha mãe e minha irmã a essa nova forma de viver.

Tínhamos uma academia em nossa vivenda. Pontualmente meu professor de educação física chegava às seis horas da manhã para os meus exercícios. Descobri que essa prática, além de nos deixar dispostos para enfrentar o nosso labor diário, contribui para manter nossa saúde perfeita.

Naquela manhã, enquanto fazia as manobras de rotina, sentia a minha mente dispersada. Alguma coisa me incomodava. No fim de uma hora, meu treinador, percebendo meu desinteresse pela aula, pediu-me para parar e com o aparelho apropriado mediu a minha pressão. Estava além da normalidade. Fez-me algumas perguntas sobre a minha noite anterior, sobre o tipo de comida que me alimentei e outras perguntas para justificar aquele meu estado de apatia. Dispensou-me.

Ao entrar em meu escritório, havia uma carta do meu amigo Emiliano sobre a minha escrivaninha. Inicialmente, pensei que seria uma missiva de agradecimento pela ajuda que lhe dei ou, talvez, o que comprara com aquele dinheiro.

Coloquei-a de lado e continuei com as obrigações da minha agenda. Havia muitas coisas para solucionar naquele dia.

No fim da tarde, quando o sol sai devagarzinho para se esconder para dar lugar a uma noite de luar ou a luminosidade das estrelas, decidi abrir aquela carta. Por coincidência, aquela noite a lua iria brilhar por ser cheia.

Da janela do meu escritório descortinava-se uma vista de algumas montanhas ao longe. Fiquei por algum tempo observando aquela paisagem, furtando-me a curiosidade de iniciar a leitura.

Meu amigo Clodoaldo,

Primeiro quero-lhe agradecer a ajuda que você nos proporcionou quando esteve aqui em nossa cidade. Comprei uma casinha para cada filha. Elas estão felizes e agora são proprietárias de seu próprio lugar.

Agora prepare o seu coração porque a notícia que lhe darei a seguir é de cortar o coração. Os jornais abriram grandes manchetes para noticiar a morte, por assassinato, da Laurinda. O companheiro dela, o Eduardo Nogueira, encontrou-a conversando com um cliente da sorveteria e, quando estavam se despedindo, eles se beijaram. O homem viu aquela cena e partiu para cima dela com toda a força que o ciúme é capaz de provocar.

Espancou-a e com uma faca abriu o seu corpo, começando pelos órgãos genitais, até a cabeça. A morte foi lenta e horrível. As fotos que os jornais publicaram foram estarrecedoras. A meu ver, não seria necessária essa exposição de um ser humano de forma tão desumana.

Ele foi preso em flagrante e, pela barbaridade do crime, deverá ficar longos anos na cadeia.

Amassei aquela carta e joguei-a no lixo.

A seguir apaguei as luzes da minha sala e detive-me a admirar aquele luar que se derramava sobre as montanhas. Rodei a manivela do meu pensamento e revivi todo o meu passado com Laurinda. Agora, a única coisa que poderia fazer era rezar pela sua alma e desejar: Que a terra lhe seja leve, porque sua vida foi pesada e cheia de desencontros.

Elilde Browning

5

LOURDES VIEIRA
A MULHER QUE FOI ULTRAJADA

Estávamos na Disneyworld mais uma vez. Meu marido, Francisco de Almeida, a cada cinco anos, nos presenteava com essa viagem encantadora. Esse entretenimento é um lugar de sonhos e fantasias. Ficávamos duas semanas usufruindo desse mundo fantástico. Já estávamos casados há 32 anos, e nossa vida era primorosa e cheia de bem-estar e compreensão mútua.

Ele era engenheiro civil e eu, do lar. Em meus momentos de folga dos afazeres domésticos, costurava e bordava. Tinha uma clientela fiel que me rendia uma boa renda mensal. E assim a nossa vida era tranquila. Nossos dois filhos, Alba Maria e Pedro Henrique, cresceram em um lar bem estruturado. Eu tinha tempo para cuidar deles, da nossa casa e do meu marido.

Alba formou-se em Medicina e Pedro Henrique, Engenharia. A mesma profissão do pai.

Nossa casa era grande e confortável. Não éramos ricos, mas tínhamos todos os privilégios de uma família classe média alta.

Há um ditado popular que diz: "Deus escreve certo por linhas tortas." Graças a esse desalinho das linhas, me ensejaram a ter uma vida feliz ao lado de um homem que me ama, me respeita e me proporcionou tem uma família abençoada por Deus.

As lembranças daquela noite, no dia do meu primeiro casamento, seguiram-me por muitos anos. Como é difícil esquecer as coisas ruins que nos acontecem! As marteladas que invadiram a minha mente com palavras duras e cruéis tentaram amargurar os meus dias de forma terrível. Reagi. Eu desejava e merecia ser feliz. Ainda, somente eu sabia da verdade de todos os fatos acontecidos. Quando sua consciência grita dizendo que não há pecado e nem culpa, é possível arrancar com mão de ferro as marcas que tentam permanecer.

Para me livrar permanentemente daquele horroroso incidente, encarei o mundo de frente e joguei em lugar que nunca será encontrado, as minhas mágoas e tristezas.

Foi um ato corajoso, mas, sobretudo, porque eu precisava continuar vivendo.

Sempre que estava em algum lugar com pessoas mesquinhas lembrando-me daqueles momentos, eu perguntava: Como é o nome da mulher que passou por tudo isso? Desmontava a agressão de forma irônica e acertada. E, assim, de boca em boca a notícia do meu descaso foi-se espalhando e houve um momento que fiquei, momentaneamente, livre daqueles insultos.

Ainda restava a troca de olhares dos maldosos. Lembro-me de um dia em que eu estava numa farmácia e encontrei duas vizinhas e percebi que elas se entreolharam e riram às minhas costas. Olhei para elas e falei: – Tenham em suas mentes coisas boas porque essas ruins já se foram há muito tempo, e mencionei do ditado popular: "águas passadas não movem moinho".

Não podemos modificar o mundo em muito menos as mentes tacanhas das pessoas. O espetáculo circense, quando praticado fora do seu ambiente, não tem o mesmo objetivo proposto. O riso é falso e a encenação patética.

Nascemos naquela cidade. Tínhamos amigos e outros parentes próximos, todavia chegamos à conclusão que, se continuássemos morando ali, dificilmente eu iria encontrar um marido. Vendemos nossa casa e decidimos partir. Essa foi a melhor decisão que tomamos. Fixamos residência em outra cidade, há muitos quilômetros de distância. Começamos uma vida nova sem os percalços de que fui alvo. Meu pai era professor e minha mãe costureira. Nessas profissões encontra-se trabalho em qualquer lugar.

Um dia, andando por uma calçada, vi uma senhora idosa cair. Corri em seu socorro e um homem também. Nossos olhares se cruzaram numa profundidade indescritível. Tentamos levantá-la, mas ela não conseguia falar. Havia desmaiado. Chamamos o pronto-socorro. Fomos as únicas testemunhas daquele acidente e, por isso, convidaram-nos para prestar depoimento sobre o fato.

Enquanto o delegado fazia o boletim de ocorrência, trocamos algumas palavras. Ele, meio desconcertado, perguntou onde eu morava e o que fazia. Dei-lhe algumas respostas sem aprofundar-me em detalhes. Quando nos despedimos, ele me deu um cartão de visita e falou: – Se você quiser, me telefone. Eu sou Francisco de Almeida, engenheiro civil e solteiro. – Eu me chamo Lourdes Vieira. Prazer em conhecê-lo. E ele respondeu: – O prazer foi meu. Com um aperto de mão nos despedimos.

Afastei-me dali pensando porque ele, além do seu nome, mencionou a sua profissão e afirmou ser solteiro. Seria para me deixar curiosa ou foi de forma intencional para eu saber que ele era um homem livre! Percebi que havia por trás dessa atitude um interesse de voltar a me encontrar novamente.

Guardei aquele cartão e o encontro de nossos olhares. A esperança sem pedir licença entrou em minha mente e no meu coração. Convivíamos lado a lado de forma permanente.

Ele não sabia onde eu morava nem o número do meu telefone, portanto eu tinha mesmo que tomar a iniciativa de lhe telefonar.

Ainda tinha resquícios daquela noite fatídica do meu primeiro casamento. Os traumas se dissipam, mas levam tempo para nos livrar totalmente deles.

Também estava convicta de que o acaso é como um cruzamento de caminhos em que duas pessoas podem se encontrar sem prévio aviso. Embora tenhamos nos conhecido em um momento doloroso, para aquela senhora, conclui que a vida não escolhe os meios para o encontro de dois seres quando eles deveriam em qualquer situação se encontrarem.

Na certeza desse meu pensar, e numa noite enquanto jantava com a minha família, contei para eles aquele acontecimento. Meu pai pediu-me que lhe mostrasse o cartão e, quando ele viu o nome Francisco de Almeida, falou: – Esse moço é o engenheiro que construiu a escola onde eu trabalho. A placa com o nome dele ainda está lá na parede.

– Telefone, filha, quem sabe se este não será o companheiro que você está aguardando!

Numa manhã, quando os raios solares apontam no horizonte prevendo-se de que naquele dia o sol brilharia de forma intensa aquecendo a terra e tudo mais que existe no planeta, embuti-me de coragem e telefonei para ele.

– Alô, quem fala? – É Lourdes Vieira. O senhor se lembra de mim? – Como poderia eu me esquecer dessa bela moça de olhar penetrante! – Você está bem? – Estou. E o senhor? – Agora melhor com o seu telefonema. Já estava até perdendo a esperança de voltar a vê-la.

– Por muitos dias voltei àquele lugar onde nos encontramos, pensando em reencontrá-la, mas não fui bem-sucedido. Diga-me o número do seu telefone e seu endereço. Gostaria de conversar com você. Atendi o seu pedido, e em seguida ele me perguntou sobre a minha família. Dei-lhe algumas informações e ainda lhe falei que o meu pai é professor na escola onde ele foi o engenheiro da construção. – Esta é uma boa notícia! Assim eu não sou um estranho. – Você trabalha? – Sim. Eu sou costureira junto com a minha mãe. O nosso atelier é nesse endereço que lhe passei.

– Quando você prefere que eu a visite? O meu único dia de folga é domingo. Esse seria um dia bom para você? – Certamente. – Em que horário? – Por volta das 2 horas da tarde. – Fica combinado. Ok. – Ok.

Ao desligar o telefone, sentia-me trêmula. Um misto de expectativa e um fogo de esperança invadiram todo o meu ser. Deveria me preparar para aquele encontro com todo o aparato que se fazia necessário. O único namorado que tive foi o meu primeiro marido, e o ultraje vivido naquele casamento havia me deixado marcas profundas de desencanto.

Por vezes pensava: Que tipo de problema físico eu tenho! Minha mente ainda estava nebulosa e confusa. Poderia ter consultado um médico, mas a vergonha de me expor fez-me abandonar essa ideia.

Comuniquei aos meus pais sobre o sucesso do telefonema e avisei-os de que no próximo domingo ele iria nos visitar. Minha mãe sentiu-se feliz e meu pai felicíssimo. A impressão que eu tinha era que aquele encontro poderia se transformar em um relacionamento seguro.

A intuição feminina não falha nunca. A alma da gente, sem que queiramos, avisa-nos dos acontecimentos antes que eles ocorram. É bem provável que a minha ânsia de encontrar um novo marido estava latente em todos os poros do meu corpo. Eu não podia nem deveria reprimir esse desejo.

No entanto eram apenas hipóteses: como diz o ditado "não ponha o carro diante dos bois". Tinha que aguardar o rolar das pedras pelo caminho para saber aonde elas chegariam.

Minha mãe preparou um bolo da melhor qualidade. Naquela ocasião seria oferecido ao ilustre visitante um cafezinho com essa iguaria sobre uma toalha de linho que eu mesma bordei.

Na noite anterior, o sono fugiu. Foi passear em lugar fora do meu alcance. Tentei respirar fundo, massageei meus ombros, rezei, mas ele teimosamente não aportou em minha cama. Acredito que já era madrugada quando consegui dormir algumas horas.

A vida começa a ter sentido quando ansiamos por mudanças. E essas, por vezes, podem vir recheadas de boas surpresas. O ser humano sempre quer que o melhor lhe aconteça. Embora saibamos que as más também nos rodeiam. Tudo faz parte do viver.

Pontualmente, às 2 horas, ele bate à porta. Minha vestimenta, que eu mesma costurei, era da cor branca. Uma saia e uma blusa com babados de renda. Uma roupa discreta para um momento tão importante. Convidei-o a entrar. Logo vi que em suas mãos havia um buquê de flores que me foi presenteado na entrada. Agradeci e ele beijou a minha face e eu levemente beijei a dele num gesto de carinho.

Sentamos em um sofá na sala de estar. Cada um em sua própria cadeira. Meus pais chegaram a seguir. Apresentei-o a minha família. Quando narramos a circunstância do nosso primeiro encontro, ele falou que voltou ao hospital e que aquela senhora havia morrido.

Lamentamos esse fato, mas ele concluiu: – Todos temos o nosso dia.

Meu pai, que é um homem extrovertido e alegre, iniciou uma conversa bem interessante e fez menção de a escola onde ele trabalhava ter sido construída por ele. – Eu já construir muitas outras pela cidade porque eu também sou engenheiro da prefeitura. – Excelente.

Virando-se para a minha mãe falou: – Lourdes me falou que ela e a senhora têm um ateliê aqui em sua casa e que ambas trabalham em costura. – Certo, afirmou minha mãe. Eu já sou costureira da terceira geração da família. Agora, ela será a quarta.

Temos uma excelente clientela na cidade. Sempre estamos abarrotadas de encomendas.

E a conversa continuou em seus mais diversos assuntos. Eu e minha mãe pedimos licença para nos ausentar porque gostaríamos de preparar um lanche. Ele retrucou:- Não se preocupe, eu vim aqui apenas para conhecer a sua família e rever a Lourdes.

Quando eu me levantei, percebi que seu olhar me acompanhou. Imaginei que ele desenhava em sua mente o que havia debaixo daquela roupa que cobria o meu corpo. Senti até um calafrio de emoção. Devo ter ficado com o rosto enrubescido porque há muito tempo eu não vivenciava essa situação.

Ele tinha por volta de 35 anos, solteiro, corpo atlético e de altura mediana. Era um candidato a marido e pelo que pude perceber com a minha pouca experiência estava à procura de uma esposa.

Éramos dois cegos batendo na mesma porta e com os mesmos desejos: recuperar nossa visão para que pudéssemos encontrar um caminho que nos levasse à realização de nossos sonhos.

Após o lanche a conversa continuou e, naquele mesmo dia, ele pediu ao meu pai permissão para iniciar um namoro.

Naquela noite, que não era de lua cheia, as estrelas brilhavam anunciando que sua luminosidade iria se espalhar pela nossa estrada e fazer-nos felizes. Eu acreditava na realização de nossos ideais.

Já passava das 11 horas da noite quando ele se despediu e se foi. Ficou comigo a sua fisionomia, a sua voz e algo inexplicável que atingiu o meu coração, deixando-o imerso num mar de esperança.

Nem meu pai, nem eu e nem a minha mãe sabíamos ao certo a razão daquele desfecho da primeira noite do meu casamento. A ignorância campeava o nosso viver e não tínhamos curiosidade para saber os motivos. Apenas guardávamos interrogações. Talvez esperávamos pelo amigão chamado tempo para solucionar as nossas dúvidas.

Ele passou a frequentar nossa casa e sempre chegava no fim da tarde. Havia sempre um lanche ou um pequeno jantar à sua espera. Na maioria das vezes, namorávamos sentados em nossa varanda na entrada da casa. Aos domingos tinha-o durante todo o dia ao meu lado.

A única pessoa da família dele era uma tia com a qual ele morava. Um dia fui conhecê-la. Ele me apresentou como sua namorada e falou: – Brevemente ficaremos noivos e vamos nos casar. A receptividade dela foi de aprovação. Ela desejou-nos felicidades.

Nossa convivência era tranquila. Conversávamos muito sobre a vida e nosso futuro. De vez em quando trocávamos algumas carícias. Numa noite de domingo, meus pais foram visitar uma família de amigos e nos deixou sozinhos em casa. Quando demos conta que estávamos apenas ele e eu, nossos corpos se incendiaram numa simbiose de paixão e desejo.

Essa foi a primeira vez, depois daquela noite de angústia vivida com o meu ex-marido, que meu corpo vivenciava as emoções de um homem acariciando-me. Ele tirou a minha blusa e deslizou as suas mãos sobre os meus seios. Seus beijos eram enlouquecidos de paixão.

De repente aquele trauma voltou a minha mente e empurrei-o com todas as forças de que dispunha. Ele, assustado e não entendendo o que estava acontecendo, afastou-se e me perguntou: – Por que você está agindo dessa forma? Você não quer vivenciar esses momentos que fazem parte da vida de todas as pessoas que um dia decidem se casar e viver juntos? Você não gosta de mim? Você não me deseja? Comecei a chorar. Chorei as lágrimas de toda a humanidade. Foi uma situação aflitiva para mim e para ele.

Vesti a minha roupa e fomos sentar na sala. Ele exigia uma explicação para aquele ato inesperado. Prometi que falaria em outra oportunidade. Agora era impossível. De maneira compreensiva, ele ficou ao meu lado mais por uma meia hora, beijou levemente o meu rosto e se foi.

Imaginei tê-lo perdido. Por vezes, as emoções ruins que passamos pela vida têm a petulância de aparecer em nosso convívio quando menos esperamos. Eu precisava afastar da minha mente aquele passado cruel que caminhava ao meu lado sem a minha permissão.

Durante a semana ele não apareceu. A tristeza veio me visitar. Minha mãe estranhou a ausência de meu namorado e me perguntou se havia acontecido alguma coisa entre nós. – Não, nada. Está tudo bem. Eu sabia que não estava. O pior era que eu não tinha a menor ideia de como contornar aquela situação. Por fim decidir telefonar. Ao atender o meu telefonema, ele me disse: – Não fui vê-la esta semana porque estou fazendo um trabalho extra para uns clientes. Estou planejando no próximo fim de semana levá-la para passear em um lugar tranquilo que conheço. Gostaria de passar todo o dia ao seu lado longe dos seus pais. Você aceita? -Sim, mas vou conversar com minha família. De qualquer maneira fica marcado esse encontro.

A alegria subiu às nuvens e decidir ir àquele lugar para colocá-lo a par do que me aconteceu anos atrás. Era jogar para perder ou ganhar. Não fazia sentido ficar com aquele tormento que amargurava a minha vida e estava tentando me impedir de formar a minha família, ter filhos e ser feliz.

Ensaiei palavra por palavra dessa conversa que teríamos e o mais importante era observar sua reação diante dos fatos que lhe contaria.

A ignorância de determinadas ocorrências da vida faz-nos imergir num sofrimento que poderíamos ser poupados se tivéssemos procurado ajuda quando ele se manifestou. Era tarde demais para lamentar. Agora tinha certeza que me livraria das amarras daquele episódio qualquer que fosse o seu desfecho.

No horário combinado ele chegou. Despedimo-nos dos meus pais. Minha mãe ainda fez esse comentário: – Juízo, crianças! Apenas rimos.

Quando entrei no carro ele me falou: – Vamos passar o dia em um hotel, que da janela avista-se um grande lago. As famílias sempre se reúnem nesse local aos domingos para desfrutar passeios de barco e almoçar nos restaurantes em volta. É um lugar belíssimo. Você vai gostar.

Expectativa, emoção e curiosidade invadiram a minha alma. Eu queria ficar sozinha com ele. Queria viver as emoções desse encontro. Queria sentir prazer. Só tinha medo que o fantasma do meu ex-marido tentasse manipular os meus sentimentos, impedindo-me de vivenciar esses momentos. Precisava ser forte, decidida e corajosa. Era o meu futuro em jogo.

Chegamos àquele lugar. O apartamento era confortável e acolhedor. Da janela viam-se dezenas de família divertindo-se à beira do lago. Crianças corriam de um lado para outro com uma alegria própria daquela idade.

Ele abraçou-me pela cintura e senti meu coração pulsar num descompasso previsível. Em seguida segurou o meu braço e sentamos em duas cadeiras, uma em frente à outra. Segurou as minhas mãos e falou: – Por favor, diga-me quem é você e o que aconteceu em sua vida até este momento.

As minhas mãos estavam geladas e certamente ele percebeu meu embaraço.

– Nasci em uma cidade próxima e vivi lá com a minha família até três anos atrás. Decidimos mudar para esse lugar porque a minha vida estava envolta em fatos que me aconteceram, independentes de minha vontade, e que me causavam grandes constrangimentos todas as vezes que encontrava vizinhos. Aliás, quase toda a população da cidade sabia desse fato. As coisas ruins caminham numa velocidade sem limites e é difícil livrar-nos delas. Mesmo que tenhamos força e coragem para enfrentar as pessoas elas sempre têm outros caminhos e manhas para nos torturar.

Meu primeiro marido se chamava Alexandre Lisboa. Ele me interrompeu e assustado perguntou: – Então, você é casada! – Não, necessariamente. Estive casada por algumas horas.

Esse homem foi o meu primeiro namorado. Eu nunca, em toda a minha vida, havia beijado ninguém. Quando nos conhecemos, eu tinha apenas 15 anos de idade. Namoramos por três anos. Nós nos amávamos e pretendíamos formar uma família com muitos filhos. Nosso relacionamento afetivo era pautado no mais absoluto respeito e decência. Desfrutávamos apenas de algumas carícias e beijos.

– E o que aconteceu de tão grave? Insistiu o Francisco. Na noite do nosso casamento, quando a festa terminou, fomos vivenciar nossa primeira relação sexual. Nessa ocasião ele percebeu que eu não era mais virgem. Ele me espancou e me expulsou de casa, xingando-me com todos os palavrões de que se sabe. Pegou o meu vestido de noiva, véu e grinalda e levou-os à frente de nossa casa e ateou fogo.

Saí daquela casa apenas com alguns pertences. Fugi para a casa dos meus familiares toda ensanguentada e terrivelmente ultrajada. Meu pai correu ao encontro dele, mas ele havia fugido. Foi melhor assim, porque eu nem posso imaginar o que teria acontecido se os dois tivessem se encontrado. Foi feito um boletim de ocorrência e, quando o acharam, ele foi preso por algum tempo. Nunca mais o vi. Soube que se mudara daquela cidade.

Francisco ainda sem entender me perguntou: – Você não teve relações sexuais com outro homem! – Não nunca. – Então eu sei qual é o seu problema: você tem hímen complacente. Há muitas mulheres que podem fazer sexo e a membrana da vagina é elástica e ela pode não se romper. Isso só vai acontecer quando nascer o seu primeiro filho. Fiquei perplexa sobre o que acabara de ouvir.

Ajoelhei-me a seus pés e chorei todas as lágrimas que alguém pode derramar. Por extrema ignorância, fiquei anos seguidos vivenciando um sofrimento absurdo, e certamente o Alexandre deve ter vivido a mesma angústia que eu sentia. Eu sabia que ele me amava e tínhamos muitos sonhos a realizar.

Há determinadas soluções que chegam tarde demais. Ainda bem que, para a minha vida, ainda teria conserto. A dele, talvez.

Alguns homens são possessivos e não aceitam um matrimônio com uma mulher que já tenha tido outros relacionamentos afetivos. É uma atitude mesquinha, porque as experiências da vida são úteis para uma existência bem-sucedida.

O machismo é uma praga que ainda contamina alguns seres humanos. O ciúme é um mal cercado de muita crueldade. Todas as pessoas deveriam ser livres para agir e comandar as suas vidas.

Todavia como ficaria a família? Para o desenvolvimento físico e mental de uma criança, torna-se necessária a presença dos pais, que em nossos dias é um acontecimento muito raro. Todos precisam trabalhar, e os filhos ficam entregues a babás ou confinados em creches.

Filhos criam-se com exemplos, não com conselhos. E esses, na maioria das vezes, imitam o comportamento de quem os cuidam.

Ele me confortou, e senti-me, naquele momento, como se o peso do mundo inteiro tivesse saído das minhas costas. Foi uma inacreditável sensação de alívio. Estava livre daquele terrível passado e certamente iria encarar a vida de forma diferente.

Ainda, ficamos naquele apartamento por algum tempo, e ele prometeu que imediatamente iria procurar nas cidades vizinhas o Alexandre Lisboa, mesmo porque, para nos casarmos, eu precisava ter uma situação legal regularizada.

A noite já pedia para chegar quando voltamos para casa. Combinamos que por enquanto nada falaríamos para os meus pais. Somente quando tudo estivesse normalizado. Antes de sair, ele me abraçou e prometeu que me faria feliz por toda a vida. E afirmou: – Você merece.

Nosso relacionamento adquiriu ares de comprometimento com nuances de curiosidade e expectativa. De um lado, ele procurando solucionar meus problemas para ser possível casarmos; do outro, eu imaginando o que me aconteceria com a nossa primeira noite de núpcias.

Após seis meses de procura daquele homem, não o encontramos em parte alguma. Seus familiares, que antes moravam naquela cidade, foram-se para lugar ignorado.

Um dia decidimos casar apenas com a benção de um padre. Foi necessário informar à família que, quando tivéssemos notícias do Alexandre Lisboa, providenciaríamos a regularização legal do primeiro casamento e então selaríamos a nossa união dentro das normas das leis. Meus pais aprovaram a ideia e marcamos a data do nosso enlace.

Eu mesma confeccionei meu vestido, com todo o entusiasmo, para esse grande dia. Sentia-me curada daquela grande decepção de outrora. Agora era uma nova mulher, com todos os anseios de formar uma família. O tempo tem solução para todos os impasses da vida. Ele sabe o tempo exato para se fazer presente bem como escolhe as pessoas certas para adentrarem em nossas vidas. Estava com a alma enlevada pelos devaneios que iria experimentar: amar, ser amada e ter a minha família.

Ele acabara de construir nossa casa e, com a minha ajuda, providenciamos os móveis e tudo que era necessário para se transformar em um lar de verdade.

Decidimos fazer uma cerimônia apenas com as famílias e poucos amigos. Optamos por um almoço e um bolo que minha mãe preparou. Tínhamos viagem marcada para aquela noite. Por volta das 21 horas, pegamos o avião e fomos passar a nossa lua de mel no Rio de Janeiro, cidade maravilhosa que se somava ao encantamento de estávamos vivendo.

Quando o avião sobrevoava aquela cidade e foi anunciado o nosso pouso, senti no meu coração toda a alegria de agora estar casada com um homem que merecia a minha confiança e também os momentos de viveríamos naquela noite e em todas as demais em nossa vida.

Chegamos ao hotel. Tínhamos a vista do Pão de Açúcar. Fiquei extasiada com o movimento intenso de carros, luzes e avenidas intermináveis. Enfim sós naquele lugar. Não nos preocupamos em arrumar a nossa bagagem. Apenas abri uma pequena mala tirei a minha camisola que preparara para aquele fantástico momento. Após tomar um banho e vestida naquela roupa que costurei com todo o capricho necessário, nos abraçamos e trocamos muitas carícias. Começava ali o momento em que todas as minhas dúvidas seriam dissipadas.

Afogada em seus beijos e sentindo em meu corpo todas as emoções deste mundo, finalmente, ele me possuiu. Foram instantes de muito prazer para os dois. Ficamos ainda alguns momentos saboreando aquele clima de amor e paixão. É um deleite viver essas situações com alguém que amamos e que sentimos sermos amada. Ao me levantar, vi uma mancha de sangue nos lençóis. Ajoelhei-me a beira da cama e chorei de verdade. Teria acontecido algum milagre! Não. Ele me abraçou e me falou o seguinte: – Certamente seu primeiro marido tinha as dimensões do pênis diferente das minhas. Quando eu comecei penetrei você, senti uma resistência acima do previsto, mas, como eu estava desesperado de tesão e já sabendo do seu problema, tentei aprofundá-lo ainda mais até que senti que a membrana se partira. Nunca em toda a minha vida tive uma sensação de prazer como a que aconteceu agora. Foi algo acima da minha imaginação. Você agora é uma mulher de verdade e acima de tudo minha hoje e por toda a vida.

Tínhamos o fogo do prazer de todo o universo. Rolávamos na cama, e ele deslizava as suas mãos por todos os poros do meu corpo e me beijava com uma sofreguidão de ternura, amor e desejo. A noite passou e não vimos o amanhecer. Estávamos exaustos com aquela maratona que vivenciamos por longas horas.

Visitamos muitos lugares turísticos do Rio de Janeiro. Quando estivemos no Cristo Redentor, eu me ajoelhei e agradeci a Deus por ter encontrado Francisco de Almeida. Sem ele minha vida iria continuar cheia de dúvidas, tristeza e desencanto. Ele foi a luz que brilhou em meu caminho e certamente os raios de luminosidade iriam seguir por toda a nossa vida. Prometi que tudo faria para fazê-lo feliz. Foi sem dúvidas a maior dádiva que recebi do Divino.

Após uma semana, voltamos a nossa pequena cidade. Meus pais curiosos foram nos visitar e afirmamos que tudo estava perfeito. Nessa ocasião eu contei para os meus pais os fatos reais daquela noite do antigo casamento. Não em detalhes, é claro! Eles ficaram surpresos e falaram em uníssono: – Deus foi maravilhoso com você por ter encontrado um homem de verdade. Queremos que vocês sejam felizes até a eternidade.

As buscas para encontrar Alexandre Lisboa continuavam porque meu marido estava empenhado não apenas para encontrá-lo, mas também para regularizar a nossa união.

Meses depois meu marido passava em frente a uma banca de revistas, numa cidade próxima, quando viu estampada em um jornal local uma notícia aterradora.

Havia um morador de rua que todas as vezes que passava a sua frente uma mulher ele insultava-a com palavras ofensivas e cruéis e chamava-a de Lourdes. Ele perambulava pela cidade tendo seus poucos pertences dentro de um saco sujo e corroído pelo tempo. As pessoas, apiedando-se dele, davam-lhe comida e algumas roupas.

Sua irmã encontrou-o e levou-o para a sua casa. Deu-lhe banho e tentou convencê-lo a morar ali. Ele não aceitou aquela convivência. Dias depois estava novamente à mercê das agruras daquela vida amarga e cheia de perigo. O nome dela foi citado naquela manchete de jornal. Como o sobrenome era Lisboa, meu marido mandou investigar o nome daquele homem. Para nossa surpresa ele se chamava Alexandre Lisboa, meu ex-marido.

Numa noite enquanto dormia debaixo de uma marquise de uma loja de roupas, alguém jogou álcool sobre ele e ateou fogo. Foi uma morte horrível.

Em cidades pequenas todos se conhecem, e finalmente ele encontrou o endereço de sua irmã, Maria Lisboa. Ao abrir a porta, ela assustada perguntou: – O senhor é policial? – Não, mas eu gostaria de conversar com a senhora um assunto muito importante. Respondeu meu marido. Sentaram numa pequena sala, e ele lhe perguntou os motivos que levaram seu irmão a viver como andarilho e ter um fim tão trágico. Ela ainda perguntou: – Quem é o senhor? – Respondeu-lhe que ele estava investigando a morte de seu irmão.

Assim ela começou sua narrativa: – Meu irmão era pedreiro. Durante três anos ele namorou uma moça de nome Lourdes Vieira. Ele construiu uma casa pequena, mas muito confortável para eles. No dia do casamento ele descobriu que ela não era mais virgem e, com aquele rompante de noivo traído, surrou-a e colocou-a porta a fora de casa. Em seguida ele queimou o vestido de noiva dela. Ela fugiu para a casa dos pais, e ele tomou direção ignorada. Ninguém sabia onde ele estava.

Um dia passava por uma rua quando o vi. Parei e fui conversar com ele. Percebi de início que ele ficara louco. Falava coisas sem nexo e sempre a chamava de traidora e outras palavras terríveis. E em um momento de lucidez falou: – Minha irmã, eu fiz tudo para aquela mulher ser somente minha, mas ela deveria ter outro homem. Meu orgulho de macho não suportou aquela traição. Eu quase a matei. Isso não aconteceu porque, enquanto eu fui à cozinha pegar uma faca para cortá-la em pedacinhos, não mais a encontrei. Sabia que ela estava na casa dos pais, mas enfrentá-la naquele local seria como selar a minha morte. Meses depois fui preso acusado de agressão. Na cadeia sofri toda a sorte de torturas e maus tratos. Viver numa prisão é pior do que viver no inferno.

A comida é pior do que aquela que os animais comem. Os homens vivem amontoados uns por cima dos outros. O sexo praticado entre os detentos é uma situação pavorosa. A promiscuidade atinge seu grau mais alto de despudor.

Nunca mais voltei àquela casa que foi minha e quero terminar os meus dias assim: andando pelas ruas e insultando todas as mulheres que passam perto de mim.

– Meu marido agradeceu aquelas informações e voltou à nossa cidade e, numa tarde com a presença dos meus pais, contou-nos o que tinha ouvido da irmã do Alexandre Lisboa.

Ele percebeu em nossas fisionomias uma tristeza e um desapontamento incomum. Minha mãe chorou. Para confortá-la, ele disse: – Cada um neste mundo escolhe o seu caminho. Ele foi envolvido por uma ignorância e, talvez, nem tenha se dado conta que seu desatino, naquela noite, poderia ter sido amenizado se ele tivesse agido com bom senso.

Com a ajuda de um amigo advogado, providenciamos o atestado de óbito e, meses depois, nos casamos legalmente. Foi uma festa cheia de alegria e, assim, verdadeiramente estávamos casados perante Deus e os homens.

A ignorância é um dos piores males da humanidade. Na maioria das vezes, não procuramos informações ou ajuda. É nesses momentos que o orgulho é uma atitude prejudicial.

Para Alexandre Lisboa, faltou equilíbrio porque o machismo deu um grito de horror onde o eco invadiu sua alma, deixando-o envolto numa situação calamitosa. Poderíamos ter conversado ou até mesmo consultado um médico. A impetuosidade do momento não lhe deu chance de raciocinar. A expectativa de suas esperanças vividas por quase três anos de namoro não lhe permitiu ver outro caminho para a solução daquele problema. Ele optou pela violência e foi vítima dela. Sofreu todas as consequências desastrosas.

Minha vida teve um final feliz porque eu sabia ser inocente, e em alguma ocasião Deus faria justiça mostrando ao mundo que eu fui vítima da natureza e daquele infortúnio.

Durante a vida, em alguns momentos, rezei por ele. Apesar dos transtornos e vexames que passei, ele não merecia uma morte tão trágica e um sofrimento tão cruel.

No entanto o livre arbítrio de cada ser humano é um assunto pessoal e intransferível. Não se fazia necessário tanto alarde. Infelizmente, sem controle das emoções, ele sentiu o mundo desabar sobre sua cabeça, tornando-o um ser infeliz e sofredor. O orgulho, o machismo e o preconceito mataram-no. Descanse em paz!

Elilde Browning

6

ANTHONY SMITH
UMA DECISÃO CALCULADA

Naquela manhã de segunda-feira, permaneci deitado apesar do adiantado da hora. Minha esposa, Adele, pensando que eu estivesse dormindo, chamou-me e falou: – Anthony já passa das 8 horas. Você precisa se levantar. O café já está na mesa. Você vai chegar atrasado ao trabalho.

Levantei-me de supetão e falei: – Não vou trabalhar hoje nem nunca mais. Como? Você enlouqueceu! – Não! Nunca estive tão lúcido. Agora quem precisa trabalhar é você e nossos filhos. Ela abriu os olhos de forma tão contundente que o planeta terra caberia dentro deles.

Se você não for trabalhar, como ficarão nossos compromissos financeiros. – Isso não depende só de mim. Se cada um trabalhar, teremos o necessário para fazer face aos compromissos. – Mas nossos filhos ainda não têm profissão. Eles só estudaram o ensino fundamental. – Nesse país há magníficas oportunidades para quem estudou e também para outros serviços.

Você, por exemplo, é uma excelente dona de casa. Procure um trabalho de doméstica. Melanie pode ser garçonete de um restaurante e Patrick, jardineiro ou entregador de pizza. Juntaremos o dinheiro dos três e pagaremos as contas.

– Por favor, não brinque comigo. Diga-me que tudo não passa de um mal-entendido! Não, Adele, não é um mal-entendido. É verdade.

– Meu Deus, meu marido não sabe o que está falando! Vou telefonar para o médico da família. – Adele não chame o Dr. Edward Collins. Esse assunto é familiar e carece ser solucionado entre os interessados

Pesadas lágrimas brotaram de seus olhos numa conjunção perfeita entre o sentir e o pensar.

E naquele alvoroço, os filhos saíram de suas camas e vieram ver o que estava acontecendo.

Quando souberam da notícia, quase desmaiaram. Melanie roubou de todos os seres humanos uma tristeza nunca antes sentida. Patrick ajoelhou-se aos meus pés e implorou para que eu voltasse ao trabalho. – Não, filho, a minha decisão está tomada. Não voltarei a trabalhar.

Quando chegar a minha idade de aposentadoria, vou comparecer no órgão competente e solicitar esse benefício. O valor que eles me derem será suficiente para as minhas despesas pessoais.

Percebi que aquela angústia teve convivência com eles durante muitas semanas. Para agravar mais a situação, era inverno e nessa época as dificuldades de locomoção são bem precárias.

Há muito tempo eu havia decidido tomar essa atitude. Meus filhos já estavam acima dos 25 anos de idade, e nenhum dos dois queria continuar os estudos ou procurar trabalho.

Dormiam até o meio dia, traziam seus companheiros fortuitos à nossa casa para desfrutarem de sexo e também comiam e bebiam às minhas custas.

Eu era um executivo de uma indústria de cosméticos e já trabalhava há mais de 30 anos. Meu salário era altíssimo. O suficiente para cobrir todas as despesas, o luxo dos meus filhos e da minha mulher. Todos pendurados às minhas costas, imaginando que o mundo era aquele manancial de irresponsabilidade e que eu viveria por toda a vida.

Esta decisão ocorreu-me numa noite de sexta-feira quando voltava para casa. Naquele entardecer sombrio, a neve caía sobre meu carro, não me dando chance de ver o que estava a minha frente.

Apesar do aquecimento dentro de que dispunha, o frio não respeitava esse calor e insistia em deixar minhas mãos, orelhas e parte do meu rosto gelados. Com muita dificuldade cheguei a casa. O carro escorregava sobre a neve que se acumulara pelo caminho.

Era sábado do dia seguinte. Levantei-me cedo e fui retirar o gelo que se juntara na calçada de nossa casa. Nem isso meus filhos faziam.

Todos sabiam que deixar o gelo naquela situação poderia nos criar um transtorno terrível se alguém ao transitar naquele lugar caísse, se machucasse ou até morresse.

Todos eram indiferentes ao que acontecia naquela casa. Somente de uma coisa eles sabiam: gastar o meu dinheiro sem dó ou piedade.

Por outro lado, creio, firmemente, que eles receberam uma educação para agir dessa forma. Tinha muito a lamentar. Todavia uma atitude drástica com essa poderia colocá-los em alerta de que o mundo não é uma brincadeira. O mundo é potencialmente ingrato para quem não sabe desempenhar seu papel com trabalho, estudos e dedicação.

Também, assim como eles, somos todos frágeis diante da vida. Tudo pode nos acontecer a qualquer hora ou momento. Cada ser humano deve assumir as responsabilidades que a vida impõe. Nunca é tarde para se acordar de um pesadelo e começar a viver de maneira diferente. Eles precisavam passar por aquele susto para mudar a direção de suas vidas.

Sabia que não seria uma tarefa fácil. Ainda iria presenciar muito choro e desalento. Eu precisava ser forte para assimilar todas as suas agruras e manter-me na posição da atitude que tomei.

O inverno continuava derramando sobre a terra as suas intempéries. A neve caía incessantemente, não nos possibilitando sair às ruas. Havia alimentos para pelo menos três meses porque essas providências são tomadas por todos nós que moramos em lugar que neva.

Fome ninguém passaria, porém as demais mordomias com as quais estavam acostumados acabariam.

Na maioria das vezes, passava meu tempo lendo e com olhar ladino ligado às reações de todos.

Ajudava na limpeza da casa e, de vez em quando, cozinhava. Minha especialidade era fazer um churrasquinho e, por vezes, sozinho degustava aquela comida que minhas mãos tiveram o trabalho de preparar.

Por vezes pensava: – Como o comportamento das pessoas muda diante de situações adversas! Eu era ignorado e ninguém nem me cumprimentava.

Minha mulher foi dormir no quarto de hóspedes. Até que não era tão mal ter uma cama imensa à minha disposição!

Até a data do meu aniversário foi esquecida. Quando percebi que todos estavam em casa, fui à frente de um espelho. Olhei minha fisionomia, conferi meus cabelos que embranqueciam e cantei bem alto: "parabéns pra você nesta data querida muitas felicidades muitos anos de vida". É pique, é pique, é pique, é hora, é hora, é hora rá TIM bum. Tudo de bom para você, Anthony, e em seguida bati palmas. Ouvi gargalhadas e pensei: Quem gosta de mim sou eu e, portanto, tinha que festejar o meu aniversário no melhor estilo de um ser humano sozinho, em que por acaso outras pessoas viviam nas proximidades.

O importante na vida é o que pensamos e queremos e não o que os outros acham como deveremos agir.

Percebia que eles saíam pela manhã e só voltavam à noite. Nunca me falavam de suas atividades durante todo o dia: Se trabalhavam ou vagabundeavam pelas ruas. Não era da minha alçada esse tipo de preocupação. Agora eu precisava me cuidar e desfrutar de todas as horas vagas do meu viver.

A primavera aproximava-se. Aquelas folhas amarelas e avermelhadas que caíram das árvores no começo do inverno davam lugar a um brotar de novas, avisando-nos que a vida se renova a cada estação. Como eu tinha tempo disponível, dispus-me a limpar a vegetação que caía na piscina e colocar todo esse lixo na calçada. Os homens da prefeitura retiravam daquele lugar.

Era uma jornada cansativa com a qual não estava acostumado, mas era preciso ser feito. Quando um ser humano dispõe-se a mudar sua atitude diante da vida, faz-se necessário assumir os riscos que poderão advir. Havia uma pessoa que eu pagava todos os anos para fazer esse trabalho. Agora fazia eu.

Adele conseguiu um trabalho de doméstica e ainda cuidava de duas crianças. Ela saía de casa ao amanhecer e só voltava à noite. Ela ganhava um valor correspondente a um salário mínimo.

Eu tinha os ouvidos atentos a todas as conversas que se desenrolavam entre eles. Não dava palpites nem conselhos.

Agora fico a pensar: se a morte resolvesse me abraçar e me levasse para bem longe, a situação atual deles deveria ser a mesma. Cada um procuraria uma atividade para sobreviver. Ou talvez eles pensassem que o dinheiro do meu seguro iria ser suficiente para eles continuarem vivendo dessa forma. Eles não tinham ideia de que muito dinheiro e pouca educação é uma combinação desastrosa. Quando o dinheiro é ganho de maneira fácil, gasta-se da mesma forma

Eu não queria vê-los infelizes, mas que cada um tivesse condições de navegar no mar tempestuoso da vida com a segurança que se faz necessária. O mundo é cruel para quem não sabe de suas obrigações, seus direitos e seus deveres. Ser dono de sua vida e de seus atos é um privilégio de suma importância para sermos respeitados.

Estavam reunidos, numa noite, na sala de estar quando ouvi alguns comentários sobre o que faziam, quanto ganhavam e os meios de locomoção. Talvez o objetivo das conversas era de me sensibilizar e me fazer mudar de ideia. Mantive-me em alerta.

Melanie foi trabalhar em uma loja do shopping da qual ela era cliente há alguns anos. Patrick conseguiu trabalho em um restaurante, colocando e retirando pratos e limpando as mesas. Pelo que entendi, os três tinham condições de pagar as contas primárias.

A casa não tinha ônus. Fazia alguns anos que liquidei o pagamento no banco no qual fora financiada. O imposto da prefeitura, esse sim, eu pagava porque, se assim não agisse, um dia qualquer eu também ficaria sem moradia.

Há determinados lugares que não há ônibus em horários regulares ou às vezes caminha-se uma longa distância para ter acesso a algum. Eu tinha, ainda, meu carro e não emprestava para nenhum deles.

Quando as dificuldades aportam e precisam ser solucionadas, sempre há uma forma criativa na solução do problema. Mesmo que seu grau de estudo seja pequeno e sua inteligência parca, encontra-se uma saída.

Foi o que eles fizeram. Adele caminhava um quilometro para pegar o ônibus pela manhã e à tarde fazia o mesmo percurso. Melanie tinha uma amiga que também trabalhava naquele lugar e dava-lhe carona mediante o pagamento de parte do combustível, e Patrick caminhava até o local de trabalho que não era tão distante.

Um dia ouvi uma conversa que me deixou cheio de entusiasmo. Eles resolveram voltar a estudar. Melanie trabalharia durante o dia e à noite faria um curso de modas. Estava dentro do contexto do que ela trabalhava. Patrick decidiu fazer um curso de Ciências da Computação porque, segundo comentários do próprio, era uma profissão de futuro.

Essa minha situação caótica de convivência sem relacionamentos já durava por quase dois anos. Minha vida sexual parou no tempo e no espaço. Adele ignorava-me de forma absoluta. De vez em quando, olhava para ela e pensava: Como as mudanças podem modificar um comportamento de maneira tão severa! Realmente, eu ainda a desejava como mulher e me lembrava dos primeiros anos de nosso casamento que foram muito prazerosos. A vida muda. As circunstâncias também.

Nesta vida nem tudo está perdido. Subi ao espaço e fazendo-me acompanhar de nuvens branquinhas deslizei ao sabor do vento e levei o meu pensamento para outros lugares e convenci-me de que deveria haver outras perspectivas para um novo viver. É necessário acreditar sempre e nunca deixar perder de vista a direção dos nossos sonhos.

Estava sozinho em casa numa tarde ensolarada de verão. O telefone toca. Apressadamente corri. – Alô, quem fala? – Eu. Eu Anthony Smith. Não reconheci a voz. Insisti. – Quem fala? – Eu, Ashley Thompson. Falei um não como se esta palavra tivesse um quilometro de distância. Não! – Como você descobriu o meu telefone? – Eu telefonei para a companhia que você trabalhou e eles me informaram o seu novo número. – Gostaria muito de encontrá-lo. Tenho grandes novidades para lhe contar.

A surpresa daquele momento era como se um clarão de luz se abrisse a minha frente deixando que a luminosidade se espalhasse por todo o universo. A felicidade fez-me sentir o homem mais privilegiado da terra. – Podemos marcar um encontro! Para quando e onde? Amanhã, por volta das 11 horas da manhã em frente ao *Shopping Blomingdales*. – Combinado, confirmei.

– Vou tentar estacionar no lado leste. O meu carro é um *Rolls Royce* bege com placa 209KB. O meu motorista estará comigo. – Eu a encontrarei. O sexo é uma necessidade biológica da vida. Podemos passar sem viver essas emoções se tivermos algum passatempo ou outras atividades que nos envolva por completo ou, ainda, a esperança de um dia poder voltar a vivenciá-las com alguém ou mesmo deixar o nosso pensamento vagando pelo espaço e reviver outros momentos com amores que foram importantes em nossa vida. Tudo se resume à maneira de como você sente o problema e a sua capacidade de espera. Decididamente estava carente de afeto, sexo e convivência.

Sentia a necessidade de ter uma vida normal sem as indiferenças com que meus familiares posicionavam-se. Chamo de vida regular aquela em que os cumprimentos e pequenos gestos de atenção são comuns entre as pessoas que vivem debaixo do mesmo teto. Eles faziam questão, permanentemente, de mostrar que, para eles, eu estava morto.

Talvez eu estivesse mesmo morrido, sob o ponto de vista deles. Para mim, ainda havia devaneios em sua mais profunda essência da palavra. Eu sobreviveria àqueles impasses porque tinha uma força de vontade para manter a esperança e a certeza de que a minha atitude foi única e exclusivamente para beneficiá-los. O tempo lhes daria a resposta final.

Essa noite que antecedeu o meu reencontro com Ashley foi de uma vigília consciente e perfeitamente salutar. Dormir seria uma maneira de deixar a minha mente fora de uma realidade que iria enfrentar no momento em que o sol estivesse prestes a se posicionar no meio do universo. Meu pensar teimosamente se recusou a desviar-se daqueles momentos que iria vivenciar.

Ela tinha 21 anos quando a conheci numa festa de milionários. Ela era um deles. Aquela noite foi memorável. Ficamos todo o tempo conversando e é bem provável que tenha sido amor à primeira vista. Ficamos encantamos um com o outro. Naquela ocasião ela me falou que seu pai já havia escolhido o homem com quem ela deveria se casar. Portanto a minha chance de unir-me por matrimônio àquela bela mulher era remota.

Eu trabalhava em uma empresa de cosméticos. Fui levado a essa festa por convite do meu chefe superior que era amigo dos Thompson. Ficamos durante um ano nos encontrando às escondidas e nessas oportunidades trocamos beijos e juras de amor.

Já havia se passado 25 anos desde que nos vimos pela última vez. Agora ela ressurge. Não podia imaginar como estaria hoje com 46 anos. Há pessoas que a natureza poupa de envelhecer. Tudo depende, é claro, do estilo de vida e os cuidados que cada um tem com si próprio.

Naquela manhã levantei-me cedo e preparei-me para encontrá-la. A emoção deixava-me nervoso. Ao vê-la, tinha dúvidas que atitude tomaria: se deveria abraçá-la, beijá-la ou se simplesmente cumprimentá-la. Nossas reações, nesses momentos, estão intrinsecamente ligadas às da outra pessoa. De qualquer maneira, tinha certeza que a alegria iria inundar o meu coração e me trazer novas esperanças. Eu acreditava.

Também não tinha a menor ideia da razão daquele reencontro. As surpresas fazem parte da vida, e precisamos apenas estar atentos quando elas resolvem nos visitar. A curiosidade era a tônica do momento. Será que ela estaria precisando de ajuda para solucionar algum problema ou queria saber a razão de eu ter abandonado aquele trabalho depois de muitos anos de lida. Nenhum desses assuntos, a meu ver, era de seu interesse, assim conclui. Os objetivos eram maiores, creio.

Abandonei todos os pensamentos que queriam, insistentemente, fazer-me companhia e com a alma em festa dirigi-me àquele local. Estacionei meu carro nas proximidades, desci e sai andando à sua procura. De repente ouço alguém me chamar: – Anthony! Virei o olhar, rapidamente, e a vi correndo ao meu encontro. Abraçamo-nos de maneira tão forte como se tivéssemos guardado todo o calor desse momento pelos anos que se passaram.

Ela estava elegantemente vestida com aquele mesmo corpinho de quando a conheci. Suas joias reluziam, deixando-a bela e poderosa. Estava irresistível!

Quando conseguimos nos desgrudar, ela me olhou de alto a baixo e falou: – Você está ótimo. O tempo foi magnânimo com você. Fiz-lhe todos os elogios que uma mulher gostaria de ouvir. Seus olhos brilhavam com uma intensidade tamanha que quase ofuscou a luz poderosa do sol. Seguramos nossas mãos e fomos em direção a seu carro para pegar sua bolsa que havia esquecido.

Por sugestão de Ashley, fomos a um restaurante, dentro do shopping, para beber alguma coisa e comemorar o nosso reencontro.

Por alguns instantes, emudecemos. Não conseguíamos falar nada. Apenas olhávamos um para o outro, pensando que aquele momento era um milagre. Não era. Era soberanamente real. Ela começou falando que, quando telefonou para a empresa de cosméticos em que eu trabalhava, alguém informou que eu havia me demitido.

O garçom aproximou-se e, de súbito, ela perguntou: – O senhor tem champanhe *Dom Pérignon* vintage 2009? – Sim. – Por favor, traga um. Meus olhos se abriram com espanto e minha mente rodopiou sem controle. Pelo visto era uma comemoração acima do meu pensar.

Ela continuava me olhando e degustando a minha presença de forma altaneira. Seus olhos tinham um brilho que seria capaz de iluminar todo o planeta. De repente ela segura as minhas mãos e diz: – Conte-me tudo o que aconteceu na sua vida nesses 25 anos. Quero saber detalhe por detalhe.

Fomos interrompidos pelo garçom trazendo o champanhe. O balde de prata com gelo e a bebida foram colocados sobre a mesa, e ela dispensou o trabalho do funcionário afirmando que ela mesma abriria. – Obrigada!

Iniciei meu relato dizendo: Quando soube do seu casamento pelas colunas sociais, fiquei tristonho e sem esperança de voltar a vê-la. Naquela época eu ainda trabalhava na indústria de cosméticos e cheguei a um cargo de executivo. E também continuei meus estudos e concluí o doutorado em Economia. Tinha um salário altíssimo que me possibilitava viver sem preocupações. Casei-me com uma moça simples e tivemos dois filhos.

Novamente, fomos interrompidos porque ela queria ouvir o restante da minha história saboreando essa bebida dos deuses. Abri o champanhe, coloquei-o nas taças e brindamos nosso majestoso reencontro.

E continuei: Nos últimos anos, descobri que meus filhos estavam caminhando por uma estrada que não lhes possibilitava um futuro promissor. Narrei os acontecimentos recentes, ressaltando que agora eu me sentia sozinho e abandonado pela família.

Ela sorvia cada palavra como se o seu pensar concatenasse as minhas torturas, assimilando-as como se fosse o seu próprio viver. Eu percebia que esses fatos estavam indo ao encontro do que ela planejava para me fazer voltar a ser feliz. Repentinamente, parei de falar e lágrimas desceram em minha face. A emoção era muito forte. Ashley, num gesto de carinho, passou a mão em meu rosto e carinhosamente falou: – A partir de agora você não está abandonado nem sozinho. Se você quiser eu lhe farei companhia enquanto viver.

Ao ouvir essas palavras, via a minha alma junto com o meu corpo entrando num paraíso e conclui: O amor, se ele existiu em algum momento de nossa vida e foi verdadeiro, não morrerá nunca. Havendo condições, ele poderá ressurgir com uma força bem maior não importa o que tenha nos acontecido.

O borbulhar daquela bebida deixava nosso paladar com gosto de vitória. Ficamos sem palavra por algum tempo. Apenas segurávamos nossas mãos numa troca de energia que nos elevava ao infinito à procura da maior estrela brilhante do espaço. Na vida há momentos únicos e intransferíveis. Vivenciá-los em profundidade é sentir a felicidade em sua total plenitude.

Olhei para o fundo daqueles olhos azuis e pedi-lhe que me contasse, também, toda a sua vida naquele período.

– Casei-me pela vontade do meu pai com Alan Scott, bilionário no ramo imobiliário. Inicialmente, sentia-me infeliz. Com o passar dos anos, ele me envolveu de tal maneira com carinhos, atenção, joias viagens e muitos outros mimos que me acomodei àquela vida faustosa. Eu me sentia uma rainha e sabia que ele me amava.

Nunca tivemos filhos. Ele era infértil. Só descobrimos depois de muitos anos de casados quando decidimos procurar um médico. Até pensamos em adotar uma criança, mas a ideia se dissipou no tempo e no espaço. Nosso viver tinha o envolvimento dos amigos e da família. Tudo era tranquilo num mundo de sonhos onde a realidade procura um espaço para se aninhar e não encontra.

Ele morreu há seis meses. Passados os meses de luto e saudade, resolvi procurá-lo. Fiz diversas tentativas e não tive êxito. Um dia me lembrei daquela empresa em que você trabalhava e pedi a minha secretária que tentasse um contato. Em poucos dias ela me informou que você não mais trabalhava ali e o setor de pessoal recusou-se a lhe dar seu endereço. Inventei uma história convincente e eles me deram apenas o número do telefone de sua casa.

Quando falei com você, por telefone, tive a agradável surpresa de ter reencontrado um grande amor que desafiou o tempo e não perdeu as características de verdadeiro. Agora estamos aqui um em frente ao outro na expectativa de recuperar o tempo perdido num envolvimento de muito amor e prazer.

Meus pais faleceram anos atrás numa viagem de barco. Eu tenho apenas uma tia e ela está internada em um hospital psiquiátrico. Assim como você, eu estou sozinha.

E, agora, o que vamos fazer? – Não o deixarei fugir mesmo que você me apresente as razões mais imperiosas e longamente premeditadas.

Herdei todos os bens do meu pai, bem como do meu marido, e temos executivos capazes de comandar tudo sem nenhuma preocupação. Portanto, você não terá problemas a solucionar.

Diante do que ouvia e sentia, tive a impressão que estava sonhando. Aquela espécie de sonho que, ao acordar, temos vontade de voltar a dormir para que ele possa se prolongar por toda uma existência.

No entanto era verdade e a vida me mostrava que quando somos abandonados por alguém, haverá sempre outro que nos ajuda a levantar. Como já fora dito "Em algum lugar há cogumelos que nos fazem crescer novamente".

O garçom veio nos avisar que, dentro de poucos minutos, aquele restaurante cerraria suas portas. O tempo passou numa velocidade tamanha que nem percebemos. Já era noite e a hora avançada.

Saímos de mãos dadas como dois adolescentes que estão indo vivenciar momentos nunca antes vividos.

Levei-a até seu carro e, antes de entrar, ela me abraçou deixando em meu corpo o seu calor, o seu cheiro e muitas esperanças. Deu-me um cartão de visitas e afirmou: – Estou lhe esperando. Venha rápido. Tenho pressa para viver ao seu lado.

Esperei que seu carro partisse para pegar o meu. Levantei os braços para o alto e agradeci a Deus esse reencontro. Ela, em sua condição de mulher bela, rica e poderosa, poderia ter escolhido qualquer homem que lhe aprouvesse. Por que razão a escolha recaiu nessa criatura sem trabalho, sem esposa e abandonado pelos filhos! Concluí que, quando namorávamos às escondidas, fincou-se naquele terreno fértil de seu coração uma semente que germinaria e cresceria até tornar-se uma árvore com galhos frondosos. Apenas aguardava a oportunidade de florir se as circunstâncias assim as permitissem.

Um pequeno gesto ou atitude que alguém nos dispensa poderá ficar dentro de nossa alma numa situação inesquecível. Ela tinha suas razões que não me dava o direito de contestá-las.

Voltei para casa com a alma leve, feliz e a certeza que teria a minha frente outro rumo para a minha vida. O difícil, agora, era como solucionar os dramáticos problemas que tinha com a ex-família que decidiu um dia ter-me como morto.

Quando se morre, o corpo é enterrado ou cremado. Eu sentia que o meu estava ali os incomodando. Certamente, ou momentaneamente, o mau cheiro de defunto que se espalhava pela casa invadia as suas narinas, causando-lhes um desconforto terrível. Eu sentia piedade deles.

Ao entrar em casa, deitei-me em minha espaçosa cama e revi toda a minha trajetória de vida. Nunca em toda a minha vida planejei ser um homem rico, mas honesto, cumpridor de minhas obrigações e fiel aos meus princípios. Agora, surge a grande oportunidade de vivenciar uma existência diferente e ainda, ao lado de uma mulher que me ama e que não me esqueceu depois por tantos anos.

O amanhã será sempre um novo dia, e certamente eu poderia ter uma chance de deixar de ser sozinho. Pelo menos!

Palmilhar pela vida acompanhada da solidão é uma vivência dificílima. Somente sobrevivem aqueles que têm uma visão ampla do mundo e estão com a alma cercada de muitas esperanças.

Por outro lado, quando somos bem-intencionados com nossas ações, o universo conspira a nosso favor. Todavia somente o danadinho do tempo tem o privilégio de mostrar que estávamos certos com determinadas atitudes tomadas. Ele não falha nunca. Ele fica de plantão todo o tempo esperando pelos resultados e pelos aplausos.

Adormeci. O champanhe deixou o meu corpo relaxado e a minha alma navegando pelo espaço.

Ao abri os olhos da manhã seguinte, lembrei que naquele dia eu tinha um compromisso inadiável. Ir ao encontro de Ashley em sua residência. A localização de sua casa era reconhecida com reduto dos milionários. Esse detalhe era o de somenos importância. Chegaria com o meu carrinho de pobre e, ao procurá-la, certamente, o vigilante na entrada iria me olhar atravessado.

Não devemos nunca dar importância com o descaso dos seres humanos. As surpresas podem deixá-los boquiabertos e seus olhos esbugalhados.

E foi exatamente o que aconteceu. Ao chegar à portaria principal, identifiquei-me e falei-lhe que gostaria de ir à casa da senhora Ashley. – Um momento, disse o homem. Depois de algum tempo falando ao telefone cujas palavras não me foi permitido ouvir por ser um local fechado e blindado, ele abre uma pequena janela e diz: – O vigilante vai acompanhá-lo.

Segui aquele homem e finalmente chegamos ao local. A casa era uma mansão imensa. Os jardins até onde os meus olhos puderam enxergar era de uma beleza exageradamente perfeita. Ela estava à porta me esperando. Ao me ver, dirigiu-se até o meu carro abriu a porta do lado do motorista. Sai rapidamente e nos abraçamos. Tudo isto à vista do vigilante. Percebi que ele abanou levemente a cabeça e se foi.

Antes de entrar, mirei a casa, os jardins em volta e imaginei o que encontraria em seu interior. De mãos dadas caminhamos até a porta principal, onde ela parou e disse:- Esta é a sua casa a partir de agora. Contudo gostaria de lhe dizer que, mais importante do que esta vivenda, é a mulher que aqui vive e o ama. Não perca essa chance de voltar a ser feliz. Eu também quero o mesmo. E mais uma vez nos abraçamos e dessa vez seguida de beijos.

Meu coração gritava de felicidade, cujo eco transpôs todo aquele espaço como querendo me dizer de que tudo era verdadeiro.

Sentamos em uma acolhedora sala e conversamos por mais de uma hora. Ela estava curiosa para saber mais detalhes de minha vida: como eu estava vivendo sem trabalhar, se tinha contas a pagar e também como meus filhos iriam estudar ganhando aqueles pequenos salários. Depois de ouvir todas essas informações, ela tomou a palavra e, com a postura de uma mulher decidida, fez essas afirmativas: – Foi muito bom você ter aberto essa conta bancária apenas em seu nome, porque senão sua mulher poderia ir ao banco e sacar todo o dinheiro existente. Como eu gostaria de me casar com você, isto é, se você aceitar, faz-se necessário que você obtenha o divórcio. Com relação aos estudos dos seus filhos, eu poderei custear. Eles podem escolher qualquer profissão; se você concordar, vou pedir a um dos meus advogados que resolva todos esses problemas. Quero-o livre de qualquer tipo de preocupação para que possamos viver e recuperar todo esse tempo que perdemos.

Ela segurou a minha mão e falou: – Vou lhe mostrar toda a casa. Passamos por muitos salões, cozinha, e área de serviço. Na outra ala da casa, ficavam os quartos e demais dependências. Todos os cômodos de tamanho gigantesco. Ela identificou os quartos de hóspedes e, quando chegamos a uma suíte esplendorosa, onde deitado na cama, poderia se descortinar os jardins, a piscina e um lago, ela me abraçou e afirmou: – É aqui que iremos dormir, desculpe. Dormir é uma força de expressão. Eu gostaria mesmo é de ficar acordada por noites infinitas trocando carícias e tendo a certeza de que você está ao meu lado para sempre.

Diante do que ouvi, peguei-a em meus braços, coloquei-a naquela cama e cobri-a de beijos. Estávamos famintos de amor. Ela, há menos de um ano, e eu por quase dois. Foram para mim, e acredito para ela também, os maiores momentos de prazer que tivemos em toda a nossa vida. Ela havia casado com um homem que não amava e eu desprezado pela mulher que um dia amei, mas que por circunstâncias morávamos na mesma casa e nos víamos com frequência, deixando nosso viver desconcertante.

Não sei precisar a hora em que chegamos a sua suíte, mas era dia. Quando nos demos conta, o dia seguinte já estava raiando. Esquecemos que não tínhamos almoçado nem jantado. Quando o fogo do amor e o desejo guardado por longos anos chegam a nossas vidas, faz-nos esquecer o mundo, os problemas e até a fome. Ao acordar, ela ainda tinha dúvidas que era eu Anthony que estava ao seu lado.

Todas as pessoas deste mundo nos ofereceram: a sublimação de um amor ilimitado, todo o desejo que é capaz a um ser humano sentir e toda a felicidade que os nossos corações podem suportar. Os anjos no infinito cantaram "Aleluia, Aleluia" um milhão de vezes.

Recobrando a consciência e tendo a certeza de que esse amor e esses momentos foram reais, não me pairava nenhuma dúvida de que realmente eu tinha encontrado o amor definitivo e viveria essas emoções por toda a vida.

Pelo interfone ela solicitou a seus serviçais que preparasse um *brunch* no salão azul. Após um reconfortante banho juntos, vestimos nossas roupas e fomos comer tudo que precisávamos para nos manter vivos. Sentíamos que não estávamos neste mundo, mas em outro onde os devaneios fazem moradia eterna.

Sentados em uma confortável sala envidraçada e climatizada com uma esplendida vista da piscina e do jardim, voltamos a conversar sobre as providências que seriam tomadas a partir de agora.

– Fale Anthony. Diga-me tudo o que você vai fazer e como seus problemas serão solucionados.

Em primeiro lugar, vou voltar à minha casa, arrumar todos os meus pertences e providenciar uma transportadora para trazer tudo para a sua.

Não vou me despedir da minha ex-mulher nem dos meus filhos. Deixarei uma carta afirmando que um advogado irá tomar todas as providências necessárias, inclusive o divórcio.

Não lhes darei teu endereço. Enviaremos para eles apenas o número do telefone do advogado.

O sol já estava se despedindo quando saí de sua casa naquele dia. O astro rei olhou para mim e disse: – Anthony, você ressuscitou! Viva essa nova vida com todo o entusiasmo e amor. A partir de agora brilharei mais forte e poderoso porque, além de você merecer, quero ser testemunha dessa nova estrada que se abre à sua frente. Eu a lua e as estrelas estarão em seu caminho para lhe dá todo o brilho e apoio que forem necessários.
– Obrigado! Falei em alto tom.

Aquele caminho de volta a minha casa tornou-se irreconhecível. A impressão que tinha era de eu ser outra pessoa. Planejei tudo o que faria e imediatamente sairia dali, deixando uma carta para minha ex-mulher e meus filhos. Esperava, apenas, que eles acreditassem nas afirmativas ali contidas. Teria que ser convincente.

Ao entrar em casa, o telefone tocou. Era Ashley. Perguntou-me se tudo estava bem e que ela estava me esperando a qualquer hora. Agradeceu aqueles momentos de sexo e paixão que vivenciamos e acrescentou:
– Teremos outros maiores e melhores. Eu sei que você quer também.

Dirigi-me aos meus aposentos, separei a roupa que estava suja. Coloquei na máquina de lavar e sequei-a, dobrando peça por peça. Enquanto fazia esse trabalho, lembrava-me de cada segundo do nosso reencontro e pensei: A minha vida entra agora em uma estrada cujo caminho eu nunca imaginei por mais fértil que fosse a minha imaginação. Deveria aproveitar essa oportunidade que para se ter outra deveria viver por cem vidas.

Separei, também, meus livros e demais pertences. Ninguém presenciou essas minhas providências.

Deixei o sol desaparecer para que no silêncio da noite pudesse escrever as cartas para eles.

Adele,

Quando a conheci e casamos, imaginava que nossa vida junto duraria até a eternidade. Enganei-me. Situações, talvez, alheias a nossa vontade, nos separaram. Aliás, você se separou de mim indo dormir nos aposentos de hóspedes, deixando-me sozinho e desalentado. Esse fato já dura dois anos. Agora vou partir. Não é justo que eu viva ao lado de uma mulher que me tortura, diariamente, sem dó ou piedade.

Brevemente virá a esta casa um advogado que tomará todas as providências necessárias para o nosso divórcio, como também cuidará de todos os pagamentos necessários para os cursos que nossos filhos queiram fazer. Eles precisam ter uma profissão. Eles não terão nenhum tipo de dificuldade. Basta apenas que eles queiram estudar e se tornarem pessoas úteis à sociedade. Creia que durante o tempo em que estivemos casados eu te amei e fui-te fiel.

Minha preocupação primordial foi que descobri que, da forma como nossos filhos viviam, suas vidas se encaminhavam para um futuro sem perspectivas. Eles estavam alienados. Agora acredito que, depois do susto que levaram, entenderão que a vida é bem diferente. Cada um deve ser dono do seu destino de suas ações e viver imbuídos de estudo, responsabilidade e trabalho.

Meu advogado lhe dará o número do telefone dele e você deve manter contato permanente com ele. Nossos filhos também.

Depois de concluída a separação legal, mensalmente, você terá uma mesada para ser possível pagar as despesas da casa, impostos e outros. Esta casa que construímos juntos fica para você e nossos filhos, bem como o carro. Todavia não deixe de trabalhar nem permita que nossos filhos parem também. Eles devem compatibilizar os horários de estudo e trabalho porque esse profissional pagará apenas as despesas das faculdades que eles estejam cursando.

Espero que você seja feliz e que um dia você reconheça que a atitude que tomei visava única e exclusivamente ao bem-estar de nossos filhos.

Anthony.

Necessariamente, eu iria sentir saudades dos meus filhos e dos grandes momentos que vivemos casados. Não é possível esquecer tudo num passe de mágica uma vida de 25 anos. Entretanto, diante da indiferença de que fui alvo, situação que eu não esperava, minha alma sentia-se ferida e humilhada. Eu não era mais, nessa casa, um pai ou um marido. Era um homem morto sem direito a enterro ou cremação.

Agradeço a Deus ter reencontrado Ashley, uma mulher que me amou e nunca me esqueceu, embora vivesse num mundo glamoroso e cercado de todas as coisas que o dinheiro pode comprar.

Para meus filhos fiz a seguinte missiva.

Queridos filhos Melanie e Patrick,

Estou saindo desta casa onde a vida para mim se tornou insuportável. Eu não tenho mais, sob nenhuma hipótese, condições de conviver com pessoas que me ignoram e me humilham diariamente.

Eu continuo amando-os apesar dos pesares. Um advogado virá conversar com vocês para traçar os novos rumos de suas vidas. Espero que vocês continuem trabalhando e, o mais importante, estudando. Escolham os cursos que queiram fazer e esse profissional custeará tudo.

Um milagre aconteceu na minha vida. Aquele que só é possível a um mortal a cada século. Eu fui escolhido e estou bem porque a felicidade resolveu fazer parte integrante do meu viver. Sentirei saudades de vocês. Brevemente iremos nos encontrar em outro lugar e em outras condições. Eu, mesmo de longe, estarei acompanhando tudo o que lhes acontecerá pela vida a fora. Quero participar de seus sucessos e de suas conquistas. Tenho certeza que, em poucos anos, o mundo se curvará aos seus pés, reconhecendo seu trabalho. Tudo vai depender, exclusivamente, de vocês.

Esta é a maior chance que vocês têm para chegar ao topo de suas carreiras. Tenham fé, esperanças e vejam a estrada a sua frente como um caminho, não livre de pedras e empecilhos, mas que, ao transpor esses obstáculos, vocês possam de sentir fortalecidos e vencedores.

Eu os perdoo porque reconheço que vocês ainda não têm a maturidade suficiente para entender que os desvios do caminho são úteis e necessários para que se chegue a um entendimento perfeito da vida e ao sucesso. O tempo lhes mostrará que minha atitude foi correta e que o meu único objetivo era fazê-los acordar de um sono que no futuro só lhes trariam pesadelos.

A vida não foi nem será fácil para ninguém, mas com coragem, força e persistência vocês alcançaram a concretização de seus ideais. Coragem para luta, queridos filhos. Um grande abraço.

Seu pai, Anthony.

No dia seguinte, chamei uma transportadora e me fui, tendo o cuidado de deixar essas cartas em lugar que eles pudessem ver imediatamente ao entrar em casa.

Antes, porém, telefonei para Ashley que chegaria à sua casa naquele dia.

Ao chegar à portaria daquele condomínio, identifiquei-me e o vigilante sem consulta prévia a Ashley permitiu a minha entrada. Certamente, ela avisou-os de minha chegada.

Ao descer daquele carro, ela já me esperava. Abraçamo-nos e ela falou: Sede bem-vindo à sua nova moradia. Espero e creio que viveremos aqui por toda a vida. Em seguida choramos movidos pela emoção.

Seus serviçais apareceram e ajudaram o motorista a descarregar os meus pertences. Ela reservou um lugar para que eles fossem colocados.

Ela me conduziu a essa grande suíte e falou: Este lugar é somente seu. Guarde tudo que lhe pertence e como você quiser. Só não se esqueça de que todo o espaço desta casa agora lhe pertence. Fique à vontade e usufruía com todos os direitos que agora lhe concedo.

Abracei-a e trocamos carícias por algum tempo. Em seguida fomos almoçar numa sala imensa onde havia uma mesa de 20 lugares. Eu estava tão embevecido com a suntuosidade daquele lugar que a fome fugiu. Mesmo assim, comi alguma coisa e dei-me por satisfeito.

Voltamos àquela sala envidraçada que estivemos antes e ela, munida de um interfone, chamou o Sr. Martinez, o mordomo, e os demais serviçais e me apresentou. Este é o senhor Anthony Smith. Trocamos cumprimentos.

A partir de agora ele morará nesta casa e quero participar a todos de que em breve iremos nos casar. Em seguida dispensou-os.

Anthony fique à vontade para fazer o que você quiser: ir para a piscina, para a sauna, para seus aposentos privados ou andar por toda a casa para conhecê-la melhor. Se você quiser a companhia do mordomo, é só chamá-lo pelo interfone. Eu agora vou para a sala de exercício e depois vou fazer massagem corporal. Estarei pronta para reencontrá-lo na hora do jantar. Se você quiser comer alguma coisa, por favor, chame a copeira Mary Lee. Ela o atenderá.

Realmente eu nem sabia o que fazer nesse momento. Tudo era para mim, ainda, um sonho. Fiquei algum tempo ali parado, refletindo e concluindo que a vida é fantástica e imprevisível. Muitas coisas podem nos acontecer quando menos esperamos. Precisava agora conscientizar-me de tudo ao meu redor e começar viver.

Decidir ir para os meus aposentos e arrumar a minha mudança. Quando entrei naquele lugar, tudo estava separado por igualdade: Livros junto com livros, sapatos, roupas etc. O mordomo incumbiu-se de arrumar tudo. Restava-me, apenas colocar nos lugares que desejasse.

Sentir-se rico e ter a nossa disposição todas as mordomias possíveis é um bem-estar dos mais prazerosos. Precisava assimilar esse meu novo status. Devagarzinho eu chegaria lá.

No jantar ela estava simplesmente bela. Vestia um vestido esvoaçante deixando suas formas num contexto sensual. As iguarias, além de deliciosas, tinham uma apresentação digna dos maiores chefes. Havia um garçom que nos servia. Nessa ocasião tomamos novamente champanhe e brindamos nosso primeiro jantar juntos.

Em seguida fomos para uma imensa sala de estar onde as paredes eram cobertas de quadros valiosíssimos. Tinha entre outros um Picasso. Monumental!

– Anthony eu gostaria de conversar com você alguns assuntos de nosso interesse. Meu pai e meu marido diziam-me que mulher nunca deve dar ordens para um homem seja ele quem for.

– Portanto gostaria que sempre que tenhamos alguma coisa para decidir que a última palavra seja sua. Eu aprendi a ser submissa. Dizem que é uma qualidade da fêmea. Eu não concordo muito com essa ideia, todavia não podemos mudar o mundo e sabemos que até Deus criou primeiro Adão e de sua costela nasceu Eva.

Eu até fiz algumas anotações para não me esquecer de nenhuma providência.

Sobre o advogado o que você decidiu? – Nas cartas que fiz para a minha ex-mulher e meus filhos afirmei que um advogado iria procurá-los para solucionar seus problemas conforme falamos antes. – Tudo bem. Meu advogado que vai cuidar de tudo chama-se Charlie Parker. Aqui está o cartão dele com o número do telefone. Amanhã, ou quando lhe convier, telefone para ele e peça-lhe que venha até a nossa casa para lhe dar detalhes sobre o que fazer. Acredito que essa providência requer urgência para que seus filhos possam imediatamente iniciar seus estudos na universidade.

– A outra é sobre o seu divórcio. Acredito que, com uma procuração, você poderá se divorciar sem a necessidade de encontrar a sua ex-mulher. A meu ver, essa decisão é premente porque ela precisa começar a receber a mesada para ser possível quitar os débitos e as despesas da casa.

Depois de ouvi-la, fiz-lhe um elogio: – Além de você ser bela e possuidora de uma fortuna incalculável, é uma mulher inteligente, sábia e decidida. Parabéns, sinto-me em boas mãos. Ela consciente de sua postura acrescentou: – Não tenha dúvidas! O mais importante agora é a nossa felicidade. Temos que solucionar todos esses problemas para que tenhamos o sossego necessário para um eterno e perene viver.

Amanhã teremos outros assuntos para serem tratados porque eu quero que você se sinta à vontade nesta casa sob todos os aspectos. Por hoje já conversamos bastante. Você teria mais alguma coisa para falar? – Não. Em seguida levantou-se e me abraçou.

Aquela foi de fato nossa primeira noite de sexo, amor, carícias e muito envolvimento mútuo. Em nossa suíte, havia alguns botões na cabeceira da cama que era só apertar e tínhamos iluminação da mais variada, como também música de todos os tipos: Desde a clássica à popular americana e de outros países. Ao lado duas toaletes, uma imensa sala com uma hidromassagem com capacidade para seis pessoas. As duas pias na cor dourada assemelhavam-se ser de puro ouro. Um luxo!

Ashley, além de ser uma mulher belíssima, com um corpo escultural, era uma fêmea fogosa. Um deslumbramento total. Modéstia à parte, ela precisava mesmo de um homem com as minhas características físicas e emocionais.

Quando pensamos que já vivemos tudo neste mundo, as portas do infinito nos levam ao paraíso e, enlevados, vivenciamos momentos além de nossa imaginação. Eu me sentia um ser privilegiado e agradecia a Deus aquele momento em que a conheci há tantos anos. Imagino que fomos feitos um para o outro, daí a razão do nosso reencontro.

No dia seguinte o advogado veio a nossa casa e conversamos por longas horas. Ashley não quis participar dessa conversa para que eu pudesse me sentir à vontade para falar tudo sobre as providências que seriam tomadas para a minha ex-mulher e meus filhos.

Na proporção em que essas providências eram tomadas, o advogado dava-me notícias. Acompanhava passo a passo o transcorrer dos acontecimentos.

Tinha certeza que aquela carta que deixei para os meus filhos foi convincente e esperava bons resultados.

Recebi uma notícia que me deixou radiante. Meus filhos já estavam matriculados na universidade. Melanie no Parsons, the New School for design de Nova York e Patrick no Columbia University – Computer Science de New York. Minha felicidade foi duplamente festejada. Eu e Ashley brindamos com muita satisfação este acontecimento. Ela também valorizada o estudo. Embora tivesse nascido em berço de ouro, ela havia cursado duas Faculdades: Administração de Empresas e Direito.

Meu divórcio foi consumado e Adele já estava recebendo a mesada que lhe foi proposta.

Diante disso, um dia, ao acordar, Ashley olhou-me de forma carinhosa e pediu-me em casamento. Eu dei uma boa gargalhada e aceitei casar-me com ela. Bem, um momento, disse eu: – Eu gostaria que Ashley Thompson se tornasse a minha esposa. – Aceito. Disse ela. Rimos os dois e como o assunto, afastando os riscos, era verdadeiro levamos para o nosso café da manhã as providências que tomaríamos a partir de agora.

Ela gostaria de fazer uma grande festa e convidar todos os amigos. Eu sugeri que fosse uma cerimônia simples com poucos amigos. Ainda ventilei a ideia de convidar meus filhos para esse evento. – Vamos disputar no palitinho? – Sim. Ela ganhou.

Nosso casamento foi o maior acontecimento em nossa cidade. Havia mais de 500 convidados todos com traje "a rigor". Meus filhos compareceram e estavam visivelmente emocionados. Terminada a festa, eles voltaram ao convívio da mãe.

Nossa lua de mel durou dois meses viajando por alguns continentes. Ela conhecia o mundo, os melhores passeios, restaurantes e hotéis. Foi uma viagem destinada a poucos mortais. Meu estilo de vida sofreu uma mudança radical. A maioria do meu guarda-roupa foi entregue aos velhinhos de alguns asilos. Agora as minhas roupas eram feitas sob medida. O alfaiate era o mesmo do seu antigo marido.

Numa manhã ensolarada, nadávamos na piscina quando de repente ela veio ao meu encontro e falou: – Gostaria de conviver mais amiúde com os seus filhos. Como Deus houve por bem não me dar o direito de ser mãe, gostaria que eles soubessem que eu os amo e gostaria que eles fizessem parte de nossa família.

O advogado mais uma vez foi chamado para providenciar esse encontro. Dias depois a notícia chegou que eles também almejavam o mesmo.

Marcamos um encontro, numa semana de férias escolares no The Ritz-Carlton New York, Central Park. Não sabia exatamente da reação deles.

Naquela viagem, a bordo de nosso jatinho, meu coração dançava em todos os ritmos musicais do mundo. Não saberia exatamente o que me aguardava, porém de uma coisa eu tinha certeza: eles iriam me agradecer aquele tremendo susto que dei anos atrás.

Eles foram acomodados em um apartamento no mesmo andar do nosso. No entanto o nosso reencontro aconteceu no salão de festas do hotel. Os convidados éramos apenas nós quatro.

Ashley mandou preparar um jantar no maior estilo com iguarias e bebidas dignas do bom gosto de uma mulher que nasceu e viveu toda a sua vida entre o luxo e o prazer. Ela conhecia o melhor que existe neste mundo.

Chegamos primeiro e nos acomodamos em um grande sofá. Quando eles entraram, nos levantamos e trocamos apertos de mãos, abraços e beijinhos. Eles ficaram surpresos com essa acolhida e com a suntuosidade daquele local. Meus filhos tinham uma aparência digna de que estavam descobrindo um mundo novo em suas universidades. Em dado momento, os dois me deram outro abraço mais forte e caloroso e disseram: – Obrigado, meu querido pai por tudo que você tem nos proporcionado. Sabemos que você nos ama e tenha certeza que nós o amamos também. Todos choraram.

O jantar foi servido, e as conversas se estenderam até a madrugada. Ninguém queria se afastar dali.

Contaram sobre a vida deles na universidade e as diversas experiências que estavam vivendo.

Melanie já ensaiava um dia fazer parte de desfile de modas em Nova York e Patrick sonhava trabalhar na maior empresa do ramo de computação. O entusiasmo era tamanho que até parecia que aqueles sonhos já tinham endereço certo. Ashley deu-lhes algumas palavras de incentivo e concluiu: – Essas metas estão ao alcance de seus desejos e elas podem se tornar realidade. Basta apenas que vocês queiram.

Ashley sugeriu que fossemos até nossa suíte porque tínhamos mais surpresas para os dois. Cada um recebeu um cheque dentro de um envelope com um valor considerável para comprar tudo o que eles quisessem. E assim terminou aquela noite de glória para mim, para eles e especialmente para Ashley que agora tinha dois filhos de verdade.

Combinamos que, ao acordar, teríamos mais surpresas. E assim eles voltaram a sua suíte com a certeza de que, a partir daquele momento, o mundo abriria as portas para vivenciar um sonho que a maioria dos mortais gostaria de ter.

Já passava do meio-dia quando o telefone tocou, eles nos avisando que estavam prontos. Convidamo-nos a tomar o café da manhã em nossa suíte. Os agradecimentos continuaram e pude observar que eles estavam felizes.

Tínhamos um barco de 200 *feet* com três suítes e heliporto. Naquele dia de verão, saímos os quatro para passear navegando nas águas do oceano com todas as mordomias que são possíveis viver. O mar estava calmo e os ventos, favoráveis. Um fotógrafo a bordo registrou esse passeio e muitas fotos foram tiradas. Destinavam-se ao álbum da nova família.

Vivemos uma semana fantástica e cheia de emoção. Quando nos despedimos, os abraços reforçavam os agradecimentos e a certeza de que muitos outros momentos iguais teríamos pela vida afora.

Em nosso jatinho, pelo menos a cada dois meses, íamos visitá-los em Nova York. Ashley sempre me acompanhava nessa viagem e levava muitos presentes para eles.

Minha ex-mulher estava todo o tempo sozinha. Soube que ela voltou a estudar, fazendo um curso de culinária. Com a mesada que dávamos, não haveria maiores preocupações com suas finanças. A minha satisfação é que todos acordaram de um pesadelo e recomeçaram suas vidas em outros termos. O trabalho dignifica o homem, e o estudo faz com que ele amplie seus horizontes e se projete para o mundo consciente de seu papel nesta vida.

A graduação dos meus filhos foi uma festa primorosa. A mãe deles estava presente, contudo não trocamos cumprimentos. Essa foi a primeira vez que ela viu Ashley.

Não posso imaginar o que a sua alma sentiu. Eu estava feliz e tranquilo porque foi ela quem me abandonou. Ainda estive por dois anos à sua disposição. Não deveria haver queixas ou ressentimentos.

O milagre que aconteceu em minha vida foi possível porque, embora desprezado, eu tinha fé de que tudo mudasse um dia. Só não sabia de que maneira isto aconteceria.

Meus filhos mudaram suas residências para Nova York. Melanie foi trabalhar como assistente de um famoso profissional da alta costura e Patrick ingressou na IBM. Eles continuaram os seus estudos para atingir o grau mais elevado de suas profissões.

O mundo pertence àqueles que sonham, lutam e persistem. A vitória, inevitavelmente, chegará porque ela caminha ao lado da vida de seres humanos especiais para no fim da jornada receber os aplausos. O mais importante é que ela sabe a quem seguir. A sua sabedoria é incontestável.

Em um de nossos encontros com os meus filhos, uma notícia me deixou seriamente preocupado. Eles me contaram que Adele estava sofrendo de uma terrível depressão. Sentia-se sozinha e desamparada. Necessariamente, eu nada podia fazer para ajudá-la. A mesada que ela recebia cobria todas as suas despesas. De vez em quando, eu aumentava aquele valor com depósitos extras para que ela pudesse ter condições de viajar para se encontrar com nossos filhos. Eles estavam no auge de suas carreiras e vivendo cada segundo visando a alcançar os objetivos propostos.

Chega um momento na vida que cada ser humano deve sentir-se completo mesmo que esteja sozinho. Por vezes a solidão faz moradia permanente na vida de alguns, e nesse momento é necessário ter força e coragem para afastá-la, porque ela é traiçoeira e imprevisível.

Sentir-se só é um sentimento pessoal. Muitas vezes estamos cercados de familiares, amigos ou em meio a uma multidão e nos sentimos sozinhos. Também podemos estar sem nenhuma companhia e não nos sentir abandonados. Tudo é uma questão de ver as situações em ângulos diferentes. Rever os grandes momentos vividos e sonhar com outros é uma forma de superar esse estado de espírito. Só pelo fato de estarmos vivos e usufruindo do calor do sol, das noites de luar, do brilho das estrelas e de todo o encantamento que a natureza já são motivos suficientes para agradecer a Deus e continuar na luta pela vida.

Ainda temos o amanhã que poderá nos cercar de surpresas agradáveis e trazer-nos milagres sem prévio aviso. Todavia esses só acontecem se tivermos fé.

Nossa mente é poderosa e ela pode nos descortinar um mundo que antes não tínhamos ideia de que ele existia. Sonhar é uma forma de viver acima do previsível com a esperança de dias melhores. Vale tentar!

Ao acordar naquela manhã ao lado de uma mulher que me ressuscitou e me abriu as portas do amor, da esperança, e do bem-estar, eu sentia que algo me incomodava.

Descemos para o nosso desjejum em volta da piscina, tendo à nossa volta um esplendoroso jardim. Era verão. O sol já havia despontado, dando-nos as boas-vindas.

O telefone toca. Nossa secretária atende e diz-me que a minha filha Melanie queria falar comigo, com urgência.

Meu coração não esperava uma notícia feliz. As vibrações do universo estão conectadas com todos os viventes e, sombras negras, por vezes, estão ao nosso redor tentando encobrir o brilho do sol.

– Alô! – Pai, aconteceu uma coisa terrível. Minha mãe suicidou-se. Ela colocou uma corda numa das árvores de nosso jardim e se enforcou. Encontramos uma carta que ela escreveu. Estamos aterrados. No último fim de semana, ela esteve conosco em Nova York, e tudo parecia estar bem. – Irei me encontrar com vocês em pouco tempo.

Diante da palidez do meu semblante, Ashley perguntou aflita. – O que aconteceu? – Adele suicidou-se por enforcamento. – Oh meu Deus, que terrível!

Imediatamente minha esposa chamou nosso advogado, e com ele fui ao local para as providências necessárias. Ashley não quis participar daquele evento inusitado. Preferiu ficar em casa e pediu-me que lhe telefonasse sobre tudo que aconteceu.

Os vizinhos já haviam chamado os órgãos competentes para as primeiras providências. Meus filhos chegaram a seguir. Lamentamos aquela morte horrível e inesperada.

A carta deixada por Adele tinha o seguinte teor:

Queridos filhos,

Imploro pelo perdão de vocês por esse gesto trágico que farei em alguns instantes. A minha vida, embora tenha todas as coisas materiais de que um ser humano precisa para sobreviver, não é capaz de dar alento a minha alma. Sinto-me solitária e triste. Procurei na bebida um meio para esquecer que sou sozinha, mas esta me trouxe graves problemas de saúde. Não tenho forças para continuar vivendo.

Se eu pudesse voltar atrás, certamente naquele dia em que seu pai abandonou o trabalho, eu deveria ficar ao seu lado e incentivá-los a buscar novos caminhos. Errei quando deixei seu pai sozinho. Agora, eu sei o que é ficar imerso num mundo sombrio e sem ninguém para compartilhar a vida. Entendo, também, os momentos angustiantes que ele viveu por quase dois anos.

O poder Divino abriu-lhes as portas da felicidade, e vocês tiveram o amparo que foi necessário para transformar suas vidas, que pareciam inúteis, em objetivos maiores de vivência.

Quero que ele me perdoe também. Ele foi um marido excepcional e, quando ele tomou aquela atitude, ele desejava o melhor para todos nós. O arrependimento chegou tarde demais.

Morro na certeza de que vocês encontraram seus caminhos e viverão felizes por toda a vida. É o que eu espero. Adeus! Adele.

Elilde Browning

7

CECÍLIA OLIVEIRA MARTINELLI
UMA PESADA CRUZ

Aquela viagem de ônibus teria sido igual a tantas outras que fizera antes, se não fosse uma conversa com uma senhora, aparentemente humilde, que estava sentada ao meu lado. O cenário era o mesmo: o calor insuportável, o mau cheiro de pessoas que talvez não tenham tomado banho por alguns dias, fisionomias tristes e abatidas e outras normais. Alguns viajando para irem ao trabalho, outras, para fazer compras e poucas, pouquíssimas, para passear. Percebi, também, que algumas dormiam acalentadas pelo balanço sacolejante daquele veículo.

Essa mulher tinha uma aparência de descuido, acredito, há longos anos. Sua pele e seus cabelos ressequidos não viam cremes ou xampu por algum tempo. O sol também deixara suas marcas, principalmente, no rosto. Apesar de estar sentada, via-se em sua postura que seus ombros de curvaram e seu nariz arreava em direção ao chão. Todavia ela tinha, ainda, resquícios de uma mulher que fora bela. Seus olhos de um azul profundo e o olhar distante como que querendo encontrar alguma coisa que perdera.

Falou-me que tinha 45 anos de idade, mais aparentava muito mais. O sofrimento aniquila as pessoas, deixando-as mais velhas e sem esperança para um caminhar sem futuro ou uma previsão de dias melhores. Ela portava, dentro de uma bolsa usada e estragada, algumas fotos de quando era jovem. Deveria em muitos momentos olhar aqueles retratos e se lembrar de que um dia, além de bonita, fora feliz. Ou talvez, como fizera hoje, mostrando-me que, embora seu aspecto atual fosse aterrador, no passado, ela fora uma bela mulher e tinha o mundo a seus pés. Relembrava o passado com saudades, contudo a realidade atual era-lhe terrível e sufocante.

A tristeza que deixava transparecer em sua fisionomia era chocante. A impressão que eu tinha era que ela carregava o peso do mundo em suas costas. Sua figura esquelética devia-se, talvez, à má alimentação e à tortura do seu viver com tantas atividades diuturnas sem esperança de dias melhores.

Estava curiosa por saber o que lhe acontecera para tamanho estrago em sua alma e em sua aparência.

Em um desabafo sofrido ela começou a sua narrativa:

— Eu tinha 18 anos quando conheci meu marido em uma festa de debutantes. Minha sobrinha de 15 anos era integrante daquela noite de gala. Após a valsa dançada pelas participantes, ele me convidou para dançar. Envolvi-me em seus braços, senti o calor do seu corpo e seu cheiro inebriante. Sentia-me deslizando pelo espaço e tendo a companhia de todo o universo numa noite de luar e estrelas das mais brilhantes. Um encantamento total e absoluto.

— Após aqueles momentos, saímos do salão e fomos para um lugar tranquilo conversar. Esse papo durou toda a noite. Trocamos informações sobre nossas famílias e sobre o futuro. Ao nos despedirmos, ele me deu o número de seu telefone como também o endereço. Eu fiz o mesmo.

— Guardei cuidadosamente aquele cartão em minha bolsa. Ao acordar pela manhã, mostrei-o para minha mãe. Quando ela viu o nome e o endereço, arregalou os olhos e disse: — Minha filha esse homem é membro de uma família rica e poderosa. Esse endereço é onde vivem os milionários. Levantei-me e saí rodopiando na ponta dos pés, lembrando-me do momento em que dançamos na noite passada.

— Foi sem dúvidas amor à primeira vista. Nossa paixão começou naquela noite e se estendeu até que... Nessa interrupção ela começou a chorar. Arrancou de dentro da bolsa um lenço sujo e encardido e enxugou suas lágrimas.

Ainda sentindo um nó duro e estrangulador em sua garganta, ela continuou a sua história. — Casamos um ano depois. A festa foi digna de uma rainha. Meu vestido foi encomendado por ele de um dos costureiros mais famosos da cidade de São Paulo. Havia mais de mil convidados. Tudo custeado pela família do meu noivo.

Nossa lua de mel foi em Paris. Hospedamo-nos em um grande hotel, que agora nem me lembro do nome. Fizemos muitos passeios turísticos, navegamos numa noite em um barco pelo rio Sena com direito a jantar. Ganhei muitos presentes quando visitamos a Galeria Lafayette. Aquele museu, se não me falha a memória, o Louvre, visitamos por alguns dias e compramos uma reprodução da Mona Lisa. Esse lugar era grande e maravilhoso para uma visita de apenas poucas horas.

– Minha família não era tradicional, nem rica, nem poderosa, mas eu era bela e exuberante.

Quando uma mulher possui uma beleza extravagante, ela não precisa necessariamente ser rica para ter aos seus pés um homem rico ou poderoso. A beleza dá-lhe o direito dessa conquista. Embora seja uma situação efêmera, os homens quedam-se, na maioria das vezes, aos encantos de uma bonita mulher.

Enquanto ela falava, lembrei-me de um grande amigo que me disse um dia: – A mulher não precisa ser apenas bonita, há outras qualidades interessantes como bom humor e inteligência. A apresentação do presente deve condizer com seu conteúdo. Se isso não acontecer, a frustração será inevitável.

Ainda por trás de tudo, há os fatores genéticos que nem sempre são assegurados no contexto da formosura e da riqueza.

E assim ela continuou o seu desabafo num desfilar de agruras provindas do fundo de sua alma angustiada. – Nossa casa não era uma mansão. Era um palácio. Tínhamos serviçais para tudo: motorista, jardineiro, copeira, arrumadeira, babás, mordomo e outros que nem me lembro mais. Esse lugar foi presente de casamento da família. Sendo ele filho único, a família mimava-o com o melhor que se pode ter ou comprar.

– O encantamento do nosso viver era uma utopia. Éramos jovens e o sexo era compartilhado a qualquer hora. Tínhamos uma energia acima do normal.

– A família sempre nos cobrava por herdeiros. Sabíamos que a qualquer momento isso aconteceria porque éramos seres normais, voluptuosos e sadios. Após um ano e pouco, senti que estava grávida. A notícia espalhou-se, e fizemos comemorações preciosas.

– A suíte que acomodaria nosso filho foi decorada por competentes profissionais do ramo. Nosso pensamento repousava na vinda de um varão, embora se fosse uma menina também seria bem-vinda. O enxoval foi comprado em Miami em uma viagem que fizemos especialmente para esse fim. Como não queríamos saber antecipadamente o sexo de nosso bebê, tudo foi planejado nas cores azul verde e branco.

– Durante aqueles nove meses de espera, o mundo ficou pequeno para o tamanho da felicidade que vivíamos. Todos os meus desejos eram atendidos com presteza e solicitude. Meu marido deslizava as mãos sobre a minha barriga cheio de entusiasmo e contentamento. Aguardávamos pelo nascimento.

– Meu filho nasceu cercado dos melhores profissionais em uma maternidade. O parto foi normal. Quando em meus braços, a emoção foi muito forte. Meu marido chegou a seguir. Estávamos felizes. Nessa ocasião recebi um presente: um anel com uma pedra de topázio rodeada de diamantes. Ele colocou-o em meu dedo e me beijou.

– Três dias depois voltamos para casa.

– Toda a família reunida aguardava-nos com ansiedade. Fizemos uma enorme festa digna de todo o poder de que dispúnhamos.

– A vida transcorria calma e dentro da normalidade, quando um dia percebi que havia algo errado com meu filho, que se chamava João Oliveira Martinelli. Ele já estava com quase um ano de vida, mas nem ao menos engatinhava. O mais curioso é que o pediatra via-o regularmente e nada, inicialmente, constatou de errado ou, convenientemente, omitiu-se.

– Comprovou-se, um dia, que ele tinha retardo mental profundo e era uma situação irreversível.

– Choramos juntos por longos dias e noites. Mesmo assim a vida continuou. Contratamos uma enfermeira e uma babá. A minha vida passou a ser vivida em função dele. Também o médico nos alertou para as dificuldades que ele teria de fala e comportamento, atrofia no desenvolvimento físico e a expectativa de vida que deveria ser menor a de uma criança normal e muitos outros cuidados que teríamos que dispensar diuturnamente.

– Esse erro da natureza não nos fez desistir de ter mais dois filhos. Os três nasceram com os mesmos problemas. – Agora basta, disse o meu marido, em um momento de desespero.

– Um dia procurei o médico, sozinha, para que ele pudesse informar-me de todos os problemas que teríamos que enfrentar. O que ouvi do médico fez-me entrar em um mundo de completa escuridão e desalentada não saberia o que o futuro me reservava.

– O relacionamento com o meu marido entrou em crise. Dedicava-me todo o tempo cuidando de João, Pedro e Antonio Carlos apesar de termos duas enfermeiras que me ajudavam.

– À proporção que eles cresciam, tinha a impressão que eles enxergavam o mundo de forma diferente. Havia uma diferença entre o ver e o sentir. Viviam absortos em um mundo só deles. Seu tamanho e peso eram inferiores ao de outras crianças da mesma idade. Tinham dificuldades para falar ou brincar. Vivia diariamente numa situação impactante.

– Numa noite de desespero total, pensei por que razão tivera três filhos com deficiência mental e não obtive resposta. – Cada ser humano tem uma cruz para carregar. A minha foi essa, poderia até ser pior. Conformei-me e segui a minha vida sem esperanças de novos e salutares acontecimentos. Implorei para a paciência e a resignação. Há pessoas que alcançam o paraíso sem passar pelo purgatório ou pelo inferno. Eu estava vivendo nesses dois últimos lugares, simultaneamente, e percebia que momentos piores estavam a caminho.

Ela parou de repente de falar, e eu a olhava com toda a piedade que o meu coração era capaz de sentir.

Pedi-lhe que me desse seu endereço. Planejava visitá-la para lhe dar alguma palavra de conforto e até mesmo ajudá-la

Há momentos na vida de uma pessoa que, ao contar os seus dramas, a alma sente-se, momentaneamente, aliviada. Era essa a minha intenção ao ouvi-la contar os seus sofrimentos.

Conforme prometi, um dia fui procurá-la. Sua casa era grande, com direito à varanda e a três suítes. Os jardins em frente não viam um jardineiro há longo tempo. Um matagal tomava conta de tudo. Quando cheguei à porta, ela quase não acreditou que era eu que ali estava. Saiu de dentro de casa, cumprimentou-me e pediu para eu entrar.

Logo na ampla sala de estar, estavam seus filhos sentados em sofás sujos e gastos pelo tempo. A atmosfera daquela família era desoladora. Sujeira por toda a parte. Um mau cheiro espalhava-se pelo ar. Percebi que ela ficou desconcertada e começou a colocar algumas coisas em seus lugares.

Para deixá-la à vontade falei que tudo estava bem. Cumprimentei seus filhos e em tom de brincadeira falei: – Vou adivinhar os seus nomes. Você é João. Não, não, falava com dificuldade. Não quis continuar com o meu bom humor para não os constranger. Ela nomeou-os, e falei-lhes: – Muito prazer em conhecê-los.

Ela me mostrou toda a casa e, quando estávamos na cozinha, eu quase desmaiei. Havia pratos sujos, acredito, por semanas. Comida espalhada em lixeira e fora dela. Um ambiente terrível.

De repente ela me falou que os filhos exigiam cuidados permanentes e que ela não tinha condições de ter uma empregada ou enfermeira nem tempo para cuidar da casa.

Em meio a toda aquela bagunça, ela me ofereceu uma cadeira e sentou-se em outra. E começou falando: – Naquele dia no ônibus eu lhe contei apenas parte da minha vida se a senhora estiver disposta eu lhe contarei o que aconteceu depois do nascimento do meu terceiro filho: – Claro, pode contar.

– Meu marido não mais me deu nenhum tipo de atenção. Por vezes viajava e levava semanas fora de casa. Um dia descobri que ele tinha outra mulher e esta deve ter lhe dado um ultimato para que eu saísse de nossa casa. – A senhora sabe o que é um homem apaixonado! – Mais ou menos, respondi.

– Meses depois ele me falou que havia comprado uma casa no litoral e que eu iria me mudar com meus filhos. Também me informou que o divórcio se consumaria em pouco tempo. Nesse dia, confesso que eu quase me matei. O choque foi uma notícia acima do que eu poderia suportar, mas não tinha outro caminho a seguir. Ele era o dono absoluto de tudo, e eu tinha que acatar as suas decisões e ainda sem reclamar.

– Naquele dia da mudança, senti-me como se eu e meus filhos fossemos sacos cheios de lixo que, jogados no caminhão próprio, ele estaria livre do peso e do mau cheiro. Nunca mais o vi e não mais mantive qualquer contato com ele. O abandono foi total e absoluto. Era como se nunca tivéssemos existido em sua vida. Há homens perversos. Meu ex-marido, Alfredo Martinelli, era desumano e irresponsável. A solidão passou a conviver comigo e ainda o trabalho árduo de cuidar de três filhos doentes com uma mesada que não era suficiente para contratar uma ajudante. As soluções são emanadas sempre por quem tem o poder.

– Eu sou professora do curso fundamental e não tenho condições para sair para trabalhar.

– Os meus pais, ao saberem dessa notícia, ficaram mortificados. Para eles era uma solução descabida. Ainda a minha mãe falou: – Você não os gerou sozinha! Ele tem o dever de assumir todos esses problemas ao seu lado.

– Os meus pais procuraram um advogado para saber dos meus direitos. Fomos informados de que, antes do casamento, eu havia assinado um documento de separação de bens, portanto, não tinha nenhum direito à metade de sua fortuna. Ainda, convenci-me de que ninguém é obrigado viver com outra pessoa, mesmo que a outra seja a sua esposa e tenha três filhos deficientes. Para isso há a separação legal e uma mesada que foi determinada pelo juiz no dia do divórcio. Conformei-me.

– O meu primeiro filho está muito doente. Ele faz as suas necessidades em toalhas, porque não tenho dinheiro para comprar fraldas. Diariamente lavo muita roupa no tanque porque não tenho máquina de lavar. É um trabalho penoso. Às vezes fico noites inteiras sem dormir. Estou sentindo que as minhas forças estão se exaurindo.

Diante do que presenciava, qualquer palavra seria uma gota d'água no oceano. Preferi ficar calada e apenas disse-lhe que muitas outras pessoas, também, têm problemas. – Não, senhora, eu carrego todos os problemas do mundo nas minhas costas. Todos os demais seres humanos foram poupados de seus sofrimentos. Todos me entregaram suas angústias, seus desencontros, suas tristezas e seus dissabores.

Ela me perguntou quem eu era e onde morava. Respondi às suas perguntas de forma monossilábica. Acrescentei afirmando que fui procurá-la porque diante do que ela me contou naquele trajeto do ônibus eu, talvez, pudesse dar-lhe algum tipo de ajuda.

Ficamos caladas por instantes. Interrompi esse silêncio e falei-lhe que iria procurar alguém que tivesse uma máquina de lavar roupa para presenteá-la. E acrescentei: Há pessoas que compram uma máquina nova e deixam a anterior sem uso. Ela segurou as minhas mãos e agradeceu. Nesse momento senti a necessidade de até mesmo comprar uma nova com a finalidade de diminuir o trabalho pesado daquela mulher.

Quinze dias depois comprei uma e mandei entregar em seu endereço. No dia seguinte voltei àquela casa para saber se a máquina já tinha sido instalada. Ela confessou que não tinha dinheiro para pagar um profissional para essa tarefa. Telefonei para um amigo e ele foi até aquele local e fez a instalação.

De vez em quando ela me telefonava e sempre agradecia aquela dádiva. É reconfortante ajudar pessoas que necessitam. Eu não tinha condições de resolver os problemas que ela enfrentava, mas poderia dar-lhe uma pequena contribuição para minorar seus sofrimentos.

Passados alguns meses, encontrei-a novamente no ônibus. Quando ela me, viu falou: – Meu filho mais velho faleceu. Agora restam apenas dois.

Normalmente, quando um membro da família morre sentimos a perda de forma tristonha, mas o que eu senti em sua fisionomia era que houve um alívio para ela e para aquele filho das torturas que viviam diariamente. Os sentimentos dos seres humanos são diferentes no sentir e no aceitar dependendo das situações vivenciais.

Contei a história dessa mulher para alguns amigos, e resolvemos fazer uma cesta básica e alguns pacotes de fraldas que eu lhe entregava todos os meses. Era uma forma diminuta de aliviar suas despesas e tornar seu labor menos cansativo.

Em uma de minhas visitas, perguntei-lhe sobre sua família. Ela me olhou com aqueles olhos azuis, disfarçou, pensou e falou: – Os meus pais têm problemas semelhantes ao meu. O meu pai Cassiano Oliveira um dia caminhava por uma rua do nosso bairro quando houve um confronto entre policiais e bandidos e uma bala perdida atingiu-o, ferindo sua coluna cervical. Depois de muito tempo hospitalizado, ele ficou tetraplégico. Vive numa cadeira de rodas e a minha mãe, Elvira, passa todo o seu tempo cuidando dele. É um sofrimento incomensurável. Nunca se descobriu os culpados daquele acidente nem mesmo recebeu qualquer indenização.

– A minha irmã, Alcinda, Oliveira é casada com um japonês e moram em Tóquio há mais de 20 anos. Ela nunca manda notícias. A impressão que tenho é que ela nos esqueceu.

– Como a senhora pode perceber, estou imersa em um mundo totalmente solitário e cercada de problemas de todos os lados. Sei que morro lentamente a cada segundo de forma penosa e inevitável.

Seu choro, naquele momento, tinha toda a amargura que um ser humano pode sentir. E ainda soluçando afirmou que não saberia ao certo quanto tempo poderia aguentar aquela vida marcada por tantas desgraças.

Passei a minhas mãos em sua cabeça e confortei-a, afirmando que amanhã seria um novo dia e quem sabe se poderia acontecer algum milagre. – Impossível! Esse vocábulo dito de forma tão categórica era como se toda a humanidade tivesse falado em uníssono com ela. Diante dessa força maléfica de sua mente, não tive palavras para contestá-la.

Todos os meses visitava-a e levava alimentos, fraldas e outras coisas. Essa situação durou quase um ano.

Era uma manhã em que o sol resolve esconder-se porque as nuvens de chuva querem ter a primazia de ocupar o seu lugar, quando me dirigi àquela casa para, mais uma vez, levar àquela ajuda para Cecília Oliveira, mulher sofrida e que, apesar de tudo, tentava sobreviver aos impasses terríveis que a vida lhe reservou, cuidando sozinha e com parcos recursos daqueles dois filhos.

Ao me aproximar da casa, uma vizinha correu ao meu encontro e deu-me uma notícia que me deixou desalentada e profundamente triste.

Cecília Oliveira e seus dois filhos Pedro e Antonio Carlos morreram envenenados. Segundo informações, ela preparou uma bebida, deu para os filhos, esperou que eles morressem e em seguida bebeu da mesma e morreu momentos depois.

Já havia se passado três dias sem que a vizinhança percebesse qualquer movimentação naquela casa. Não se ouvia nem mesmo o choro nervoso das crianças. Portas e janelas fechadas. Resolveram então chamar as autoridades competentes para saber o que estava acontecendo.

Ao arrombar a porta, foram encontrados os três cadáveres um ao lado do outro já apresentando sinais de decomposição. Os vizinhos acudiram ao local e ficaram aterrorizados com o que presenciaram. Não foi encontrada nenhuma missiva. Ela não tinha para quem deixar.

Voltei para a minha casa com aqueles mantimentos e fraldas que levara acompanhados de uma tristeza como há muito tempo não sentia.

Ainda me lembrei daqueles olhos azuis que, embora inundados de tristeza, ainda poderiam, somente por um milagre, voltar a ter o brilho de outrora. Também aquela bela mulher das fotografias que vi. As lembranças de grandes momentos vividos que teimavam em continuar em sua mente. Tudo acabara, repentinamente, de forma trágica. Haveria culpados? Não tenho resposta.

Para chegar a este mundo, não temos o direito de escolher o local nem os pais que teremos. Tudo acontece ao acaso. Ainda a natureza incumbe-se, muitas vezes, de trapacear e determinar como deveremos nascer e em que circunstâncias: se perfeitos fisicamente, inteligentes, belos, feios, aleijados ou deficientes. Não importa o grau de instrução, nem o poder econômico. Estamos sujeitos a uma situação sobrenatural incompreensível, no meu entender.

São os mistérios que cercam a humanidade e de difícil compreensão para muitos. Somente apoiados em alguma crença, é possível suportar tanta dor que algumas pessoas passam em suas vidas nesse mundo tão traiçoeiro.

Resta-me, apenas, nesse momento, rezar pelas almas dos três e desejar que a terra não lhes seja tão pesada como foram as suas vidas.

Ninguém da família apareceu. Foram enterrados como indigentes, sem direito a qualquer tipo de sentimento de alguém. Não houve lágrimas flores nem saudades. Para aquele ex-marido que um dia colocou-os em sacos de lixo e dispensou-os em um caminhão próprio agora outro veículo levou-os para um lugar eterno e definitivo.

Aquela casa continuou à mercê do tempo, numa destruição lenta e contínua até que um dia nada mais restasse a não ser o terreno em que fora construída. O matagal incumbia-se de esconder os vestígios de um cenário que um dia abrigou aquela mulher e seus filhos e todos os dramas que viveram.

Os passantes não davam mais importância àquela casa e evitavam olhar aquele cenário de horror. Um dia tudo ficaria no esquecimento de todos porque essa situação é inerente ao ser humano. Novas gerações surgem, e os acontecimentos vão-se diluindo no tempo e no espaço.

No caminho de volta a minha casa pensei: Para ser possível curar as dores do corpo, faz-se necessário curar primeiro as da alma porque é lá que se origina todos os males que afloram em nosso ser. Ela não teve nem a chance que essas suas dores fossem, pelo menos, minimizadas. Todas as pessoas envolvidas foram indiferentes ao seu sofrimento. E segundo o seu pensar, a morte poderia ser uma libertação de tudo. E assim agiu na certeza de ser esse o melhor que poderia lhe acontecer. Todos morrem um dia. Não se fazia necessário apressar esse acontecimento. As dúvidas desse proceder ficaram comigo ainda por algum tempo.

Somente ela conhecia a profundidade de suas razões. Respeitemo-las!

Elilde Browning

8

OSVALDO PEREIRA GOMES
UMA NOTÍCIA CRUEL

Estava em meio a uma aula na faculdade quando uma funcionária me chamou dizendo que minha empregada, Maria da conceição, queria falar comigo urgentemente. Pedi licença aos meus alunos e corri à secretaria daquela escola e, ao ouvir aquela notícia, quedei-me prostrado em uma cadeira ao lado porque minhas pernas tremiam de pavor e susto: minha mulher, Vanda Gomes, havia se suicidado com um tiro no coração.

Segundo informações, ela chegou a casa em seu carro, estacionou entrou em nossa suíte e em seguida a empregada ouvira um estampido como se fora de tiro. Dirigiu-se ao local e realmente aquele fato era real. A polícia foi chamada por um dos vizinhos, imaginando que aquele barulho ouvido era de assaltantes que tivesse invadido nossa casa.

Apressadamente abandonei tudo e fui para minha residência. Meu coração batia sem controle aliado a uma ansiedade nunca antes vivida.

Os meios legais levaram-na e eu a acompanhei movido de uma profunda tristeza. Recusava-me acreditar no ocorrido.

Ainda me lembro da primeira vez que a vi em sua sofisticada loja de roupas femininas em um shopping da cidade. Aparentava ter 20 e poucos anos. Ao entrar, ela se virou e me disse: Fique à vontade! Caminhei, olhando as roupas ali expostas, mas, de vez em quando, voltava o olhar para aquela moça de cabelos negros e olhos iguais. Sua postura tinha a elegância de uma mulher consciente de sua beleza. Era alta e esguia.

Naquele dia uma grande amiga era aniversariante e queria presenteá-la com uma roupa íntima das mais sensuais. Em poucos minutos mudei de ideia e comprei uma blusa comum.

Não poderia imaginar o que ela pensaria a meu respeito se comprasse aquela vestimenta. Optei por alguma coisa mais discreta. Quando estava no caixa, ela se aproximou e me perguntou se eu morava na cidade. – Sim. Respondi. Eu sou esportista. Sou profissional de voleibol e estudo na Faculdade de Economia. Meu nome é Osvaldo Pereira Gomes. – Eu sou Vanda Mendonça. – Prazer em conhecê-lo. – O prazer foi meu. Trocamos apertos de mãos e os nossos olhos se encontraram de forma profunda e definitiva. Seu olhar deslizou por todo o meu corpo e, certamente, percebeu os meus músculos definidos que aquela camiseta ocultava. Saí dali com a sensação de ter sido desnudado.

Eu tinha consciência do meu físico atlético, sabia que era um homem belo e meu espelho ainda confirmava que eu tinha a postura de um rei. Além de tudo, era ambicioso. Sonhava com um futuro cheio de glórias e fortuna. Eu alcançaria. Bastava, apenas, entrar em uma estrada promissora.

Aquela mulher, embora tivesse ficado naquela loja, tive a sensação de que saiu ao meu lado como uma sombra a me acompanhar.

Passei a frequentar aquele shopping com a regularidade de quem quer descobrir, em detalhes, tudo a seu respeito. Fiz algumas amizades em pontos estratégicos. Havia uma lanchonete, e sempre tomava aquele cafezinho interminável. E assim descobri aos poucos tudo sobre Vanda Mendonça.

Ela era filha de um famoso fazendeiro, possuidor de muitas propriedades de criação de gado. Ele tinha uma fábrica de queijos e derivados que eram vendidos em toda a região. Indicaram-me seu endereço, e um dia passei em frente à sua casa e fiquei boquiaberto com o luxo e o tamanho daquela mansão.

Outras descobertas deveriam ser feitas antes de uma aproximação. Soube que ela tinha apenas uma irmã, que era professora do ensino médio e que se chamava Rosália Mendonça e sua mãe, Ivete Mendonça.

Quando você encontra uma mulher desse naipe, é preciso ter cautela para não pôr tudo a perder. Apesar de me sentir e ser um homem fora dos padrões normais, era pobre e vivia com um salário que não era suficiente para cobrir minhas despesas. Tinha um carrinho velho e morava nos alojamentos da universidade onde eu trabalhava.

Sabe-se que as famílias ricas sempre procuram outras para unirem seus filhos pelos laços do matrimônio porque, assim, suas fortunas juntas, torna-as mais poderosas. O dinheiro e o poder, por vezes, sobrepõem-se à busca da felicidade.

Eu desejava entrar nesse mundo. Tinham ambições. Nasci em um lar de classe média e tinha mais seis irmãos. Sonhava ser poderoso para desfrutar de todas as situações que são destinadas, apenas, aos que têm dinheiro: Viagens, hotéis luxuosos e o mundo aos meus pés.

Seguia seus passos em diversos momentos. Era preciso saber se ela já tinha algum pretendente com a intenção de levá-la ao casamento. Tinha pressa.

Um dia coloquei meu carro ao lado do dela no estacionamento do shopping e fiquei ali aguardando sua chegada. Quando ela me viu, seus olhos ganharam um brilho inconfundível. Ela me cumprimentou e me perguntou por que não mais voltei a sua loja. Respondi-lhe que minha irmã faz aniversário apenas uma vez por ano. Ela deu uma gostosa gargalhada e disse: – Você não tem outras irmãs e namorada. – Não. Respondi. Estou à espera de alguém que me queira. Sou um pobre solitário neste mundo!

Embora aquela dádiva não fosse destinada à minha irmã e sim a uma namorada, eu queria que ela soubesse da destinação daquele presente. As mulheres são mais inteligentes do que imaginamos e, ainda, são profundamente instintivas. Para enganá-las, precisamos ser dotados de muitas artimanhas.

– Coitadinho! Com essa beleza toda e esse corpo cheio de músculos não faltará quem o queira. Posso entrar na fila? – Não há nenhuma fila. Você será a primeira e única. – Você fala sério? – Nunca falei mais sério em toda a minha vida. Ela me abraçou com toda a volúpia de uma mulher carente apesar dos valores de sua alta conta bancária e da família.

Perguntou-me onde morava e se tinha familiares na cidade. – Não, a minha família é do interior de São Paulo. Moro aqui sozinho na universidade onde trabalho.

– Gostaria de vê-lo outras vezes. Amanhã seria um bom dia para você? Era sábado. Nesse dia tinha treinamento. Sugeri, portanto, no domingo. Ela concordou e marcamos um encontro em uma lanchonete famosa na cidade. Cheguei no horário marcado. Ela se atrasou quase meia hora. Talvez seu atraso tenha sido proposital. Não tinha importância esse incidente, o fato era que ela veio ao meu encontro. Sentamos numa mesa no fundo do salão para ficar mais distante do burburinho das pessoas em volta.

Ainda assim ela foi cumprimentada inúmeras vezes e sempre com troca de beijinhos. Era muito popular naquela cidade. Todos seus amigos e conhecidos olhavam-me por cima dos ombros como querendo saber quem era esse ilustre desconhecido.

Conquistá-la era a minha meta. Não importa como deveria ser visto pelos demais. Ficamos naquele lugar por cerca de duas horas, e em seguida ela me convidou para entrar em seu carro para dar uma volta e me mostrar alguns lugares. Aceitei de pronto. Meu carrinho ficou ali a minha espera.

Saímos do perímetro urbano da cidade e fomos para um sítio de propriedade de sua família.

Um funcionário, ao vê-la, abriu um imenso portão. Ela estacionou o carro ao lado da casa e entramos naquele lugar. Embora fosse uma casa de campo, o luxo era evidente nos móveis, nos quadros e em tudo. Ela me perguntou o que eu queria para beber. – Apenas água. – Esta bebida é a única que não temos aqui. E riu. Dirigiu-se ao bar onde havia alguns tipos de vinhos, champanhe etc. e me falou: – Escolha o que você quiser. Eu optei por tomar um suco de uvas. Ela preparou uma bebida de gim, tônica e gelo, e sentamos um ao lado do outro vivenciando aqueles momentos.

De repente ela falou: – Quero saber de todos os detalhes de sua vida, de sua família e de seus objetivos para o futuro. Senti-me colocado num "paredon" e sem o direito de mentir. Ela estava interessada apenas em me conhecer melhor. Sobre ela eu já sabia de tudo em pormenores. Não deixei transparecer esses conhecimentos para não a deixar assustada.

Depois de muito falar, ela também mencionou fatos de sua família e a razão de, embora rica, trabalhar no shopping. Falou-me que aquela loja seu pai montou-a porque, desde a adolescência, ela queria ser independente. E, ainda, acrescentou: – Nos meses de movimento mais fraco, fecho a loja e vou viajar pelo mundo. Costumo ir para Califórnia nos Estados Unidos e para a Europa. Adoro Paris e Barcelona. São cidades fantásticas! Um dia eu o levarei comigo a esses lugares. Você vai adorar!

Ainda ficamos conversando outros assuntos gerais, e eu meio desconcertado não sabia que atitude tomar. Até que, para minha surpresa, ela senta-se ao meu lado e diz: – Quero passar a minhas mãos nestes músculos fantásticos que você tem. Instintivamente nos levantamos e nos abraçamos.

Seu perfume, o calor do seu corpo esguio, aqueles cabelos negros descendo pelas suas costas e a proximidade daquele contato incendiaram-me. Mantive controle. Não podia pôr tudo a perder. As mulheres são astutas, e era importante que seu desejo de me tocar ficasse em sua mente, fazendo-a lembrar desses momentos quando dali nos afastasse. Tinha que deixá-la na expectativa do próximo encontro.

Em determinado momento, ela se sentou em uma cadeira em frente à minha e cruzou as pernas. Vi a cor de sua calcinha. Era demais para um homem vivenciar tudo isso sem tomar uma atitude de imediato. Ainda resisti. Meu objetivo era maior do que a possuir nesse primeiro encontro. Meu sangue subiu todinho para o meu rosto, deixando apenas o suficiente para o meu coração não parar.

Ela era ladina, inteligente e sensual. Quando já estava no auge do descontrole, inventei um compromisso, e ela meio decepcionada levou-me de volta ao lugar onde deixara o meu carro.

Na despedida nos abraçamos com tamanha força que senti que ela chegara ao orgasmo. Segurei-a em meus braços, esperei que ela se acalmasse, ajudei-a a entrar em seu carro e fui ao encontro do meu.

Não tinha dúvidas que ela me desejava, mas eu queria muito mais. Minha intenção era que ela se apaixonasse por mim de forma certeira e definitiva. Assim eu poderia sonhar e conseguir meu objetivo: entrar na família pela porta da igreja, ouvindo a marcha nupcial de *Haendel*.

Ia amiúde àquele shopping tendo o cuidado de não ser visto por ela. Algumas vezes forçava um encontro casual. Sabendo seus horários de entrada e saída, ficava à espreita e por enquanto esse meu proceder estava surtindo os efeitos que eu desejava.

Um dia eu entrava naquele lugar quando ela estava de saída. Ao me ver, cumprimentou-me e lamentou não ser possível me encontrar com mais frequência. Disse-lhe que meu trabalho me deixava ocupado todo o dia e à noite tinha aulas na faculdade. Nessa ocasião ela falou: – No próximo domingo será aniversário da minha mãe e vamos fazer um churrasco naquele sítio que você conheceu. – Gostaria de convidá-lo. Você quer ir? – Sim. Eu só tenho um problema, meu carro está na oficina e estou sem condução. – Isso não é problema, diga-me onde eu posso lhe pegar! – Marcamos um encontro em frente à universidade onde trabalhava.

Pensei rápido quando ela externou esse convite. Eu não podia aparecer naquele lugar num carrinho velho. A impressão da família poderia ser desastrosa. Para impressioná-los, bastava a minha presença, munido que tudo que a natureza me deu. Acertei no alvo.

No horário combinado ela apareceu, quando entrei em seu carro, ela falou: – Hoje você está belo demais. Só que eu preferia vê-lo sem roupa nenhuma. Mulher corajosa! Guardei aquele elogio e degustei o seu verdadeiro interesse por mim. Todavia há uma diferença entre desejar e amar. Eu não queria apenas que ela me desejasse, queria que se apaixonasse por mim perdidamente.

Chegamos ao sítio. Deveria haver mais de 100 pessoas naquele evento: amigos, familiares, curiosos e convidados dos convidados. Ao entrar, percebi que a maioria das pessoas arregalara os olhos, e eu me senti como se fosse um ser de outro planeta que por porventura descera ali para participar daquela festa. Ela me apresentou aos pais, à irmã e a alguns amigos e todo o tempo esteve ao meu lado porque, segundo ela, havia muitas outras mulheres lindas e eu poderia desviar o olhar. Isso não aconteceria. O meu alvo era ela.

Servi-me apenas de sucos. Ela ainda insistiu para que eu bebesse uma cerveja ou outra qualquer. Nesses momentos é importante estar atento a tudo o acontece ao redor. A bebida pode mudar seu comportamento e deixá-lo numa situação desconfortante.

As iguarias eram de uma variedade como poucas vezes vi em outros lugares. Sentamos em uma mesa em lugar meio afastado, e ela sempre me trazia pratos de tudo que ali estava sendo servido. Foi uma perfeita anfitriã.

Enquanto ela se ocupava de alguns detalhes da festa, seu pai, Eduardo Mendonça, aproximou-se de nossa mesa, sentou-se em uma cadeira ao meu lado e me perguntou se eu estava gostando da festa? -Fantástica, respondi.

– A Vanda me falou sobre você algumas vezes. Acredito que você a impressionou bastante. Relatou-me como o conheceu e lamentou que você é um homem muito ocupado com o trabalho e estudos. Em seguida eu ouvi o que estava esperando desde que ali cheguei.

Ele me convidou para ir a sua casa. Falei-lhe que o meu único dia livre era o domingo. E acrescentou: – Nesse dia eu não trabalho, minha filha Rosália também não. É um bom dia para reunir a família.

Embora o meu coração percebesse que tudo caminhava dentro do previsto, ainda deveria ter algumas precauções em não aceitar, de imediato, esse convite.

Prometi que iria qualquer domingo sem especificar qual. Conversamos mais algumas coisas sem grande importância e de repente ela se aproxima e fala: – Conversando com o sogro, hein!

Desejei que os anjos tivessem ouvido esse último falar e que todos os que existem no infinito ou no céu dissessem: Amém!

Meu entusiasmo tomou conta de minha mente e de meu coração. Sabia que estava no caminho certo e que brevemente outros acontecimentos poderiam acontecer. E realmente de passo a passo, num rodar lento de uma carruagem luxuosa comandada por um profissional dos mais competentes, íamos os dois a caminho do altar.

O bolo da aniversariante foi cortado com muita alegria, e a tradicional musica parabéns pra você foi cantada por todos. Até eu cantei com a sensação de já pertencer àquela família.

É importante, quando queremos alguma coisa, que a queiramos com todas as forças que somos capazes de ter. Também é importante desenhar o cenário que queremos de forma mais absolutamente real. Assim, o universo vem em nosso socorro e nos ajuda a concretizar os nossos sonhos.

Tudo neste mundo tem sua hora certa para acontecer. Antecipar ou ultrapassar os limites não é aconselhável. Eu gostaria de imediato ser novamente convidado para ir a sua casa em um domingo, dessa vez, por ela.

Numa sexta-feira fui ao shopping e entrei em sua loja e, ao encontrá-la, ficamos conversando sobre assuntos diversos. De repente ela falou:
– Meu pai me falou que convidou você para ir a nossa casa. Por que não no próximo domingo? – É uma boa ideia. Amanhã vou lhe telefonar confirmando.

Minha vontade era de dizer imediatamente que iria e ainda a razão de visitá-la naquele dia tinha a intenção da formalização desse convite; no entanto era importante não demonstrar que estava ansioso por esse acontecimento.

Ela pegou um papel e anotou o endereço. Fiz de conta que não sabia onde ela morava.

Perguntei qual a melhor hora para chegar, e ela sem nenhuma reserva falou: – Vá cedo, assim você vai ao meu quarto e me acorda. Sem dúvidas ela estava brincando, mas era apenas uma dica de que ela continuava sonhando em ter relações sexuais comigo.

Cheguei à sua casa por volta de 1 hora da tarde. Acreditava que nesse horário todos já deveriam estar acordados e, principalmente, ela à minha espera.

Estacionei meu carrinho na calçada embora houvesse algumas vagas na entrada da casa. Não queria chocar a família com a humildade do meu veículo.

Alguns milionários têm sempre a petulância de exibir seu poderio econômico com os carros que possuem, a casa que constroem e as joias que usam. Eu precisava ser discreto. Afinal de contas eu não tinha nada para exibir a não ser os meus centímetros de altura, meu corpo atlético e uma vontade férrea de um dia me tornar, também, um milionário. Este último deveria ser um segredo guardado a sete chaves.

Todos me receberam com uma distinção acima do previsto. Ela deveria ter falado para todos a meu respeito, tantas vezes, que a impressão que tive era como se eles me conhecessem há muito tempo. Eu já conhecia sua mãe, a senhora Ivete Mendonça, e sua, irmã Rosália Mendonça, que me foram apresentadas no dia do churrasco.

Sentamos em enorme sala de estar, cheia de luxo pela visualização dos móveis e dos quadros que ali estavam. Inicialmente, senti-me meio desconcertado, mas meu subconsciente reclamou a minha postura e, rapidamente, recuperei o equilíbrio. Eu precisava deixar uma boa impressão para todos.

Falamos de coisas triviais, e sua mãe com a curiosidade que é peculiar de todas as mulheres me pediu que falasse da minha família, onde morava o que fazia etc.

Respondi às suas questões sem muitos detalhes.

Aquele foi o primeiro de muitos outros que viriam a seguir. Como não havia almoço em meu alojamento naquele dia, conformava-me a comer um sanduíche de mortadela. Essa comida simples tivera fim. Agora eu degustava daquela farta e saborosa alimentação aos domingos em sua casa tendo, ainda, a companhia dos familiares. Estava feliz e visualizava outros muitos momentos quando Vanda estivesse realmente apaixonada por mim e eu até permitia que ela me pedisse em casamento. Esse dia chegaria.

Estávamos em férias escolares, e tinha todas as noites livres para nossos encontros em sua casa ou no sítio.

Era uma sexta-feira, e ela me telefonou convidando-me para passar o fim de semana na Capital. Segundo me informou, precisava fazer algumas compras. Dessa vez fui pego de "calças curtas." Recusar aquele convite poderia ficar em sua mente que a minha condição de macho poderia ser duvidosa. Afinal de contas já estávamos namorando há quase seis meses, e nossas carícias resumiam-se a beijinhos e abraços.

Aceitei o desafio, e partimos ainda na noite daquele dia. Peguei uma pequena mala e fui encontrá-la em sua boutique. Quando chegamos ao lado de seu carro, ela me deu as chaves e falou: – Dirija. Eu gosto de homens que me coloquem ao lado de sua estrada e me guiem. Quero me sentir, surda, muda e sem visão. Apenas que seja poupado o olfato para eu poder vivenciar todo o prazer que vou sentir ao seu lado.

Pelo visto ela sentia uma forte atração por mim. Imaginei que, dependendo do meu desempenho naqueles dias, ela poderia voltar apaixonada. Era tudo que desejava.

As reservas no hotel já haviam sido feitas. Apenas nos identificamos, preenchemos um formulário e fomos para o apartamento. Era um hotel de luxo e no quarto havia geladeira, sala, mesa, cadeiras, sofás e uma pequena cozinha. O salão de banho tinha uma hidromassagem fantástica. Tudo ao gosto de uma milionária.

Não me preocupei quem pagaria as despesas daquele fim de semana. Ela sabia que o meu parco salário não cobriria nem o almoço daquele lugar. Fiquei tranquilo e não fiz perguntas.

Entramos, coloquei as nossas malas sobre um banco de madeira, e em seguida nos abraçamos e nos beijamos com toda o tesão que se acumulara durante aquela viagem. Ela levantou a minha camiseta beijou o meu tronco e deslizou a sua língua por todo o meu corpo com loucura como nunca senti em nenhuma mulher que tive antes.

Pediu-me para sentar em um sofá e rapidamente livrou-me dos tênis, e das meias. Subitamente, ela tirou a blusa, o sutiã e esfregava os meus pés em seus seios numa situação de muito prazer. Ainda restava a calça e a cueca. A essa altura eu estava surpreso com a sua habilidade de transportar um homem ao paraíso sem a necessidade de ter morrido.

A alguns passos aquela enorme cama nos aguardava. Peguei-a em meus braços, arranquei sua roupa e a minha e nos amamos pela primeira vez. Seu belo corpo com um calor das lavras de um vulcão consumia o meu, dando-me um prazer inconfundível. Nosso prazer inundava nossos sentidos, que se misturavam numa junção perfeita de quem vive o amor em sua total plenitude.

O cheiro de nossos corpos invadia nossas narinas, não nos permitindo interrupção. Aqueles momentos prolongaram-se por muitas horas. Houve um momento que, exaustos, dormimos.

Acordei com ela acariciando o meu rosto e beijando-me com ternura e agradecimento. Seus seios roçando o meu corpo me deixavam pronto para recomeçar tudo novamente.

Fomos usufruir da água quentinha da hidromassagem e ficamos os dois nus recuperando as energias, e eu sentindo o doce prazer de ser milionário. Apenas em meu pensamento!

Estávamos famintos e decidimos sair para ir a um restaurante, de sua preferência, para jantar. O almoço recusou-se aparecer para não atrapalhar aqueles momentos de extrema felicidade que estávamos vivenciando.

Vesti-me com a melhor roupa que tinha levado, e ela estava deslumbrante em um vestido amarelo. Agora eu não apenas queria ser milionário. Queria-a também para mim e por toda a vida.

O local escolhido ficava nas imediações da Avenida Paulista. Um lugar destinado para os ricos e poderosos. Sentamos em uma mesa que nos foi indicada pelo garçom, e a música que tocava baixinho era "El dia que me quieras". Não poderia ser sido melhor a escolha. Ela segurou minhas mãos como querendo que a letra daquela música fosse uma homenagem ao que estávamos vivendo naquele momento. Seus olhos negros tinham o brilho de todas as estrelas que povoam o universo. A felicidade estava ao nosso lado e nos sentíamos dois seres privilegiados.

O jantar foi regado a champanhe para comemorar o encontro de almas de corpos e de prazer.

De vez em quando voltava o pensar para aqueles instantes que vivenciamos e me perguntava: Aquela forma de me amar com tanto requinte e tesão, certamente, ela teria vivenciado com outros homens; todavia isto não tinha a menor importância porque, além de bela, ela era poderosa, exuberante e rica. Ademais meu objetivo não era apenas amá-la, mas usufruir de tudo o que ela poderia me proporcionar em luxo, viagens e bem-estar.

Há detalhes que não têm grandes problemas no desenrolar da vida. O importante é atingir os ideais. O que passou na vida dela antes de mim não deveria significar nada. Precisava esquecer esses detalhes e começar uma vida nova ao lado de alguém que poderia me abrir as portas da felicidade e da fortuna.

O macho sempre pensará que deve ser o primeiro e único na vida de uma mulher. Estou convencido ser essa uma atitude absurda. Acredito, também, que, a partir de algum momento, tenhamos consciência de viver um para o outro com respeito e dedicação.

Até aquele dia já havia saboreado comidas dos mais diversos sabores. Aquela estava incomparável. Meu paladar gritava de prazer e deixava a minha alma inundada de devaneios. A presença dela ao meu lado e os resquícios dos nossos contatos naqueles momentos de sexo era um mundo que estava acima de nosso pensar. Eu não estava sonhando. Era uma realidade latente e palpável.

Antes de nos servir da sobremesa, ela falou baixinho que tinha uma surpresa para mim. Antes, porém, advertiu-me que eu não levasse a mal o seu proceder, e que ela não tinha nenhuma intenção de me menosprezar. Fiquei curioso! Qualquer que fosse a atitude que ela tomaria certamente, iria acreditar que foi uma coisa espontânea. Também, reclamar de quê?

Ela abriu a bolsa e tirou de dentro um envelope e me entregou. Antes que eu abrisse falou: – Vou fechar os olhos porque não quero ver sua reação nesse instante.

Vanda, além de bela e rica, é inteligente. Tenho a impressão de que ela conhece todo o labirinto das emoções humanas e sabe perfeitamente onde encontrar a saída se por acaso houver imprevistos.

Havia um cartão de crédito em meu nome num valor de 20 mil reais. Parei no tempo, e passado meio século, e ciente da minha sobrevivência falei: – Obrigado, prometo gastar esta fortuna apenas quando estivermos juntos.

– Eu entendo que os homens não se sentem à vontade quando estão juntos e é a mulher quem paga a conta, seja num restaurante ou num hotel. Carinhosamente dei-lhe um leve beijo no rosto. Qualquer palavra proferida agora seria desnecessária.

Servimo-nos da sobremesa que ficou à espera, tomamos licor, e eu pedi a conta ao garçom e paguei com o meu cartão de crédito, novinho recebido há poucos minutos.

Não se fazia necessária nenhuma observação sobre esse ato. Embora ela não soubesse que a intenção primordial era me aproximar dela, fazê-la apaixonar-se por mim e ainda unir-nos pelos laços do matrimônio, tudo estava se deslizando de forma correta como um riacho de águas transparentes que segue o seu caminho na certeza de que um dia encontrará o mar.

Voltamos para o hotel, e nossas carícias e sexo continuaram sem trégua. Eu me sentia poderoso e certamente mais afeito a corresponder aos seus anseios para fazê-la sentir todo o tesão que ela tinha direito. Era importante que ela não mais me abandonasse.

De volta a nossa cidade, enquanto dirigia aquele carrão importado, o mundo pareceu pequeno ao tamanho das novas diretrizes que povoavam o meu pensar. Ela, ao meu lado, quase não conversou. Sentia que ela degustava e revivia todos aqueles momentos de vertiginosos prazeres. Acompanhados de algumas músicas escolhidas por ela, o cenário daquela estrada tinha ares de bem-estar e envolto num clima de muita esperança e felicidade. Era como se estivéssemos voando pelo espaço em busca de tudo que nos seria permitido vivenciar naquele momento e nos próximos.

Ao me deixar em meu lugar, ela me olhou com toda a força de sua mente e falou: – Não se esqueça, o mundo está dentro de nossas mãos e vamos viver cada segundo de forma mais prazerosa possível. Temos muito a alcançar. Apenas o seu corpo fica aqui agora. Levarei comigo o seu coração a sua alma e a sua mente e todo o prazer que você me proporcionou nesses dias. Guardarei tudo em lugar seguro na esperança de que um dia, que espero não muito distante, uniremos as nossas vidas até a eternidade.

Diante do que ouvi, era um pedido formal de casamento. Beijei-a e disse apenas: – Obrigado!

Ela não conseguia disfarçar que estava apaixonada por mim. Encontrávamos todos os dias depois das minhas aulas da faculdade.

A vida foi se transformando e eu vivenciava cada momento na certeza de que tinha acertado o alvo. Recebia presentes todas as semanas: roupas da melhor qualidade, sapatos e até perfume importado. Sempre me desculpava que não tinha condições para retribuir todas aquelas dádivas, e ela repetia. – Você me dá o melhor: seu carinho, sua atenção e a certeza de que terei a sua companhia por toda a vida.

No dia da minha graduação em Ciências Econômicas, toda a família compareceu e houve festa em sua casa com direito a convidados especiais. Para aquela ocasião, recebi um terno que foi confeccionado sob medida em um alfaiate da Capital.

Meu comportamento foi-se adequando àquela nova estrutura de vida: tinha uma mulher que me amava, dinheiro suficiente para as minhas necessidades e um futuro garantido. Apesar de tudo, ainda estava faltando o mais importante: casar-me com ela.

Um dia seu pai me telefonou e convidou-me para ir a sua casa numa noite de segunda-feira. Ele queria falar comigo sobre algo muito importante. Não fiquei sobressaltado nem preocupado. Diante do que já estava vivendo com todos, há quase dois anos, aquela conversa só poderia me ser favorável.

Eu já havia completado 32 anos e nessa idade já vai ficando desconectado o vigor que possuímos. Precisava encontrar outro tipo de trabalho. Com o meu diploma, planejava trabalhar na minha área. Também se tornava urgente definir a minha vida profissional para ter condições de enfrentar a família e propor casamento a minha amada.

Para o mundo, somos o que temos. Isso por vezes me deixava preocupado. Como namorados, não havia preocupação de ninguém sobre o quanto ganhava e como morava. Essa situação mudaria perante a família quando eu me propusesse casar-me com ela.

Contudo as soluções acontecem quando menos esperamos. O importante é confiar que o amanhã traz acontecimentos inesperados.

Ao chegar a sua casa naquela noite, fui recebido em uma atmosfera de profundo bem-estar. O meu subconsciente me avisava que algo promissor iria me acontecer. Fiquei numa expectativa de muita emoção. Ficamos algum tempo na sala de estar conversando. O jantar foi servido. Em seguida seu pai, Eduardo Mendonça, convidou-me a acompanhar ao seu escritório.

Sentamos em cadeiras muito confortáveis, ele respirou fundo e iniciou aquela conversa: – Você conseguiu há pouco um diploma de curso superior. Eu não tive a oportunidade de estudar porque desde cedo precisava ajudar o meu pai na lavoura e assim o tempo foi passando e quando me dei conta estava rico com algumas fazendas e muitas cabeças de gado.

Estudar já estava fora das minhas cogitações. Minha filha Rosália é professora. O que ela ganha, acredito, dá apenas para as suas despesas de salão de beleza. Você sabe como são as mulheres! A Vanda estudou até o colegial e, como ela pretendia ser independente, montei aquela loja para ela. Dinheiro não falta às duas, embora de vez em quando elas ainda me peçam algum para, principalmente, as despesas de viagem.

– Estou feliz com a minha família. Se hoje vier a falecer, elas terão, ainda, muito dinheiro para viverem sem problemas por longos anos.

– A primeira vez que o vi, fiquei impressionado com o seu porte seguro e que sabe o que quer da vida. Isso é muito importante, porque "nenhum vento é favorável para quem não sabe aonde quer chegar." Você me dá a impressão de ser um homem inteligente e ambicioso. Afirmo que, tendo conquistado o amor de minha filha, você entrou numa estrada que poderá lhe conduzir ao caminho do sucesso e da fortuna.

– Minha filha Rosália, acredito, não tem namorado. Todos os anos ela viaja por três meses e eu nem sei para onde ela vai. Também já saiu dos 18 anos e a vida é dela e eu não tenho que dar palpites.

– Como você já deve saber, eu tenho também uma empresa de laticínios e distribuímos para toda a região. Reconheço que tenho funcionários competentes porque, se assim não fosse, meus negócios não estariam em franca expansão.

– Deus não permitiu que tivesse um filho homem, por isso eu sempre desejei que minhas filhas se casassem para que os seus maridos, se do ramo e de vontade própria, pudessem contribuir com seu trabalho em nossa empresa. Quando eu fiquei sabendo da sua existência na vida da Vanda, minha alma viveu momentos de muito contentamento e ainda, quando soube que você era estudante na Faculdade de Economia, uma força poderosa me fez acreditar que em breve eu teria o homem certo para fazer parte dos meus negócios como também da vida de minha filha.

Sonhar é um direito que nos permitimos de vez em quando. Arquitetar planos é visualizar a realidade no contexto de nossos desejos. Quando nos encontramos na festa do sítio, algo superior me disse que estava diante do futuro marido da minha filha como também o homem que iria me ajudar a cuidar dos meus negócios com o interesse peculiar de que essa empresa lhe pertence.

Peço desculpas por ter investigado a sua vida. Era importante ter certeza de sua integridade de caráter. Você é um homem pobre e que sempre viveu dentro dos limites do que ganhava. Nunca estiçou a perna num passo que não lhe era cabível. No mundo de hoje, esse é um modo de vida digno dos mais altos elogios. As pessoas, principalmente os jovens com este porte que Deus lhe deu, simulam uma aparência que não condiz com a realidade do seu viver.

Sei que a minha filha está apaixonada e sem que você tenha necessidade de me pedir a sua mão em casamento eu a concedo-lhe de vontade própria e confiando de que você irá fazê-la muito feliz.

Diante de tudo que acabara de ouvir, tinha uma certeza infinita e absoluta: simulei com inteligência e criatividade as minhas proposições desde o momento que a conheci até este que me deixou dono da moça, membro da família e futuro dono de tudo. Agora eu não era apenas um homem de porte belo e fora dos padrões normais, mas dotado de uma acuidade que merecia respeito. Todos os dias chegam e o meu acabara de aportar em minha vida.

— Sei também que você mora nos alojamentos do seu trabalho. Vamos providenciar o casamento o mais rápido possível. Inicialmente, vocês podem morar em nossa casa. Com diz o ditado popular, "quem casa quer casa". Um dia vocês terão a casa dos seus sonhos construída sem pressa ou atropelos.

— Agora coloco os meus ouvidos atentos ao que você tem para dizer. Até agora falei sozinho. Reconheço que nossa conversa poderia ter sido um diálogo, mas você sabe como é a cabeça de um homem que já ultrapassou os 60 anos. Tinha medo de perder o fio da meada, como na fala popular, e não ter condições de concluir o meu pensamento de forma clara.

Não sei dos seus planos imediatos, gostaria, apenas, de que você visitasse todas as fazendas e as fábricas de laticínios para um entrosamento perfeito com os funcionários.

— Inicialmente, agradeço os elogios. Minha família é pobre de teres, mas rica de caráter e honesta por princípios. Dizem que os filhos aprendem com os exemplos dos pais e nunca com conselhos. Orgulho-me de minha origem humilde e da educação que me foi dada.

Quando deixei a minha cidade buscava nos esportes um meio de sobrevivência. Consegui realização no voleibol e ainda numa universidade federal famosa em todo o mundo. Estudar fazia parte dos meus planos porque o conhecimento alarga os nossos horizontes, fazendo-nos pessoas mais compreensivas e tolerantes. Um diploma de curso superior pode não nos dá fortuna, mas, por meio dele podemos galgar posições dentro do contexto do mundo. Confesso que sempre fui ambicioso, se não fora assim eu não teria estudado. Todavia tudo tem a sua medida certa. Uma ambição desenfreada toda tornar a vida perigosa e sem consertos futuros.

Aprendi, também, que ser honesto não é um privilégio. É uma obrigação. Nunca me preocupei com o que pensam a meu respeito. A minha consciência e o meu modo de vida são situações únicas que encaro com seriedade. Cada um nos julga pelo mundo de suas próprias consciências; nunca pela realidade dos fatos.

Apreciei com a sinceridade da minha alma que o senhor tenha feito investigação a meu respeito quando tomou conhecimento de que a sua filha estava apaixonada por mim. Essa atitude é válida. Entretanto eu lhe diria que conhecer um ser humano em sua profundidade requer muito tempo de pesquisa e de convivência. As circunstâncias da vida mudam as pessoas. Somos seres mutáveis e influenciáveis. Para a consistência de um bom caráter, precisamos ter um sentimento sólido e uma raiz de estrutura potente e profunda e que essa situação começa ainda quando estamos sendo gerados.

Há também aquelas pessoas que, comumente, se fala que são poderosas e que têm habilidades do poder de convencimento; essas são perigosas. Quando nos depararmos com pessoas dessa espécie, devemos fugir para um lugar que ninguém nos encontrará mesmo que se viva por cem anos.

Com sua experiência, o senhor deve ter conhecido pessoas de todos os tipos. Mas, creia Senhor Eduardo Mendonça, haverá sempre surpresas porque a mente humana é de difícil compreensão até para aqueles que se dedicaram anos de suas vidas no estudo desse fenômeno.

Eu me considero um homem feliz. Agora a minha felicidade está amparada pelo amor que sua filha me dedica e também porque a amo. Quero que as nossas vidas naveguem num barco potente e com o mar calmo na maioria do tempo; porém, se este ficar encapelado, que tenhamos força e coragem para segurar o leme até que tudo volte ao normal.

Ela é uma mulher belíssima de bom coração e também humilde apesar da fortuna da família. Acredito que teremos pela vida afora muitos momentos de alegria.

Realmente eu preciso iniciar um novo ciclo em minha vida. Quero também aplicar o que aprendi no meu curso na faculdade. O senhor está me dando uma grande oportunidade de trabalho e acredite que saberei corresponder sua confiança e também o amor que a Vanda sente por mim. Nós nos amamos e isso basta para uma vida cheia de encantamento.

Quero começar a subida dessa escada que ora se depara a minha frente com a certeza de que pisarei firme e forte em cada degrau e não me descuidarei em nenhum momento das dimensões do seu tamanho. Quando chegar ao último, desejo estar consciente de que essa subida valeu a pena.

Senti ter recebido o bastão da corrida. Agora precisava segurá-lo com firmeza para chegar ao fim com a vitória assegurada. Tinha todas as condições morais, físicas, existenciais e filosóficas a minha disposição.

– Vamos comemorar o noivado e marcar a data do seu casamento, disse-me ele.

– Gostaria muito que nos juntássemos ao restante da família para erguer um brinde a felicidade de todos.

Saímos daquele lugar e dirigimo-nos àquele grande salão onde o restante da família nos aguardavam. Ele, emocionado, resumiu a nossa conversa, e Vanda correu ao meu encontro e nos abraçamos com ternura e afeto. Nossas vidas estavam definitivamente juntas pelo consentimento dos pais, pelas forças do universo e por Deus.

Depois de algum tempo, ele sugeriu que marcássemos as datas dos eventos.

Consultamos o calendário, e as datas foram definidas.

Tomamos champanhe e comemos muitas iguarias deliciosas. Quando saí daquela mansão, o sol pedia licença para aparecer.

Ao entrar em meu modesto carrinho, fui pelo caminho imaginando que naquele dia entrei àquela casa como um homem pobre e saí com a sensação plena de ter me tornado um milionário. Meus sonhos eram reais.

A vida por vezes nos apresenta transformações radicais. Eu estava preparado para essa mudança. Desde que conheci aquela mulher, comecei a traçar e construir toda a estrada para um caminhar com segurança, utilizando material da melhor qualidade.

Os momentos consistentes de glória não chegam a nossa vida por acaso. Há sempre uma prévia que deve conter determinação, coragem e fé. Eles elementos formam os esteios para o sucesso.

Quando entrei naquele alojamento, dirigi-me a um espelho que tinha no banheiro e olhei a minha fisionomia para ter a certeza de que eu era mesmo o Osvaldo Pereira Gomes. Constatei que a face era a mesma, mas minha mente, meu coração e minhas utopias ganharam nuances diferentes. Essa era uma grande ocasião que eu deveria comemorar com júbilo e entusiasmo. E o fiz.

Não poderia esquecer que mudanças trazem novas responsabilidades. Estava pronto para o desafio que enfrentaria. Já fora dito que o "querer é poder".

Deitado em minha singela cama, imaginei como compraria um anel de noivado. Eu não tinha dinheiro suficiente para uma despesa tão volumosa. Precisava encontrar uma solução.

Minha família morava ainda naquela cidade do interior. Todos já tinham suas profissões, e alguns casados. Eu era o mais novo dos irmãos. De repente tive uma ideia brilhante. Viajaria àquela cidade, contaria todo o desenrolar dos acontecimentos e cada um poderia me emprestar um valor que, somado, seria suficiente para a compra desse anel.

Numa quinta-feira falei com Vanda que precisava viajar a minha cidade a fim de comunicar os meus pais sobre o nosso noivado e o casamento que se realizaria em breve. Ela achou a ideia excelente, todavia prontificou-se a ir comigo. Queria conhecer sua ogra seus cunhados.

Minha preocupação era que, em sua presença, eu não tivesse a chance de falar sobre os empréstimos. Também eu não podia recusar sua companhia!

Avisei a minha família o dia de nossa chegada, e eles prometeram fazer uma surpresa para comemorar o nosso noivado.

Durante a viagem decidir falar com a minha noiva sobre o principal objetivo daquela viagem. Ela me olhou espantada e falou: — Você precisa saber que o seu dinheiro é meu e o meu é seu. Você tem um cartão de credito que será suficiente para comprar esse anel. Fiquei sem palavras e sem argumentos. Pensei rápido numa resposta convincente e levei essa informação para o meu subconsciente para obter uma resposta.

Passados alguns minutos que representaram um tempo enorme, disse-lhe: Eu comprarei o anel no cartão de credito. Imediatamente ela me interrompeu e falou: – Nosso cartão de crédito. – Ok. Nosso cartão de crédito. Chegamos a um acordo.

O encontro com a minha família foi festejado com muitos cumprimentos afetuosos e desejaram-nos felicidades. Todos ficaram muito contentes pelo nosso noivado e o casamento que seria realizado em breve. Vanda ainda quis saber quantos iriam à festa para ser possível fazer reserva em um dos hotéis da cidade.

Aquele fim de semana foi realmente fantástico. Ela conheceu uma família humilde cheia de amor e entusiasmo. O almoço no sábado teve a presença de todos. Éramos por volta de 20 pessoas. Cada um deu a sua parcela de contribuição para o sucesso daquele encontro. A variedade de alimentos deixou-a surpresa. Saboreou de tudo e ficou feliz.

Voltamos no domingo pela manhã. As obrigações nos aguardavam no dia a seguir.

A festa de nosso noivado foi um acontecimento raro de harmonia, bem-estar e prazer. Estávamos enlevados pela suntuosidade que a família houve por bem nos proporcionar.

Na semana seguinte, que era uma segunda-feira, cheguei à casa de minha noiva às 8 horas da manhã para me encontrar com seu pai para iniciar a nossa visita às fazendas e a fábrica de laticínio. Começamos pelo escritório geral. Fui apresentado aos demais funcionários como um economista que tomaria a direção da empresa. Ele não mencionou que eu seria o seu futuro genro nem me deu o cargo de gerente. Para ele esse era um título que não se coadunava com a posição que eu teria em breve dentro da família.

Foram necessários mais de 15 dias para ser possível ver todo aquele império que ele praticamente construiu sozinho. O Sr. Eduardo Mendonça, embora fosse um homem de poucos conhecimentos acadêmicos, tinha uma sabedoria incomum para os negócios.

Fiquei surpreso com tudo que vi e certamente a minha responsabilidade aumentava ao tomar conhecimento daquelas múltiplas atividades de que dispunha.

Lembrei que "quem sai na chuva quer se molhar". Agora com o furacão de responsabilidades a mim confiadas tinha o dever de corresponder às suas expectativas.

A vida me mostrou que ser milionário traz em seu bojo um mundo de situações diferenciadas e nada não é tão simples como imaginei. Valeria a pena tentar, mesmo porque agora eu não tinha outra alternativa.

Nosso casamento foi realizado três meses depois com toda a pompa como se preza uma família rica e poderosa. Nossa lua de mel durou um mês pelos Estados Unidos. Estivemos em Miami na Disneyworld, Nova York e Las Vegas, onde fiz algumas apostas nos cassinos. Ganhei alguns dólares.

O mais importante dessa viagem era que eu tinha uma mulher maravilhosa e não gastei nenhum dinheiro. Tudo foi custeado pelo meu sogro. Essa situação é reservada a poucos viventes na face da terra. Foi um privilégio com o qual eu nunca poderia imaginar. Agora voltávamos à realidade de nossas responsabilidades.

Diariamente Vanda saía para a sua boutique e eu, para o trabalho no campo, na fábrica e no escritório. Dediquei-me de corpo e alma aos negócios da família. Por vezes trabalhava por cerca de 15 horas. Percebi que vida de milionário é cheia de responsabilidades acima do que pensamos. A escolha foi minha e não tinha o direito de reclamar.

Numa noite minha mulher entra em casa com uma fisionomia de extrema felicidade. O médico constatou sua gravidez. Meu sogro nos abraçou e externou o seu contentamento com a chegada do novo membro da família. E ainda falou: – Queremos que vocês tenham muitos filhos. Quero ver esta casa cheia de rebentos lindos e sadios. Planejamos uma festa no sítio com todos os convidados que tínhamos direito para festejar esse evento. Houve até discursos do Sr. Eduardo Mendonça. Todos bateram palmas exultantes.

Três meses a seguir, os exames de sangue premiavam-nos com o nascimento de uma menina. Poderíamos de pronto escolher o nome e preparar o enxoval nas cores devidas.

Minha cunhada continuava em suas esquisitas viagens sem nunca mencionar para a família aonde ia, se acompanhada ou sozinha. Era um mistério que nos deixava todos preocupados. Um dia tomei a liberdade de sentar-me ao seu lado numa de muitas festas da família no sítio e lhe perguntei de supetão. – Cunhada qual será o seu próximo destino das férias que se aproxima? Ela me olhou com uma interrogação de espanto e perguntou: – Por que você quer saber para onde viajo? Esse problema é meu e não tenho que dar satisfações para ninguém. E acrescentou: – Você já tem muitas coisas para cuidar e se envolver. Deixe a minha vida em paz. Diante dessa resposta, calei-me e me afastei de sua presença.

Alguns meses depois nasceu a nossa filha e o nome escolhido foi Márcia Mendonça Gomes. Ela nasceu sadia e tão bela como a mãe. Naquela casa ela passou a ser o centro de atenção de todos. Meu sogro, por muitas vezes, confiou-me algumas de suas tarefas para ficar ao lado de sua neta, mimando-a.

Ela cresceu naquele lar cheio de amor e feliz convivência. Tornou-se uma bela adolescente. Amava estudar e cumpridora de suas obrigações.

Mais uma vez descobrimos que Vanda engravidara. Foi uma alegria geral. Feitos os exames, comprovou-se de que dessa vez nasceria um menino.

Quando minha sogra soube dessa notícia, caiu em profunda tristeza. Consultamos um médico e, após os exames de rotina, descobriu-se de que ela portava um mal provindo da alma: depressão. Visitamos especialistas da área de Psicologia e Psiquiatria e nada adiantou. Seu quadro de saúde agravava-se na proporção direta do avanço da gravidez de minha mulher. Era um mistério que nos rondava e nos deixava muito tristes.

Precisávamos compreender que a mente humana é complexa e esperávamos que a sua doença fosse curada em pouco tempo. Aparentemente não havia motivos para aquele estado mórbido que ela sentia.

Em um domingo estávamos no clube de nossa cidade quando um grande amigo aproximou-se de mim e falou que queria conversar comigo um assunto grave e particular. Com espanto perguntei: É alguma coisa com a minha família? – Sim. Necessariamente com a sua cunhada, Rosália Mendonça. – Bem se o assunto é sério aqui não é o local apropriado porque, de repente, minha mulher e minha filha podem se aproximar e vamos precisar interromper a conversa.

Eu o procurarei amanhã em seu escritório de advocacia. – Combinado.

Durante a noite fiquei pensativo e preocupado e perguntava a mim mesmo, o que será que o João da Cunha quer falar comigo? Era uma incógnita impensável.

Era por volta das 11 horas da manhã quando cheguei ao seu lugar. Ansioso ele me esperava.

E assim começou aquela narrativa macabra e imprevisível: – Há pouco tempo estive na Capital e você sabe como são os homens, longe da família, eles sempre procuram um lugar para satisfazer as suas necessidades de sexo.

Dirigi-me a um prostíbulo famoso, onde as prostitutas são confiáveis com relação à saúde. O valor a ser pago é alto, mas compensa pela seriedade que a cafetina Odete Marques cuida de suas meninas.

Entrei, paguei e disse-lhe sobre a minha preferência. Naquela noite eu queria uma mulher loura. Ela me mostrou algumas fotos de muitas beldades e folheando aquele álbum vi um rosto e um corpo que me pareceu familiar – Perguntei: quem é esta mulher e como ela se chama? – Carla dos Anjos Pacheco. – Você sabe onde ela mora? – Não. Aqui não se pergunta o endereço das meninas. Diante do meu espanto, ela levou-me até o seu escritório e contou-me um segredo: – Esta mulher mora no interior e eu não posso revelar o nome que consta em sua identidade. É um segredo absoluto.

– Ela fica aqui todo o tempo? – Não. – Ela vem somente nas férias escolares de julho, janeiro e metade de fevereiro. Até parece que ela é professora pela regularidade de suas aparições. Pelo que tenho informações, ela é uma prostituta que enlouquece os homens. Já houve muitos que queriam levá-la daqui para que ela fosse viver apenas para eles, mas ela nunca aceitou. Muitos ficam contando os meses de sua aparição nesse lugar. Ela recebe um número grande de clientes dia e noite. É uma mulher que me dá muito lucro porque ela não fica com nenhum dinheiro deles. Entrega-o todo para mim. Essa é a razão porque eu aceito-a apenas nesses meses.

– Fiquei tão chocado com aquela revelação da cafetina que nem me sobrou vontade de continuar esperando pela loira prometida. Também não pedi o meu dinheiro de volta. Certamente eu não o teria porque a desistência foi minha.

– Saí daquele lugar amargurado. Voltei para o hotel onde estava hospedado e lembrei-me da sua família e o cuidado que o meu amigo Eduardo Mendonça dedicava àquelas filhas. Encarei esse fato como um desvio de personalidade. Na cidade era uma moça recatada e exemplar. Nunca a vi com namorado. Era estudiosa e uma excelente professora. Inclusive tive um filho que foi seu aluno.

Ouvi aquele relato sem interrompê-lo. Em minha mente pairava muitas dúvidas: será que o meu amigo viu alguma mulher semelhante à minha cunhada ou aquele fato era verdadeiro?

Agradeci aquela informação e prometi que iria verificar esse comportamento da Rosália.

Realmente não saberia como proceder. Primeiro ela era maior de idade. Tinha o seu dinheiro e era da minha família. Estava numa encruzilhada de difícil decisão. Precisava tomar todas as precauções para que esse seu proceder não chegasse aos ouvidos de meus sogros. Para minha mulher eu até poderia falar, mas se eu tivesse certeza absoluta dos fatos. Guardei aquele segredo ainda por mais de dois anos.

Como neste mundo nada dura eternamente porque a dinâmica da vida sofre transformações e ademais todas as situações vivenciadas podem um dia, sem que esperemos, vir à tona e tomar proporções gigantescas, não me era dado o direito de tomar nenhuma providência. Fiz de conta que não sabia de nada. Eu já tinha os meus problemas de trabalho e até revelando esse ocorrido, somente para ela, poderia criar um atrito desconfortável. Seu corpo lhe pertencia e ela deveria fazer o que bem entendesse.

Arranquei do meu pensamento essa história contada pelo meu amigo e dei andamento ao meu viver.

Minha sogra continuava naquele estado de apatia. Nenhum medicamento e consultas a médicos sentíamos que ela melhorava.

Meu filho veio ao mundo num domingo na mesma maternidade que nasceu a nossa filha. Todos comemoraram a chegada de mais um herdeiro.

Os negócios estavam em franco progresso. A cada ano os lucros superavam todas nossas expectativas. Meu sogro tinha-me, também, como um filho e sempre elogiava a minha atuação.

Minha filha entrara na Faculdade de Zootecnia e seu namorado era um moço provindo de uma família de fazendeiros e estudava veterinária. Um casal perfeito para a nossa empresa. Contávamos com eles para um futuro próximo.

Eu e minha esposa vivíamos felizes como se o tempo tivesse parado naquele primeiro encontro na capital. Desfrutávamos de um convívio de harmonia e muito amor.

Viajávamos todos os anos para lugares diferentes e aproveitávamos a vida com aquele mundo de dinheiro e poder.

Há algum tempo, já morávamos em nossa mansão que construímos com todos os requintes e bom gosto que somente alguns milionários conhecem.

Numa tarde quente de janeiro, num domingo, depois de um almoço com a toda a família, recebemos um telefonema da Capital, alguém que se identificou com o nome de Dr. Artur de Azevedo dizendo ser delegado, queria falar com meu sogro. Quando ouvi aquele nome, as minhas pernas tremeram e quase que meu coração parou. Sabia que aquela notícia seria trágica e com certeza era algum acontecimento com a minha cunhada.

Meu sogro atendeu aquele chamado e apenas o ouvi dizer: – O que? Minha filha foi assassinada? Como, onde e por quem? A sua fisionomia de espanto e tristeza deixou-nos sem ação. Ele sentindo faltar-lhe forças para continuar aquela conversa, sentou-se em uma cadeira ao lado e falou: – Alguém matou a Rosália. E desmaiou.

Peguei o telefone, identifiquei-me e conversei com aquele policial. Ele me contou que um cliente do prostíbulo que ela frequentava teve uma briga com ela e matou-a com um tiro em sua cabeça.

Enquanto isso minha mulher chamou uma ambulância, e o Sr. Eduardo Mendonça foi para o pronto-socorro. Ele morreu dias depois.

Na companhia de um advogado, viajei imediatamente para a Capital. Esse era o meu amigo João da Cunha, o qual anos antes me contara o que ela fazia em suas estranhas viagens.

Durante aquele percurso, a minha mente fervia e a minha consciência acusava-me de ter omitido aquele estranho proceder em suas viagens e de não ter tomado nenhuma providência quando soube desse fato. Agora era tarde demais.

Fomos ao necrotério para identificar o corpo e, enquanto a tramitação corria para levá-la para a nossa cidade, para o sepultamento, estive naquela casa de prostituição comandada pela alcoviteira Odete Marques e ela me contou detalhe por detalhe de todo o passado vivido por Rosália naquela casa. O homem que a matou queria viver com ela. Ele tinha ciúmes doentios porque ela se prostituía com outros clientes. Ele foi preso em flagrante, e eu me recusei conhecê-lo.

Em uma semana perdemos de maneira trágica dois membros de nossa família.

Agora tinha em minha mente que o poder e o dinheiro não nos deixam a salvo nem poupa ninguém de dissabores. Tudo pode nos acontecer não importa quem somos. Todos vivemos neste mundo ao sabor dos acontecimentos bons e ruins. E às vezes nem temos condições de modificar algumas facetas angustiantes da vida.

Numa cidade pequena, as notícias correm numa velocidade incontestável. O escândalo foi uma tônica alvissareira nas rodinhas da cidade. Os comentários correram casas, pessoas e foram se aninhar na alegria de alguns e na tristeza de outros. A impressão que tive foi como se alguém tivesse levantado uma tampa revestida de ouro de um buraco onde havia apenas podridão. Certamente um dia espero que todos ou alguns esqueçam esses danos e repensem que nenhum ser humano é suficientemente poderoso para evitar situações semelhantes.

Ficamos chocados, e eu ainda com o remorso de não ter tomado nenhuma atitude para que ela fosse poupada de uma morte tão brutal. Por vezes não temos previsão do que possa acontecer às pessoas; embora as situações vividas por algumas, revestem-se de perigos. Precisava esquecer ou me conformar porque agora o arrependimento sentia-se humilhado.

Minha sogra a cada dia vivia fora da realidade. Eu desconfiava que a sua consciência acusava-a de alguma coisa muito grave. A mente humana é um emaranhado de boas experiências vividas e de torturas também. Faz-se necessário ter um equilíbrio para a vida se tornar suportável.

Ela chorava sem parar todos os dias pela perda da filha e do marido. Até pensamos interná-la em uma clínica psiquiátrica, mas ponderamos que a situação poderia piorar. Contratamos uma psicóloga que diariamente fazia-lhe companhia pelo menos por oito horas diárias conversando e tentando melhorar aquele estado deprimente que a sua alma vivia.

Meu filho já completara dois aninhos. Um dia acompanhei minha esposa numa visita ao pediatra porque achava que havia alguma coisa de errado no desenvolvimento dele. Inicialmente, aquele médico falou-nos que cada criança tem o seu próprio comportamento e que deveríamos esperar mais um pouco.

Estávamos comemorando o terceiro aniversário de nosso filho quando minha sogra fez o seguinte comentário: revelou-nos que uma irmã de sua mãe, portanto, tia-avó de Gustavo Mendonça Gomes, tivera um filho e que este morreu por volta dos 8 anos de idade como se tivesse uma idade avançada. Como! Isso foi realmente verdade. – Sim, afirmou ela.

– Quando eu soube dessa segunda gravidez de Vanda, e sabendo que seria um menino, passei a me preocupar com receio de que aquela doença se repetisse nas futuras gerações.

– Toda a família guardou esse segredo e prometemos de que nunca falaríamos desse assunto para ninguém.

– Essa, talvez, tenha sido a causa da minha doença nos últimos anos. Quando a Márcia nasceu, o meu coração ficou sobressaltado até o dia em que tive a certeza de que ela não herdara aquela dolorosa mutação de genes. Devo dizer que foi este o termo que o médico na época nos revelou.

Ficamos aterrados, preocupados e desalentados. No dia seguinte marcamos consulta com o pediatra e contamos esse fato. Ele examinou meu filho e ainda nos pediu que esperasse um pouco mais. E acrescentou que, embora o desenvolvimento dele fosse lento, ainda havia esperança para ele ser uma criança sadia.

O mundo estava se preparando para desabar sobre as nossas cabeças, porém precisávamos ter calma e aguardar os acontecimentos. Um pesadelo insuportável nos acompanhava em todos os momentos. Nosso viver modificou-se de forma drástica. Nosso pensamento girava em torno do que poderia acontecer se esse mal fosse uma realidade na vida de nosso filho.

Não conseguíamos trabalhar. Ficávamos todo o tempo observando as reações do nosso filho. Quando nasceram os seus primeiros dentinhos, tivemos um pouco de alívio, mas percebíamos que sua pele não tinha a textura de uma criança normal.

Resolvemos procurar um especialista de alto nível na Capital. Após uma porção de exames e observações, ele nos deu a pior notícia que poderíamos ouvir. – Seu filho tem uma doença rara que se chama "Progeria"; é uma palavra de origem grega que quer dizer prematuramente velho. Ele não deverá viver mais do que 13 anos de idade e provavelmente morrerá de infarto do miocárdio.

Ao ouvir aquela revelação, choramos de forma desconsolada. Vanda perguntava para Deus: – Por que isso foi nos acontecer? – Nós somos ricos, sadios e felizes!

Deus certamente teria respondido: – Tudo pode acontecer a qualquer pessoa neste mundo não importa o nível social, cultural ou econômico que se tenha. As desventuras não são destinadas apenas aos famintos e pobres. Se fosse assim, a luta pela riqueza e fortuna teria na humanidade uma luta das mais ferozes para serem poupados de todos males desta vida.

Decidimos sair pelo mundo e consultar os maiores pediatras em todo o planeta. Aquele médico poderia ter errado seu diagnóstico.

Em todas as clínicas de diversos países que consultamos, essa doença foi confirmada.

Ainda, o pior estava para nos acontecer: como encarar a opinião pública depois do escândalo da morte de minha cunhada. O falecimento de meu sogro e agora essa doença de meu filho. Alguns seres humanos têm um sadismo nato de se inundar de felicidade quando as desgraças acontecem na vida de outras pessoas, não sabendo elas que neste mundo todos estão sujeitos a passar por situações iguais.

Sentíamo-nos num mundo onde a escuridão não permite que haja nenhum tipo de luz. A sensação de impotência diante dos fatos fazia-nos ínfimos diante de tudo que possuíamos. Em algum momento pensamos que, se fosse possível entregar toda a fortuna para recuperar o que perdemos nos últimos anos, faríamos.

Ter um filho sadio é uma dádiva de Deus das mais fantásticas. Há pessoas que não valorizam esse fato. Somente quando acontecem coisas como estas é que voltamos nosso pensamento para todos aqueles que têm o beneplácito do Criador de terem filhos perfeitos, inteligentes e saudáveis.

Depois de muitas viagens pelo mundo, voltamos a nossa cidade. Nesse período gastamos uma fortuna considerável. Isso não era motivo de preocupação porque o tamanho do que possuíamos não fazia a menor diferença. O importante era lutar para que o nosso filho sobrevivesse.

Os negócios durante a nossa ausência não tiveram maiores problemas. Tínhamos profissionais competentes.

Apesar de tudo, nossa vida conjugal perdera seu brilho. Nosso relacionamento amoroso passou por uma transformação radical. Já não tínhamos ânimo para viver as emoções que nos acompanharam até aquele momento. A nossa atenção estava voltada diuturnamente para o nosso filho.

Vanda colocou uma gerente na loja para ter tempo para cuidar de Gustavo. Ela queria desfrutar de sua convivência porque sabia que lhe restava poucos anos de vida.

Nunca sabemos quando vamos morrer e a causa da morte. O meu filho já tinha o seu destino selado que para nós era de uma crueldade das mais perversas.

Diariamente presenciávamos as transformações de sua pele, do cabelo e tudo que envolve um envelhecimento de um ser humano.

Numa madrugada o seu coração parou de bater e a sua respiração não dava sinais de vida. A sua vida chegara ao fim um pouco antes de completar 12 anos.

Minha sogra, Ivete Mendonça, ao saber dessa notícia, desmaiou e em menos de dois meses faleceu. Sua vida perdera o sentido de sobrevivência. A tristeza a acompanhava em todos os momentos. Seu coração já não mais tinha a capacidade de suportar tanto sofrimento aliado, talvez, ao remorso de não ter nos revelado este fato já acontecido na família.

Nossa família encurtara em um pequeno espaço de tempo. As nossas utopias resolveram sair a passeio e não tínhamos ideia se voltariam.

Por vezes passava horas tentando entender como a vida pode ser tão desalentadora para quem queria apenas ser milionário, desfrutar da vida em suas efetivas nuances de prazer e tranquilidade numa família que tinha tudo para viver acima dos mortais. Por um tempo fui feliz, mas as agruras que aconteceram nos últimos anos empanaram aqueles momentos, colocando-me numa realidade que nunca imaginara.

O dinheiro e o poder não são situações permanentes da vida de ninguém. E somente quando as reviravoltas do viver dão lugar a uma desilusão de uma profundidade sem limite é que reconhecemos que felicidade é algo superior e que pode estar ao alcance de qualquer um sem as ambições que norteiam a nossa vida. São lições amargas que só aprendemos depois de vivenciá-las.

Nosso casamento chegara ao fim. No meu entender, nem eu e nem ela éramos diretamente culpados pelos desastres tenebrosos que nos aconteceram; entretanto as desventuras desses acontecimentos assoalharam nosso caminho, deixando-nos desnorteados e sem esperança de dias melhores.

Procurei um trabalho no período noturno, com a finalidade de passar mais tempo fora de casa. Dessa vez foi-me confiada a diretoria da faculdade onde eu estudara e recentemente era professor. Eram atividades que desviavam o meu pensamento, deixando-me por algumas horas livre das torturas conflitantes do ambiente familiar.

Dentre os funcionários que tinha a minha disposição, havia a secretária Elizabete Cordeiro, mulher belíssima e mãe solteira. Ela tinha um filho homem ainda no início da adolescência. Era uma funcionária eficiente e prestimosa.

Uma noite, após o expediente, pedi-lhe que ficasse mais algum tempo porque precisava conversar com ela sobre alguns assuntos relativos a mudanças que desejava implantar na secretaria. Prontamente, ela me falou que perderia seu horário do ônibus se assim procedesse. Imediatamente falei que a levaria a sua casa em meu carro. Na realidade a minha intenção era descobri como vivia aquela bela mulher com o seu filho. Tinha também interesse de conhecer detalhes de sua vida.

A meu ver, era um desperdício uma mulher com a beleza que possuía viver com um salário tão ínfimo. Suas vestimentas eram simples e seu comportamento recatado. Dessa vez não obtive sucesso. Ela parecia adivinhar as minhas reais intenções.

E assim, fui tentando uma aproximação. Uma conversa hoje outra em outro dia até que num sábado estava no supermercado, fazendo compras, quando a encontrei. Ela empurrava um carrinho pequeno. Cumprimentei-a e lhe fiz uma pergunta de choque. – Por que razão você não tem um carrinho maior para as suas compras? – Professor o meu salário é suficiente apenas para as coisas mais necessárias. Tudo está muito caro e meu filho ainda não trabalha porque estuda. – O pai dele não lhe dá nenhuma ajuda? – Não. Os homens em sua maioria são irresponsáveis.

Eles nos envolvem com aquela conversinha e quando nos damos conta o estrago já está consumado.

Prontifiquei-me a levá-la até a sua casa quando ela afirmou categoricamente: – O supermercado entrega as minhas compras em casa. – Obrigada! E se afastou.

Certamente ela sabia da minha vida e dos meus dramas por inteiro. Não queria, foi o que percebi, nenhuma conversa comigo fora do ambiente de trabalho. Era perigoso aproximar-se de um homem que vivera tantos acontecimentos sinistros nos últimos anos.

Cada ser humano faz a sua própria interpretação e ainda as notícias, por vezes, distorcidas que eram comentadas pela cidade deixava-a numa situação de desconforto a meu respeito.

Por semanas fiquei traçando um plano para conquistá-la. Meu casamento estava literalmente terminado, e eu precisava de uma mulher, pelo menos para fazer sexo. Ela era apetitosa, e eu sentia uma forte atração pelo seu modo de ser e agir. A cada disfarce de seu comportamento, ficava mais interessado em tê-la em meus braços e me livrar de toda aquela energia que já estava me deixando desesperado.

Os funcionários costumavam festejar o aniversário uns dos outros com bolo e o famoso "parabéns pra você". Fui até o setor de pessoal da faculdade e informei-me do dia do seu nascimento. Aproveitei também para saber a sua idade. Ela tinha 35 anos e eu beirando os 60. Até que a diferença de idade não era tão grande!

Cheguei até pensar que ela achava que eu estava velho para ter um relacionamento amoroso comigo. Tudo não passava de conjecturas. Na realidade ela não demonstrava nenhum interesse por mim. Nem sabia o que ela pensava a meu respeito. Sua discrição era absoluta.

Naquele dia 23 de janeiro comprei um presente para ela que seria impossível transportar no ônibus. Cheguei exatamente no horário do festejo, entrei e falei: – Alguém mandou esse presente para Elizabete. – Quem? ela perguntou com os olhos arregalados. – Não sei. – Deixaram aqui e se foram.

Era uma bela mesa de mosaico. Ela abriu o papel de presente e havia um cartão com os seguintes dizeres: Para Elizabete com todo o amor do meu coração. Um apaixonado.

As mulheres têm um sexto sentido nato e uma acuidade ilimitada. Percebi que ela me olhou de maneira firme e decidida e falou: – Eu já sei quem me mandou este presente! Fiquei quietinho e disfarcei. Era impossível ficar ali, participando da festa quando a minha postura acusava-me daquele feito. Fui para a minha sala e aguardei que alguém viesse me chamar para comer um pedaço do bolo.

Desta vez a surpresa foi inesperada. Ela entrou em meu gabinete, trazendo um pratinho com uma porção daquela iguaria. Essa foi a primeira vez que senti seus olhos pousados nos meus com uma curiosidade sem precedentes. Ao pegar o prato, nossas mãos se tocaram, e ela permitiu que ficássemos por alguns instantes naquela situação. Os relógios de todo o mundo pararam para que o tempo se prolongasse naquele pequeno contato sem ser possível precisar o período em que estivemos fora da realidade.

Ela saiu em seguida, e observei o contorno de suas formas dentro de um vestido num movimento de suas nádegas que me deixou enlouquecido para possuí-la. Não me lembro do gosto do bolo porque nesse instante a minha mente estava centrada unicamente em seu corpo e ali sentado desnudei-a, mentalmente, e deslizei as minhas mãos pelos seus seios, que aparentemente eram do tamanho do meu desejo.

No fim da festa, todos saíram. Ela arrastou a mesa até a sua sala. Nesse momento entrei e perguntei: – Você quer que eu a ajude levar esta mesa até a sua casa? – Sim. Respondeu sem muito entusiasmo. Coloquei-a em meu carro e fomos. Ela indicou o caminho e durante o trajeto falou apenas palavras monossilábicas. Falou que morava com a mãe e o filho.

Sua moradia situava-se em um subúrbio pobre e sem ruas calçadas. Parei o carro em frente e saiu à porta a sua mãe certamente curiosa pelo veículo que se fazia presente em sua vivenda.

Ela desceu e convidou-me para entrar. Sua casa era de uma simplicidade que me deixou comovido. O meu pensamento deu algumas voltas pelo mundo e vivenciei tantos lugares luxuosos que tive oportunidade de ver e perguntei-me a mim mesmo: por que uma mulher tão linda, tão eficiente como secretária se esconde em um lugar como esse? As respostas não chegaram de imediato. As situações de cada um devem ser entendidas e respeitadas.

Coloquei a mesa em sua sala e logo percebi o contraste daquele móvel tão caro em um lugar que gritava pela humildade das demais peças existentes ali.

Ela me apresentou à sua mãe e ao seu filho, um belo adolescente que logo me perguntou: – Quem é o senhor? Fui interrompido por Elizabete que falou que ganhou aquele presente de um admirador e que ela nem sabia o nome e justificou a minha presença afirmando que seria impossível transportar aquela mesa no ônibus.

Sua mãe, Senhora Isaura Cordeiro, pediu-me para sentar e que iria preparar um café para mim. Não seria elegante recusar. Enquanto tomava o café, falei-lhe que eu era diretor da faculdade onde Elizabete trabalhava. Elogiei seu trabalho, afirmando que ela era uma secretária eficiente.

Acredito ter ficado naquela casa o suficiente para concluir a bondade de sua genitora, o filho sadio e saudável que ela tinha e a simplicidade daquele lugar que os abrigava.

Ao me afastar dali, trazia em minha mente o firme propósito de conquistar aquela mulher sem me importar com o preço que poderia pagar. A vida, no meu entender, é apenas esta que conhecemos. Se outras existem, ninguém ainda confirmou com exatidão. Eu tinha pressa porque os anos estavam chegando, e certamente as minhas forças sexuais poderiam ir-se diluindo e a minha chance de ter novamente, a minha disposição, uma mulher jovem e bela tinha data marcada.

No próximo dia, quando nos encontramos na faculdade, percebi que seu olhar pousava em mim de forma diferente. Perguntei pela sua mãe e pelo seu filho. Ela respondeu que tudo estava bem.

Eu a olhava, diariamente, como um cão faminto louco para devorar a ração que me estava sendo negada.

Dias depois procurei um corretor de imóveis e pedi-lhe que procurasse um apartamento com quatro suítes nas proximidades da minha casa. Queria comprá-lo imediatamente.

Uma semana depois encontrei o imóvel e fechei negócio. Queria um apartamento próximo a minha vivenda para ser possível ir àquele lugar apenas caminhando. A partir desse dia, comecei as minhas caminhadas para não levantar suspeitas para minha mulher.

Mobiliei apenas a cozinha e uma das suítes com o melhor que conhecia.

Era uma sexta-feira e, após o expediente, escrevi o endereço daquele apartamento e entreguei-lhe com a seguinte mensagem: Tenho uma surpresa para você. Aguardo-a nesse endereço amanhã por volta das 10 horas. Não falte. Tenho certeza que você vai se sentir feliz.

Da maneira como ela recebeu aquele papel e sem lê-lo colocou-o na bolsa, fiquei na dúvida se ela iria ao meu encontro. Mas esperança é uma palavrinha mágica e eu deveria confiar que tudo daria certo.

No horário combinado, ela chegou. Chamou a campainha e, quando a vi pelo olho mágico da porta, quase me recusei acreditar, mas era verdade. Verdade que me deixou feliz e confiante de que a partir daquele momento eu teria novamente uma mulher para me fazer companhia e satisfazer todos os meus desejos que há muito tempo resolveram se recolher como um desafio a minha masculinidade.

Abri a porta e disse: – Por favor, pode entrar. Na sala havia apenas duas poltronas. As três suítes estavam vazias. Tentei abraçá-la, mas percebi pelo seu olhar que não era este o momento para juntar o seu corpo ao meu. Imediatamente pensei: mulher difícil!

Mostrei-lhe todo o apartamento, deixando, é claro, a suíte mobiliada para o fim. Quando chegamos à cozinha, havia tudo na mais perfeita ordem: panos de pratos, pratos de porcelana, panelas etc. Ela elogiou o meu bom gosto. Abri a geladeira e mostrei-lhe o que havia dentro. Ao lado uma pequena adega com vinhos e nas proximidades outras bebidas.

Voltamos para a sala e sentados conversamos sobre assuntos diversos. Ela me olhava e sentia muitas interrogações povoando a sua mente.

De repente ela falou: – Eu senti muito a morte do seu filho e todos os demais acontecimentos de sua vida nos últimos anos. Foram assuntos que deixaram os habitantes desta cidade surpresos e perplexos. Ninguém esperava que tantos desalentos juntos pudessem acontecer apenas numa família. Mas professor, a vida é assim. Agora, eu gostaria de saber por que o senhor me convidou para vir aqui.

Elisabete, eu preciso de uma mulher como você: jovem, bonita, recatada, simples. Tive informações de que você é mãe solteira e que o pai do seu filho foi um antigo e o primeiro namorado de sua vida.

Também gostaria de lhe dizer que o meu casamento chegou ao fim. Ainda não sei o que farei com a minha mulher. Nem mesmo sei se ela ainda me ama. Há muito tempo dormimos em quartos separados e as nossas refeições são feitas em horários diferentes. Confesso que um dia a amei até a loucura. Quando a conheci, ela já era milionária como toda a cidade sabe. Eu era apenas um profissional de esportes. Ela entrou em nosso casamento com o amor e o dinheiro e eu, inicialmente, com a ambição de me tornar milionário também.

Acontece que a nossa convivência convergiu para que eu me apaixonasse por ela e assim vivemos longos anos de muito amor, muitas viagens e muitas felicidades. Infelizmente, tudo acabou, e você e todos deste lugar sabem os motivos.

Os homens na situação em que me encontro procura sempre uma companhia nas proximidades, e você foi a escolhida pelas razões que já lhe falei.

Sei que você ainda não me ama, mas, dependendo da minha atuação, esse sentimento pode surgir em sua alma e certamente poderemos ser felizes.

Em seguida segurei a sua mão, levantamos e falei: – Agora quero lhe mostrar a maior surpresa desse encontro. Dirigi-me àquela suntuosa e bela suíte e ao abrir a porta ela viveu um momento de espanto, alegria e surpresa. – Nossa, que bela! Quem foi o decorador? – Eu. Claro que tive a ajuda de um profissional, mas a escolha dos móveis, quadros e tudo mais foi minha. – O senhor tem um bom gosto incrível. Parabéns!

Peguei-a pelos ombros e lhe falei: – Esta suíte e este apartamento inteirinho serão seus. Comprei-o em meu nome porque você não teria como justificar o imposto de renda, mas eu já falei com o meu advogado e vamos fazer um processo de doação para o seu nome.

Neste instante ela se ajoelhou aos meus pés e chorando agradeceu-me comovida. Abraçamo-nos. Tive a sensação de nunca em toda a minha vida ter sido abraçado daquela forma. O agradecimento, quando vem seguido de uma profunda gratidão, é diferente dos demais.

Naquele abraço senti que todas as forças do mundo estavam conosco nesse momento. O mundo parou para festejar esse encontro. Beijamo-nos como se estivéssemos apaixonados por longo tempo. Tive consciência de ter feito a escolha certa.

Contudo, como nem tudo é indubitavelmente perfeito, ela estava, naquele dia, vivendo aqueles momentos que toda a mulher passa uma vez por mês. Mesmo assim não me contive e tirei a sua blusa e o seu sutiã e deliciei-me apenas com aqueles afagos de um homem carente e louco para sentir aquele corpo de pele deliciosamente macia. Cheguei ao orgasmo de maneira súbita e incontrolável. Ela acariciava o meu rosto e descia as suas mãos pelo meu peito peludo de forma carinhosa e serena. E em seguida afirmou: – Vamos tentar viver momentos de muito amor. Certamente vou me dedicar a você para que possamos ser felizes. Ela também estava carente de sexo e de uma companhia.

A noite já se avizinhava. Fomos até a cozinha e comemos algumas frutas. Porém, antes de sair, dei-lhe um cartão de um amigo decorador e indiquei a loja onde deveria comprar tudo para decorar o apartamento. Ressaltei: compre o melhor! Gostaria que você planejasse a sua mudança imediatamente. Aqui estão as chaves. A quarta suíte não a decore agora. Ela será destinada ao nosso primeiro filho. O seu olhar foi de uma candura indescritível.

Levei-a até a sua casa e no caminho pedi-lhe que não me convidasse para entrar porque eu queria que a sua mãe e o seu filho tivessem uma surpresa quando da mudança. Também solicitei que inicialmente ela não falasse nada a meu respeito porque, como eu ainda estava casado, não gostaria de criar conflitos entre eles.

A casa em que Elizabete morava era alugada e foi fácil livrar-se dela. Os móveis foram distribuídos pela vizinhança e alguns amigos. Levaram apenas os pertences pessoais. Naquela segunda-feira nos encontramos no trabalho e fizemos de conta de que nada havia acontecido dois dias antes. Não se fazia necessário que outros funcionários soubessem de nossos propósitos

Somente os nossos corações sabiam o contentamento das decisões que planejávamos. O disfarce foi mantido até quando não mais foi possível guardar aquele segredo.

No sábado seguinte, ela levantou-se cedinho, pegou o seu ônibus costumeiro e foi até aquela loja comprar os móveis e outras coisas para decorar o apartamento. Lá estava o senhor Silvino Fonseca, o decorador. Feitas as apresentações pelo proprietário da loja, ela começou a agradável tarefa de comprar tudo que iria precisar sem gastar um só centavo. De vez em quando refletia: surpresas da vida!

Também combinamos de que eu só voltaria àquele lugar quando tudo estivesse em ordem e ela morando ali. Naquela oportunidade eu falaria para seus familiares sobre a razão de tudo e o que pretendia para o futuro.

Na véspera da mudança, ela pegou o filho e a mãe e falou-lhes que iria fazer uma surpresa para os dois. Ao chegar ao endereço, ela olhou para os dois e disse: – Vamos entrar neste prédio. Em seguida pegaram o elevador e pararam no quinto andar. Ela abriu a porta e em seguida a do apartamento já totalmente decorado e falou: – A partir de amanhã é aqui que iremos viver. Sua mãe quase desmaiou e seu filho perguntou: – Mãe você ganhou algum prêmio na loteria? – Não filho. Eu ganhei este presente do meu futuro marido. Os dois ficaram mudos. Faltaram-lhe palavras para externar o que estão vendo.

Uma semana depois foi marcado, numa manhã de sábado, esse encontro. Tudo impecavelmente arrumado e ainda flores espalhadas por toda a casa. Apesar de pobre, Elizabete tinha um bom gosto dos mais sofisticados e ainda contou com a ajuda do profissional que lhe dispensou todo o seu conhecimento e também sabia das minhas preferências. Foi uma combinação de interesses da mais proveitosa. Para aquela mulher, faltava-lhe apenas uma oportunidade para demonstrar as suas habilidades de uma perfeita dona de casa.

Seus familiares estavam curiosos para saber quem era esse benfeitor e futuro marido de sua mãe. Esse dia chegou num encontro caloroso. A impressão que tive era que já nos conhecíamos de longa data.

A senhora Isaura preparou um jantar apetitoso e naquela oportunidade conversamos sobre o presente e o futuro. Tudo ficou bem esclarecido para não ser possível haver cobranças em dias a seguir.

Elisabete deixou o emprego e agora se dedicava apenas aos afazeres domésticos. A vida de todos passara por uma transformação profunda. Saíram da pobreza para vivenciar uma vida farta num bairro de milionários com direito a uma vista fantástica que se avistava do apartamento.

Ela engravidou meses depois e essa gestação foi motivo de júbilo por todos principalmente quando ficamos sabendo que nasceria um menino. Eu apostava na vinda desse herdeiro com todo o contentamento de um ser que sempre desejava ter um homem como filho. A minha alegria ultrapassou a fronteira de minhas ambições.

O registro foi efetivado dois dias após o nascimento por mim, e ele foi nomeado Antonio Cordeiro Gomes.

Minha esposa Vanda Mendonça Gomes, embora tivesse conhecimento da minha amante e também tendo a certeza de que nosso casamento tinha chegado ao fim, ainda se conformava em ser a minha esposa. Ela tinha consciência de que uma mulher sozinha, mesmo que seja bela, rica, inteligente e sábia, será sempre uma pessoa ignorada pelas famílias da comunidade. A maioria das mulheres sente ciúmes de seus maridos quando tem uma amiga divorciada, separada e ou mãe solteira. Afastam-na de sua convivência familiar. Não a convidam para nenhum evento social. Mesmo que esta tenha sido algum dia parte integrante de seus relacionamentos. A vida é assim e vale para essas mulheres solitárias encontrarem abrigo em outros tipos de pessoas que tenham a mesma situação delas.

Por outro lado, elas se esquecem de que as mulheres de suas famílias podem um dia ter o mesmo destino. Tudo pode acontecer a todos não importa quem seja.

A funcionária do cartório de registro civil, quando leu aquela certidão com os nomes ali contidos, saiu desesperada e foi comunicar esse fato para Vanda Mendonça Gomes. Entrou, cumprimentou a amiga e falou de supetão: – Seu marido acaba de registrar um filho com a amante, Elisabete Cordeiro no nome dos dois.

– O que? Você está brincando! -Não, não estou. A criança nasceu na mesma maternidade que os seus dois filhos. Pode telefonar para Augusta Lima chefe da maternidade Alcântara de Almeida. Farei isso agora: – Alô, quem fala? – Maria Silveira – Eu quero falar com Augusta Lima. -Um momento. – Augusta! -Sim. Você soube do nascimento de uma criança do sexo masculino há dois dias filho de Elisabete Cordeiro e Osvaldo Pereira Gomes. – Sim. O telefone desprendeu-se de suas mãos e tomada de uma fúria descontrolada desceu até a garagem pegou seu carro e, ao entrar em sua casa, pôs fim a sua vida com um tiro no coração.

Quando ela saiu para cometer aquele desatino, não havia ninguém por perto para evitar essa tragédia. Todos estavam ocupados em seus afazeres.

Foi mais um infortúnio na família do senhor Eduardo Mendonça.

Que todos descansem em paz já que nesta vida foram acometidos de grandes e terríveis tragédias.

Dois anos depois, casamos e nesse dia refletindo e revisando a minha vida pensei: – Ser milionário não é sinônimo de felicidade. Aquela secretária pobre e simples deu-me um filho saudável que tanto almejava e uma felicidade acima dos meus sonhos.

Minha filha, Marcia Mendonça Gomes, formou-se em Zootecnia e casou-se com Isaque Pedrosa, médico veterinário numa cerimônia simples e com a presença das famílias e dos amigos mais íntimos.

Agora todo o nosso império estava confiado ao casal, e eu apenas supervisionava dando-lhe sugestões e apoio quando necessário.

Voltei a minha cidade de origem na companhia da minha nova família. Meu pai já havia falecido. Minha mãe, embora velhinha, ainda era saudável. Os meus irmãos e suas famílias viviam no compasso lento e tranquilo de uma cidade do interior. Tudo se desenrolava como o previsto. Houve diversas comemorações nesse nosso reencontro. Passamos dias num convívio familiar com muito amor e ternura.

Ao vivenciar todos aqueles momentos, e apesar de ter tido todas as realizações dos meus sonhos, havia marcas profundas em minha alma e cicatrizes que jamais se apagariam. E concluí: A vida por vezes nos dá muito, mas, por outro lado, o preço a ser pago pelas nossas ambições pode ultrapassar os limites do nosso pensar. Como seria bom se soubéssemos antecipadamente que a felicidade e o bem-estar independem do que possuímos em bens materiais! Era muito tarde para voltar atrás. Conformei-me.

Elilde Browning

9

PADRE SALUSTIANO NESTOR PASSOS
MEMÓRIAS DE UM CONFESSIONÁRIO

Ele era alto, esguio e belo. Tinha a postura de um príncipe. Andava pelas ruas como desfilando numa passarela cercada de pessoas atentas, vestindo aquela batina preta que, ao se movimentar, deixava aparecer sua calça da mesma cor. Ainda portava sempre um chapeuzinho típico de sua religião. Por onde passava, era saudado pelos irmãos com um pequeno aceno de cabeça. Era respeitado e por vezes adorado.

Sua igreja católica era a única na cidade. Os casamentos e batizados realizavam-se ali com muita pompa para os ricos e com simplicidade aos menos afortunados. Os sermões eram convincentes baseados nas palavras da bíblia ou na vida do cotidiano.

Todos que queriam que seus pecados fossem perdoados posicionavam-se no confessionário. Ele ouvia-os com paciência e no fim de cada confissão implorava a Deus o perdão para os seus fiéis e lhes dava uma penitência. Cada um, ao se afastar dali, saía com a alma leve na certeza de ter alcançado esse benefício.

E assim o Padre Nestor Passos, como era chamado por todos, guardava em sua mente as mazelas de muitos habitantes daquele lugar. Havia situações comoventes, eróticas, hilárias e surpreendentes, mas todas verdadeiras.

Normalmente, aos domingos, após a missa, havia sempre alguém que o convidava para almoçar em sua casa. Era um encontro sempre muito prazeroso. Em alguns lares, seu pensamento voltava-se para as confissões, realizadas por essas pessoas, em seu confessionário, e a sua mente visualizava a falsidade de seus atos. Havia uma realidade vivida por elas e outra que se escondia em seu comportamento invisível. Eram antagonismos dignos de filmes de Hollywood.

Ele compreendia que essas situações estão diretamente relacionadas às fraquezas dos seres humanos. Todos pecam, mas é necessário entender o que isso significa perante Deus e os mortais. Seria possível avaliar o tamanho deles em qualquer dimensão plausível? E, ainda, o segredo que envolve uma atitude pode se refletir em seu comportamento; todavia acreditava que de qualquer maneira o mais terrível eram os gritos de suas consciências. Dessas ninguém se livra. Sentir o perdão de Deus não impedia a repetição dos atos porque os indivíduos estão presos a um fator muito importante: ao prazer que eles sentem em suas concupiscências praticadas repetidamente. É um círculo vicioso, cheio de contradições.

Um dia aquele ministro da igreja teve uma ideia patética e inusitada. Escrever suas memórias com o rigor do que ouvia. Para não perder nenhum detalhe, resolveu gravar essas revelações recheadas de mistérios e verdades.

Antes de assim proceder, ele questionava essa sua decisão, se era um crime ou pecado. Se crime, poderia ser punido pelos homens. Se pecado, por Deus. Ou talvez pudesse sofrer o castigo dos dois. Mas a decisão estava tomada.

Por vezes aquelas confissões deixavam-no excitado e também, em alguns momentos, ele se masturbava ao ouvir detalhes eróticos contados pelas pessoas naquele lugar. Ele até pedia que lhe fossem relatados esses fatos com mais detalhes, afirmando que Deus os perdoaria de forma mais efetiva. Na realidade ele queria apenas visualizar as cenas, tornando-as mais convincentes e bizarras.

Ainda, ele pensava nos votos de castidade que fizera quando de seu ingresso na vida religiosa, mas, a seu ver, ele não estava traindo o que prometera. Apenas usufruía uma situação que lhe era ofertada gratuitamente e sem grandes consequências para ninguém.

Aquele seu proceder deveria constituir-se de um segredo absoluto. Por outro lado, ele sabia que neste mundo nada fica eternamente escondido porque forças superiores conspiram de uma forma estranha, e por vezes esses fatos poderiam chegam ao conhecimento dos habitantes daquela cidade sem que fosse possível ter controle sobre os mesmos. Contudo riscos são riscos, e o prazer de ouvir aquelas confissões estava acima do seu controle.

Assim como seus fiéis, ele era também um indivíduo que estava sujeito a passar por todas as coisas boas e ruins que acontecem no cotidiano de cada um. E começou a fazer conjecturas sobre o comportamento de pessoas nas mais diversas profissões e suas posturas diante da vida e dos segredos que seus pacientes e clientes, naquela cidade, e por todo mundo aconteciam diariamente.

Se todos um dia resolvessem fazer suas revelações, o mundo seria tragado por um impacto tão desastroso que não sobraria nenhum sobrevivente. Ainda bem que existe uma palavrinha mágica que se chama ética, e muitos a observam com decisão e firmeza. Assim o mundo se livra de uma catástrofe.

Numa manhã de domingo, aproxima-se dele a senhora Catarina Azevedo, esposa de um médico famoso da cidade, que era ninfomaníaca e tinha sempre novidades escabrosas e obscenas em seus relatos. Nesse dia ela vestia uma roupa na cor preta, com um véu cobrindo o seu rosto. Tirava da bolsa uma pequena almofada colocava-a debaixo dos seus joelhos e pedia permissão para iniciar sua confissão. Antes, porém, pedia-lhe que implorasse a Deus que a perdoasse de seus pecados cometidos.

– Padre esta semana o meu jardineiro foi trabalhar apenas vestido com um short. Fazia calor. Quando eu vi aquele peito nu coberto de pelos, chamei-o ao lado da piscina e lhe falei: Entra naquele banheiro em frente e eu estarei indo encontrá-lo em poucos segundos. Ao me aproximar dele, arranquei meu vestido porque antes eu tirara a calcinha e segurei-o, rocei o meu corpo no seu e fui possuída por ele numa situação de desespero absoluto. Foi uma relação sexual animalesca e imprevisível. Ele apenas falava: – D. Catarina pode chegar alguém aqui!

– Não se preocupe. Os meus serviçais me conhecem e sabem dos meus hábitos de loucura. Eu gemia sentindo um prazer como nunca senti em toda a minha vida. Tudo isso, padre, aconteceu no piso sobre uma toalha de banho. Ainda não estava satisfeita e comecei a lamber o corpo dele com a finalidade de que pudéssemos fazer mais sexo. Em alguns minutos, voltamos à loucura, e ele falou: – Eu nunca tive em meus braços uma mulher com este fogo que a senhora tem. – Esquece esse tratamento, homem. – Fale: Catarina. – Catarina, ele repetiu.

– Vestiu o short e se foi. Fiquei à porta, admirando-o, enquanto se afastava, e tendo a certeza de que outros momentos como aquele aconteceriam. Ele trabalhava na minha casa há apenas um mês.

O padre com a parcimônia de querer saber mais perguntou: – Quantos orgasmos a irmã teve nessa relação? – Perdi a conta, Padre. Quando cheguei ao terceiro, não me lembro mais de quantos outros aconteceram. – Vá em paz! Seus pecados já foram perdoados. Antes que o seu marido retorne a casa, reze sete Aves Marias e um Pai Nosso.

Era um domingo em que o sol e raios luminosos entravam pelas janelas quando Catarina dirigiu-se, mais uma vez, ao confessionário. Ela sempre tinha uma roupa elegante em cor diferente para fazer suas confissões. A tonalidade de sua roupa caracterizava-se pelo tamanho do pecado cometido naquela semana. Se preto, era gravíssimo. Se branco, suave. Se cor de rosa preocupante. Quando ela se aproximava, ele já tinha ideia do que iria ouvir.

– Padre, tive mais um longo encontro amoroso com o juiz da cidade, o Dr. Guilherme Almeida. Nós nos encontramos pelo menos uma vez por semana em uma suíte na casa da minha costureira. Eu entro pela porta principal e ele, pela dos fundos. A discrição é imperiosa porque ele é uma autoridade máxima na cidade e, ainda, a esposa dele é minha amiga de longa data. Até agora, esse relacionamento já dura mais de dois anos, ninguém desconfia de nada. Na maioria das vezes, praticamos sexo de forma inusitada.

– Dessa vez ele ordenou que eu tirasse a minha calcinha virasse de costas. Ele me possuiu naquele outro lugar. – Que lugar irmã? – Ali, Padre, bem juntinho dela. Eu não gostei muito, mas na segunda vez foi muito prazeroso. A partir de agora, vou pedir sempre que ele me devore dessa forma. Os gritos de prazer que ele sentiu me deixou nas alturas do infinito. Depois, Padre, ele tirou meu vestido e me lambeu inteira e novamente fizemos sexo normal. O tesão dele é uma loucura. Ele me deixa tonta de prazer. Para esse duplo pecado, a irmã vai rezar sete Padres Nossos e sete Aves Marias de joelhos ao lado de sua cama onde dorme com o seu marido. Pode ir irmã seus pecados foram perdoados.

Catarina cometia seus deslizes com todos os homens que encontrava à sua disposição. Um dia andava com uma amiga nos corredores de um shopping quando se deparou com um homem que, pela sua postura e andar, enlouqueceu-a. E falou para a amiga: – Vou agarrar esse homem e dar-lhe um beijo. A amiga, temerosa que ela pudesse assim proceder, alertou-a: Ele pode chamar a polícia e dizer que sofreu assédio sexual e você poderá ser presa. Catarina, para, olha para a amiga e fala de maneira surpreendente: – Você já pensou Ligia, se eles me prenderem e me colocarem em sua cela cheia de homens! – Será a glória total e absoluta.

Nessa confissão, ele achou ser um pecado leve. Perdoou-a e não lhe deu nenhuma penitência.

Sua mente doentia levava-a a ter relações sexuais com todos os homens que cruzavam seu caminho: o pedreiro, o que cuidava da piscina, o que fazia pequenos consertos em sua residência e outros que ocasionalmente encontrava em lugares diferentes.

Um dia, ao se confessar, demonstrou estar preocupada. Ao se ajoelhar, ela começou seu relato: – Padre, eu precisei pegar um táxi para visitar uma amiga em um bairro afastado da cidade. Meu carro estava na oficina para revisão. Quando entrei naquele veículo e olhei o rosto do motorista, senti por ele uma vontade descontrolada de fazer sexo. Ele era preto, alto e forte. Não falei nada de início.

– Ao chegar à estrada, em um trecho de matagal, eu lhe pedi que procurasse um lugar ermo e entrasse. O motorista olhou para mim e perguntou: – Dona, a senhora vai me assaltar? – Não. Ainda, assim, ele sacou uma arma e por pouco não me matou. Gritei desesperada. Não, eu não vou lhe assaltar eu quero apenas fazer sexo com o senhor dentro do seu carro!

– Passado o susto, ele se encaminhou para um lugar onde não pudéssemos ser vistos e pediu-me que tirasse a roupa. Nuinha, ele me segurou com aqueles braços fortes e poderosos e me possuiu como nunca antes alguém fizera. O prazer daquela relação foi tão grande para os dois que uma vez por semana, voltamos àquele lugar.

– Irmã, pelo desespero que aquele homem passou e pela sua vida que lhe foi poupada, há uma penitência bem forte. Você vai subir de joelhos os oito degraus da igreja rezando Aves Marias e Pais Nossos até chegar ao topo. Deus lhe perdoará.

Muitos homens daquela cidade conheciam Catarina pelo lado direito e pelo avesso. Também a achavam uma mulher promíscua, mas o prazer que ela lhes proporcionava estava acima de qualquer atitude contrária que pudesse evitar esses encontros.

Agenor Palmeira, o comerciante desonesto, era o mais popular e rico da cidade. Seus negócios estavam sempre em franco desenvolvimento. Em cada bairro da cidade, havia uma loja de sua propriedade.

Ele chegava e, quando de joelhos, começava suas histórias desonestas, narrando-as com calma e polidez, assim como se tudo que ele fazia fosse normal e com apenas essa confissão ele seria perdoado e se livrasse das lavras incendiárias do inferno.

-Padre, eu descobri esta semana um meio para aumentar meu patrimônio. Roubar em cada compra alguns gramas a menos na balança. É assim: quando alguém compra um quilo de algum produto leva 950. Eu sei que estou errado, mas o governo exige que paguemos tantos impostos que, se eu não agir dessa maneira, ficarei pobre em pouco tempo. O senhor conhece aquele ditado popular: "ladrão que rouba ladrão tem cem anos de perdão". E, ainda os funcionários que fazem corpo mole, em oito horas de trabalho permitido por lei, eles me solapam pelo menos duas horas. Uma hora vai ao banheiro, outra tomar cafezinho, outra conversar com a colega ao lado e, assim, se eu fosse descontar todo esse tempo dos mais de mil funcionários que tenho, imagine o que eu não lucraria!

– Contratei uma pessoa da minha família que tem a incumbência de adiantar o relógio sete minutos na entrada e atrasar sete na saída. Descobri que o prejuízo fica menor.

– Na padaria aumentei a quantidade de fermento e diminui a farinha. Quando o pão sai do forno tem a aparência perfeita, mas, passados algumas horas, ele murcha. Também a esta altura o sujeito já devorou esse alimento e nem vai notar a diferença.

– Há um funcionário, também de confiança, que é parente da minha esposa, que tem o trabalho de alterar a validade dos produtos vencidos. Dessa forma eu não tenho grandes perdas.

– Vai irmão em paz e não peques mais. Falou o padre Nestor Passos. Ele se volta e calmamente fala: – Um momento, ministro de Deus, você tem a função de ouvir as nossas confissões e nos perdoar. – Em não tenho como não continuar cometendo meus pecados. Eu agirei dessa forma enquanto tiver negócios. O padre olhou-o de soslaio e disse: – Sua penitência será rezar sete Aves Marias e sete Pais Nossos.

Para esse comerciante o perdão do padre era salutar. No entanto ele iria continuar explorando a freguesia, embora seus problemas de consciência fossem mantidos de forma permanente em seu pensar porque, se assim não fosse, ele não teria necessidade de voltar ao confessionário. A desonestidade é um mal incurável, e determinadas pessoas habituam-se nessa forma de agir e encaram esse proceder como algo natural.

Justino da Silva, o vereador das propinas, não usava almofadinha debaixo dos joelhos. Queria tê-los machucados para ajudar na expiação dos seus pecados. Há longo tempo, ele era um homem de bom caráter e respeitado por muitos; porém, quando entrou na política, transformou-se em um cidadão desonesto, matreiro e excêntrico. Parecia um homem virado pelo avesso e mostrava sem reservas sua atual identidade e forma de ser. Participava sempre de rodinhas nas esquinas e, de vez em quando, dava risadas num tom de galhofa demonstrando sentir-se feliz com o que falava com os demais.

– Padre, como você sabe eu tive origem humilde e já estava cansado de ser pobre. Minha mulher sempre reclamava de tudo que possuía e comparava a sua vida com o de outras pessoas na cidade. Isso me deixava aflito e, por vezes, impotente para atender às necessidades dela. Um dia conversando com um amigo que também é político, ele deu-me uma ideia preciosa: Entrar em um partido e me tornar um vereador. Fui para casa pensando como tudo isso seria possível. Comecei aquela caminhada visitando casa por casa e prometendo que se eles votassem em mim eu resolveria a maioria de seus problemas financeiros. É incrível padre como as pessoas acreditavam em minhas falsas promessas. E assim, como o padre tomou conhecimento, eu fui um dos mais votados naquela primeira eleição.

– Cumpri algumas coisas prometidas, como distribuir cestas básicas, a maioria de produtos vencidos e remarcados, e outras necessidades dos meus eleitores como comprar um remédio de emergência, distribuir brinquedos às crianças no Natal (aqueles que as fábricas descartam por serem prejudicais às mesmas), e ainda ir a velórios e chorar junto com a família a dor de seu parente falecido. Além de outras situações vexatórias.

– Fala, irmão, qual é o seu pecado de hoje que precisa de perdão.

– Eu fui procurado por um milionário que me propôs que se eu apresentasse um projeto que o beneficiaria em seus negócios para dobrar a sua fortuna, eu receberia alguns milhões. Aceitei de pronto. Nem me interessei em saber detalhes. O advogado dele elaborou o texto, e minha função era a de apresentar na Câmara, falar com os meus colegas e convencê-los a dar o voto favorável. Aí, padre, é que o bicho pegou! Todos queriam dinheiro. Ninguém faria nada gratuitamente. De repente veio-me uma ideia que foi decisiva. Contei para eles que receberia um milhão quando na realidade aquele milionário iria me pagar três.

– Depois de uma luta insana, consegui a aprovação do projeto. – Mas que projeto era esse irmão? –Desviar metade do curso da água do rio da cidade para que ele pudesse fazer uma represa que beneficiaria suas fazendas e negócios.

– Como o padre sabe, já não chove em nossa região há mais de um ano, e o rio está secando. A propriedade dele tem água abundante e seus negócios prosperam.

– Daí eu queria ser perdoado pela divisão desonesta do dinheiro que recebi daquele milionário entre os meus colegas vereadores e também pelas agruras que os habitantes desta cidade estão vivendo com a falta de água.

– Eu vou pedir a Deus o perdão para os seus pecados, mas eu gostaria de saber o que o irmão fez com os dois milhões restantes?

– Essa é uma resposta delicada e que eu gostaria que ninguém soubesse para eu não ficar encrencado: colocar no banco, impossível. Debaixo do colchão poderia ser roubado. Portanto a única saída foi comprar alguns bens em nome de familiares e o restante, por meio de um doleiro, mandei para um banco fora do país.

— Vai em paz, irmão, seus crimes estão perdoados, todavia, de joelhos em um lugar discreto, reze sete Aves Marias e sete Pais nossos.

Ao sair daquele confessionário, o Justino da Silva sentia-se livre para cometer outros pecados porque ele estava sempre cercado de pessoas desonestas e que o compeliam a agir da mesma forma. Sua mente era um emaranhado de experiências desastrosas.

Florisvaldo Andrade, o promotor de Justiça, era aparentemente bem casado com uma senhora descendente de uma família distinta da cidade. Tinha um filho fora do casamento em uma cidade próxima. Isso porque, quando sua amante engravidou, ele a mandou para outro lugar com direito à casa e pensão alimentícia. Ele era um libidinoso descontrolado.

Cecília e Elvira eram suas amantes de cama e casa. As duas moravam juntas e faziam sexo juntos. Toda a cidade sabia desse seu proceder, todavia, como se tratava de um profissional de alto gabarito e que tinha o dever de zelar pelos interesses da comunidade, falava-se tudo a "boca pequena". Ninguém se atrevia a fazer comentários por mais sigilosos que fossem.

Ele se confessava sempre. Entrava na igreja com passos fortes, cabeça erguida e com uma postura intimidante. Seu falar tinha um tom acima da média e sempre corria os olhos em todas as mulheres que via passar e, nem dentro da igreja, esse seu comportamento era discreto. Era um homem lascivo e que tinha normas individuais de conduta.

A impressão que se tinha era que, embora ele fosse o guardião das leis, ele não as cumpria no seu viver. Sentia-se acima dos mortais.

— Padre, hoje eu tenho que confessar o meu maior pecado acontecido nesta semana. — Fale meu irmão. — Eu tive relações sexuais com uma garota de 13 anos. O pai dela estava precisando de uma quantia para pagar uma conta de jogo de carteado e não tinha como ter esse dinheiro em 24 horas. Era um valor alto. Dispus-me ajudá-lo. Daí eu perguntei: — Como e quando você vai me pagar? — Doutor, falou o homem aos prantos, eu já perdi a minha mulher, a minha casa e estou na bancarrota. — A única coisa que ainda tenho é uma filha virgem e adolescente. — Fechado, falei apressadamente para que ele não tivesse chance de desistir do negócio. Leve-a ao sítio do João Guilherme da Silva e diga-lhe que me aguarde lá.

– Combinado, doutor, eu farei isto imediatamente. – O pagamento acontecerá se eu realmente comprovar que ela é ainda uma moça que nunca se relacionou com um homem antes. – Irmão sua penitência é levar 10 cestas básicas para famílias carentes e rezar sete Aves Marias e sete Pais nossos.

Quando as conotações dos prazeres sexuais estão acima do caráter de um indivíduo, tudo pode acontecer nesta vida. Inclusive praticar um crime de estupro com uma criatura indefesa que lhe foi ofertada por um pai despudorado.

Isaurinha estava à sua espera. Seu pai, quando a levou àquele lugar, pediu-lhe apenas que ela fizesse tudo que aquele homem pedisse porque, se assim ela não procedesse, ele seria morto por seus companheiros de jogatina.

Ao chegar àquele local, Florisvaldo irrompeu a casa sem pedir licença e deparou-se com aquela garota sentada numa cadeira com aparência humilde e olhar cabisbaixo. – Então, você é a Isaurinha, filha do Israel Gouveia? Respondeu que sim, com um aceno de cabeça. – Tire a roupa.

Ela sem saber o que lhe aconteceria foi tirando peça por peça até ficar completamente nua. Enquanto isso, ele também se livrava das dele.

Ao olhar aquele corpo em formação, aproximou-se dela e começou acariciando seus seios que ainda não estavam em seu ponto máximo de desenvolvimento e deslizou suas mãos até alcançar suas nádegas. – Vire-se de costas, ordenou aquele devasso. Quando de costas, ele deslizou a língua pela sua coluna vertebral descendo até suas nádegas.

Pegou-a em seus braços e deitou-a numa cama, abriu suas pernas e introduziu seu membro ereto como um animal selvagem, devorando a presa sem dor ou piedade e sentido todo o prazer que aquele ato lhe proporcionava.

Ele a possuiu muitas vezes durante toda aquela tarde. Ela, em estado de choque, não esboçou nenhum gemido, palavra ou reação. Era como se o seu corpo estivesse ali e a sua alma em algum lugar do universo. Saciado e comprovando a virgindade, ele se afastou dali, deixando-a naquela cama com evidentes marcas de sangue nos lençóis.

O pai de Isaurinha estava aflito, esperando-o no lugar que combinaram para receber o dinheiro. Florisvaldo pegou-o pelo braço e falou:
– Vamos até o banco para eu sacar o dinheiro que prometi lhe pagar.

Ao receber aquele valor, correu ao encontro do Aprigio Vieira, proprietário do jogo de carteado, e lhe entregou o valor que lhe devia. Nessa ocasião esse homem falou: – Estamos esperando por você esta noite. Teremos outros companheiros e você poderá ganhar muito mais do que o que está me pagando agora.

Desnorteado, Israel Gouveia caminhou em direção a uma ponte que cruzava o rio da cidade e, ao se aproximar do lugar mais profundo, jogou-se, suicidando-se. Sua consciência, ao cometer esse ato, estava sufocada por tantos males que causara a sua família e vislumbrava o sofrimento de sua filha que entregara a um libertino despudorado. Um passante que o conhecia viu esse gesto de desespero e correu para chamar os bombeiros. Era tarde demais, seu corpo foi levado pelas águas e nunca foi encontrado.

No dia seguinte, quando o proprietário do sítio João Guilherme chegou àquele local, encontrou Isaurinha morta. Chamou as autoridades competentes, e a senhora Rosa Gouveia, mãe da adolescente. Até aquele momento, ela não sabia do trato feito com Florisvaldo Andrade por seu marido. Ela imaginava que ela estivesse com ele em algum lugar. Ao ver a filha sem vida e imaginando o que lhe teria acontecido, ajoelhou-se ao seu lado e chorou copiosamente todas as lágrimas de sofrimento que uma progenitora pode derramar. A dor ultrapassou os limites de seu poder de suportar e seu coração explodiu. As duas almas caminharam juntas para um lugar no infinito, onde certamente teriam um lugar de paz e felicidade esperando-as.

Eram duas mulheres sozinhas e indefesas comandadas por um pai e um marido sem escrúpulos, cujo vício incontrolável levou os três a um desfecho aterrador.

Como esse caso envolvia autoridades locais, abriu-se um processo que, por falta de testemunhas, não teve andamento normal. Também as causas da morte foram omitidas. Ninguém tinha interesse em saber.

Foram enterradas como indigentes, e o processo arquivado.

Nesta vida podemos nos livrar de muitos tribunais que nos julgam, o da consciência permanecerá em nosso pensar por séculos. Transgredir leis solapam os princípios morais, levando-nos a sofrimentos ilimitados. Nem mesmo arrepender-se põe a salvo a dor que persistirá sempre em nossas almas.

O padre tinha, em seu gravador e nos escritos, muitos outros casos de cenas bizarras de sexo, traições, roubo, e muitas outras mazelas que infestam a alma humana no seu proceder diário.

A maioria dos fiéis daquela Paróquia tinha seus pecados explicitados, vividos e anotados por quem deveria apenas ouvir, perdoar e esquecer.

Numa manhã a zeladora da igreja ouviu sons estranhos no gabinete secreto do padre Salustiano. Guardou segredo. Achou aquela situação estranha e não condizente com a postura de um servo de Deus.

Quando um dia se encontrava sozinha em seu trabalho de limpeza, entrou naquele local e viu um gravador e ao lado um caderno em cuja capa estava escrito: "Memórias excitantes dos fiéis". Ela apertou um botão e ouviu algumas gravações de pessoas que, certamente, foram feitas no confessionário. Alarmada, pegou aquelas duas evidências e, desnorteada, foi até a Delegacia de Polícia entregar ao Delegado. Ao chegar ali e sem controle, começou a falar sobre o que tinha nas mãos na presença de pessoas que ali se postavam. Um deles era o jornalista do maior semanário da cidade. Curioso, arrebatou das mãos da Raimunda Santana esse material e falou: Isso não é caso de polícia é caso de jornal.

Dois dias depois, em edição especial, o escândalo explodiu naquela pequena cidade como uma bomba de poder letal. Os exemplares foram vendidos em algumas horas, e outras edições foram repetidas porque cada habitante queria um exemplar para saber em detalhes tudo o que o padre Salustiano ouvira de seus fiéis, gravara e ainda escrevera em seu diário.

No momento em que tomou conhecimento da publicação de seus crimes hediondos no jornal, Padre Salustiano Nestor Passos fugiu para lugar ignorado, levando apenas alguns pertences pessoais.

Anos depois ele foi encontrado morto, vítima de assassinato com sinais de tortura, próximo à cidade onde cometera seus crimes. Nenhuma autoridade interessou-se em saber quem o matou. Havia muitas pessoas que queriam sua morte. O processo seria muito longo e complexo, e a cadeia era muito pequena para caber os fiéis suspeitos desse ato macabro.

O estrago nas vidas daquelas pessoas já havia se consumado e sofrido as consequências cabíveis.

Elilde Browning

10

FAMÍLIA MARTINEZ
O SONHO AMERICANO

O avião que levou a Família Martinez em direção à Disneyworld levantou voo do aeroporto Benito Juarez da Cidade do México. Nesse momento o sol aparecia no horizonte iluminando a terra e seus corações e desejando-lhes que aquela viagem fosse revestida de muita alegria e concretização de seus sonhos.

Há muito tempo essa viagem estava programada. O senhor Alejandro, com dois anos antes, colocou seus filhos no curso de inglês para ser possível comunicar-se na língua daquele país. O casal também sabia falar algumas frases que lhes poderiam ser úteis numa comunicação usual: *good morning, good evening, good night, excuse me, please, thank you*. Sabiam como falar essas palavras em cada situação diferente. Sentiam-se seguros em comunicar-se com o povo americano embora já tivessem consciência de que a língua espanhola é falada por todos os rincões do mundo inclusive nos Estados Unidos, onde os latinos são cada dia mais numerosos naquele país.

A viagem foi calma e segura. O avião aterrissou no aeroporto Internacional de Miami no Condado de Miami-Dade, Flórida, Estados Unidos.

Um transporte coletivo, que fora contratado na compra da passagem no México, os levaria até a Disney. De posse de suas bagagens, passaram pela emigração sem contratempos. O senhor Alejandro pela primeira vez falou: *thank you* para o funcionário daquele setor. Sentiu-se feliz e deslumbrado de seu feito.

Agora respiravam o ar da América. Sentia um cheiro diferente e pensou que cada país deve ter os seus próprios aromas. Encheu os pulmões e estava pronto para com a família vivenciar momentos de muitos encantamentos.

Vislumbraram de início que aquele mundo maravilhoso era diferente do seu país. A estrada se chamava Turnipike. Parecia que havia sido lavada antes. Tudo a sua volta era limpo. Até o céu tinha nuances de felicidade com um azul puríssimo sem nuvens e não se percebia nenhum tipo de poluição. Os demais membros da família, Micaela, sua esposa e os filhos, Juan e Luna, olhavam tudo em volta com uma curiosidade impressionante.

Durante aquela viagem, viram alguns canais de água cristalina a deslizar suavemente que com certeza desembocariam no mar. Assim, como todas as águas dos rios e córregos da face da terra.

O motorista parou aquele veículo em um restaurante e este se situava no meio da estrada e não ao lado dela. Desceram do carro, e esta seria a primeira vez que seus filhos colocariam seus conhecimentos da língua inglesa para pedirem algo para comerem.

Quando se aproximaram do local, perceberam que a língua espanhola era falada por todos. Meio desapontados, sentiram-se numa atmosfera de um país estranho com uma identidade familiar de seu idioma. Ainda não seria desta vez que teriam a oportunidade de se expressar em inglês. Aguardavam ansiosos quando isso fosse possível.

Costumamos idealizar um acontecimento com nuances de surpresa e por vezes percebemos que esta situação nem sempre traduz a realidade. Todos os povos, em quase todos os países do mundo, sempre se preocupam em externar seus sentimentos e falares aos estrangeiros que visitam seu país, principalmente, quando o turismo é uma fonte de renda daquele lugar. Já fora dito que o mundo é uma aldeia global.

Os meios de comunicação deste século estão ao alcance de todos. As palavras e expressões de outras línguas vão se infiltrando em nosso cotidiano, no contexto de nosso pensar com uma naturalidade mágica. É um processo contínuo e dinâmico. Ainda há o fator monetário. Se você tem dinheiro não precisa necessariamente falar o idioma de qualquer país. Ele substitui qualquer palavra dita e resolve todos os problemas de comunicação.

Depois de quase três horas de viagem e em alguns lugares sentindo o perfume dos laranjais em flor chegaram finalmente à Disneyworld.

Entraram no hotel escolhido e mais uma surpresa. Todos falavam espanhol. O senhor Alejandro olhou para os filhos e falou: – Gastei meu dinheiro com dois anos do curso de inglês para vocês e pelo que estou notando foi um valor jogado no lixo. Vocês nem precisavam aprender a língua dos gringos.

Acomodaram-se e começaram notar a praticidade dos móveis naquele apartamento de classe média. Tudo extremamente limpo e uma vista que se derramava para uma hidromassagem no jardim. Ele olhou meio desconfiado e externou o desejo de num dia qualquer entrar naquela piscina redonda, onde a água se movimentava e o vapor fazia piruetas no ar.

Já era noite e saíram para jantar no próprio hotel. Quando a família entrou no restaurante e viram a variedade de alimentos que estavam expostos, ficaram perplexos e não sabiam por onde começar a encher o prato. A senhora Micaela arregalou os olhos e falou: Dios mío cuanta abundancia!

Depois do jantar foram assistir à Parada que desfilava pelas ruas da Disney, em que todos os participantes dançavam ao som de música de diversos países. Carros alegóricos estupendos com artistas belíssimos e exuberantes. E lá estavam alguns personagens famosos: Mickey e a Minnie Mouse, Pateta, Goofy e outros. Foi um deleite para os olhos e uma alegria para suas almas.

Passava da meia-noite quando se recolheram aos seus aposentos para passar a primeira noite nesse lugar mágico e de surpresas imagináveis.

Ao acordar, apressaram-se para sair da suíte na curiosidade do que lhes aguardava naquele dia. A atmosfera em todos os lugares era de felicidade e o mesmo se notava nas fisionomias de todos que ali estavam. Parecia um lugar mágico de poderes sobrenaturais. O *breakfast* era de encher os olhos e satisfazer os mais exigentes paladares. Saborearam um pouco de tudo que estava à sua disposição. Em seguida partiram para vivenciar as grandes aventuras.

A bordo de um ônibus especial de turistas de propriedade do hotel, seguiram rumo à Disney. Pelo caminho, um guia ia relatando a trajetória, deixando-os suspensos no ar com tudo o que viam. Quando passaram pelo estacionamento, aquela pessoa falou que, se alguém vier de carro e estacionar ali e não anotar o nome da alameda e o número, terá uma possibilidade muito remota de encontrar o seu veículo. Aquele lugar, principalmente no verão, abriga cerca de 45.000 veículos. Eles arregalaram os olhos porque tudo que viam era de uma grandiosidade ilimitada.

Colocando os pés naquela primeira avenida, foram visitar o Castelo da Cinderela. Ao sair, encontraram o Pluto. A família juntou-se e tiraram fotografias. E assim, em todos os lugares e visitando cada entretenimento, suas mentes viviam um mundo cheio de fantasias. Nada mais lhes era permitido pensar. Estavam absortos num mundo totalmente novo e cheio de situações que os envolvia num total esquecimento do mundo real.

A fome em seu horário normal de almoço se esqueceu de lhes dar boas-vindas, e só perceberam que não tinham feito aquela refeição quando a noite já tomava conta do dia.

Era impossível distrair-se de todos os encantamentos que o cercavam. De repente andavam por uma avenida quando a parada noturna surge trazendo um novo cenário e músicas das mais vibrantes. Postaram-se na calçada e viram-na passar. Em alguns momentos, quando a música tocada era de um determinado país, aquelas pessoas aplaudiam com palmas e "Viva a América!".

Tudo que se oferecia naquele lugar tinha a finalidade de fazer todos felizes e a possibilidade de um total esquecimento de seus problemas pessoais, que todos temos, para torná-los pessoas especiais. E era exatamente o que sentiam.

Depois de visitar a *Disney's animal Kingdom Magic Kingdom*, esperava-lhes, no dia seguinte, o *Hollywood Studios Brands*.

Nesse lugar eles caminharam por diversos salões e alamedas e, em alguns momentos, sentiam como se estivessem participando de um filme de Hollywood. Em algumas ocasiões, havia cenas de filmes ali bem juntinho deles. Roupas, sapatos e muitos adereços que foram usados por artistas famosos em grandiosos filmes estavam diante dos seus olhos.

Ainda o mais surpreendente estava por acontecer. Visitar a *Epcot Center*. Esse divertimento data de 1982 e, segundo informações que tiveram, era o mais popular, principalmente, destinado aos adultos. A bordo de um ônibus deslizando sobre trilhos, foram naquela direção.

Numa altura de aproximadamente 15 metros, visualizavam todo aquele parque e muitas pessoas andando de um lado para outro. Sentiam-se como se estivessem voando entre nuvens a caminho do paraíso. Ele estava ali bem pertinho!

Pararam em frente a uma grande bola que lembra uma de golfe e ficaram imaginando o que teria dentro daquele lugar. Entraram na fila com outras pessoas e aguardavam vivenciar aquele mundo fantástico que tem o nome de *Spaceship Earth*. Acomodados em cadeiras, iniciaram em movimento lento uma viagem sobre a história da humanidade e de suas formas de comunicação. Um deslumbramento de tirar o fôlego!

No *Soarin* voaram sobre as maravilhas do mundo com direito a cheiro do mar, vento no rosto e muitas emoções que seriam impossíveis vivenciá-las de outra forma em um curto espaço de tempo. Ao deixarem esse lugar eles se abraçaram, e o senhor Alexandro falou para a família: "Um dia vamos deixar o México e viremos morar neste país". Eles estavam empolgados com tudo que viam e viviam.

O que aquele mexicano esqueceu era que tudo não passava de uma grande fantasia. A *Walt Disney World* tem um único objetivo: levar a pessoas de todo o mundo que visitam aquele lugar a esquecerem, por algum tempo, o seu mundo real e viverem uma atmosfera de encantamento, belezas e um mundo que poderá até se tornar real em futuro próximo. Apenas isso. Há uma diferença muito grande entre visitar um país e morar. São coisas distintas e que, em alguns casos, é chocante a comparação entre essas duas situações. Mas sonhos são sonhos, e cada ser humano tem o direito de sonhar.

Dirigiram-se ao grande lago onde a sua volta há pavilhões de muitos países do mundo com arquitetura própria. Entraram no pavilhão da Alemanha e ficaram surpresos com as vestimentas típicas de todos que ali trabalham. Provaram vinhos e deliciaram-se com comidas daquele país.

E assim, visitaram também o pavilhão da Noruega, China, Itália, Estados Unidos, Japão, França e Canadá. Em todos, eles sentiam a sensação de estar visitando esses países em seus lugares de origem. Também não resistiam à tentação de comprar lembrancinhas.

Ao entrar no pavilhão do México, o senhor Alexandro e a senhora Micaela quase sofreram um desmaio. Do lado de fora, o sol ainda brilhava e dentro uma escuridão total. Luzes fraquinhas espalhadas pelas lojas de lembranças e um conjunto de Mariachis cantava México lindo e querido, Cielito Lindo e outras músicas de seu país. Não resistiram e também cantaram juntos. Sentiam-se em casa com os pés na América. Tiraram uma profusão de fotos com aqueles grandes chapéus na cabeça e se sentiram felizes.

Dessa vez o sentimento de nacionalismo gritou bem alto dentro de suas almas. No jantar degustaram a comida de seu país, numa volúpia como se já estivessem fora de seu lugar por um século, ainda tendo no cenário o vulcão *Popocatepetl* ou *Popo* como é chamado carinhosamente por eles. Noite perfeita.

Foram assistir à queima de fogos no meio do lago que acontece todas as noites por volta das 9 horas. Com os olhos arregalados e a boca sem condições de manter fechada, exclamavam a viva voz. Mui belo belíssimo!

A semana estava chegando ao seu fim, e ainda havia muitos entretenimentos para visitar. Nesse último dia optaram em voltar à Disney para viver as emoções do *Space Mountain*, que, segundo informações que tiveram, era um divertimento inacreditável de emoções. Acompanhando a imensa fila, foram andando e lendo alguns avisos de situações que passariam: "se você tem algum problema de coração não entre nesse lugar". "se você tem medo de altura não vá". E por último um que afirmava: Aqui é o último lugar que você ainda pode desistir. Mesmo assim a família Martinez seguiu em frente. A curiosidade estava acima de qualquer recuo. E foram.

Sentaram em suas cadeiras, que os prendiam com cintos de segurança, e começaram a grande aventura. Tudo envolto numa escuridão tendo apenas a luz das estrelas e constelações. Foram subindo, subindo e de repente sentiram-se no espaço, soltos, sem asas para voar e ao sabor das emoções. Naquela subida, a impressão que sentiam era a de estarem vivos indo ao encontro de Deus no paraíso. Tudo sem maiores danos. Num determinado momento, numa velocidade ilimitada, uma descida brusca e muitas voltas como se seu corpo estivesse caindo das alturas. Vivenciaram esses momentos com o coração pulando fora do corpo e a mente numa total situação de desequilíbrio. Mantinham os olhos tão abertos, que dentro deles o mundo inteiro poderia entrar e sair sem que eles percebessem. Foi uma sensação nunca antes sentida. Ao sair, não tinham palavras para descrever aqueles momentos de euforia e um relativo bem-estar.

O senhor Alexandro e Micaela estavam pálidos e sem força para manterem-se de pé, mas felizes. Conseguiram vencer um desafio que, a seu ver, foi o maior de todos que enfrentaram pela vida até então. Luna e Juan davam gostosas gargalhadas e prometeram voltar em outras ocasiões.

Recuperados dos sustos, voltaram ao seu hotel e no dia seguinte, ao deixar a Disney, falaram em coro: – *Walt Disney World, we will go back soon.* Em seguida viajaram em direção a Miami.

Em cada lugar que visitavam crescia a vontade de um dia deixar o México definitivamente e fixar residência ali. Suas almas viviam um deslumbramento ímpar. Comparavam sua vida no México e a que poderiam viver aqui de uma forma fantasiosa. A realidade era outra, e eles não tinham condições de nesse momento de se conscientizar do que sonhavam.

Os sonhos não podem extravasar um sentimento acima de nossas emoções. Eles devem ter um equilíbrio perfeito para que as frustrações não ocorram, deixando-nos desalentados e sem a coragem necessária para seguir adiante.

Ainda persistia o impasse de seus filhos não terem tido a oportunidade de gastar o inglês que aprenderam. Isso era de menos importância. Ele visualizava a sua moradia nesta cidade e sentia-se feliz por não ter necessidade de falar inglês. Esse propósito seguiu-o em todos os segundos em seu pensar.

Visitaram muitos shoppings e, a cada momento, deslumbravam-se com a variedade de lojas. Entraram em uma que vendia artigos de cama, mesa e banho. Deslizavam as suas mãos na maciez daquelas peças e sentia-as em suas camas e secando o seu corpo molhado. Uma sensação de conforto total.

Havia outra que vendia chocolates suíços. *Díos mío que ricura*! Naquele lugar comeram todos os que foram possíveis e compraram todos que puderam carregar.

Foram à praia. Queriam sentir em seus corpos o balanço do mar e deleitar-se com aquele sol que para eles era diferente do sol do México. Puro engano. O sol brilha em todos os lugares do mundo com o mesmo calor, respeitando-se as estações do ano e as regiões polares do planeta terra. Eles estavam embebidos de uma felicidade que ultrapassava a razão do próprio viver.

Chegou a hora de voltar ao México e às suas realidades. No aeroporto ainda sentiam os deslumbramentos daquela viagem e vivenciavam cada detalhe como se eles tivessem ainda acontecendo. Foi um passado que teimava em não se afastar de suas mentes.

Por dias e em todos os que se seguiram, a conversa entre a família era a de encontrar um meio de viverem na América-Miami. O senhor Alexandro era um rico proprietário de fazendas de alimentos diversificados.

Trocaram informações com todas as pessoas que conheciam e que tinham familiares nos Estados Unidos. Um dia procurou um Consulado no México e externou o seu desejo de vir morar em Miami.

Um funcionário, percebendo que o senhor Alexandro iria de qualquer maneira morar naquele país, informou: – Há algumas maneiras de se entrar e morar nos Estados Unidos. E enumerou essas possibilidades. Primeira: atravessar a fronteira do México com aquele país. Ele levantou-se assustado e falou. – Não, doutor, eu quero uma situação legal. Sou um homem honesto, rico e apenas quero morar em um lugar que, na primeira visita que fiz, me deixou entusiasmado com tudo que vi e senti.

Segunda: – Ir como o visto de turista e, após seis meses do vencimento de estadia, ficar de forma ilegal. Mais uma vez o senhor Alexandro falou: – Não quero uma situação ilegal porque eu não quero ter problemas num país onde a impressão que tive é um lugar de pessoas sérias. Ainda se lembrava de toda a organização, limpeza, gentileza de todos, os detalhes percebidos no trânsito e a hospitalidade que usufruiu naquelas duas semanas.

Terceira alternativa. O funcionário olhou de maneira profunda em seus olhos e percebeu de que se tratava de um homem de princípios e fez-lhe uma pergunta: – Qual o seu ramo de atividade aqui no México? – Sou proprietário de muitas terras de plantações diversas. – Em vista disso, eu tenho uma informação para o senhor.

Há em Miami fazendas que cultivam frutas e legumes. Quando os proprietários têm necessidade de trabalhadores extra, recrutam pessoas até de outros países e fazem um contrato por um determinado tempo. Em alguns casos, a família pode ir junto e outros não.

Os olhos do Alexandro ganharam um brilho incomum, e seu coração abarrotou-se de felicidade. Estava nesse momento vivendo uma grandiosa oportunidade de realizar as suas metas: morar em Miami. Não importava para ele se numa fazenda ou na cidade. O importante era mudar-se com a família para aquele lugar que considerava o melhor do mundo.

Abandonar a sua zona de conforto em seu país e ir fixar residência em outro pode ser uma decisão temerária porque podemos enfrentar situações imprevisíveis e de difícil controle que pode sufocar a nossa alma e nos trazer transtornos irreversíveis.

No caminho de volta para casa, arquitetava os planos e as soluções que tomaria junto com a família. Esses momentos de grandes expectativas de qualquer evento que poderão mudar os rumos de nossas vidas elevam-nos a um lugar especial no infinito e de lá corremos os olhos ao redor, os ouvidos atentos e o coração acelerado, fazendo-nos sentir seres especiais e privilegiados. É uma sensação que somente as pessoas que passaram por isso entendem.

Micaela, Juan e Luna ouviram atentamente o que Alexandro explanou sobre aquele encontro no consulado e naquele mesmo instante decidiram ajudá-lo nesse novo horizonte que se descortinava a sua frente. Passaram a viver um mundo real e outro imaginário.

A vivência deles no México era uma situação palpável e a imaginária era apenas produto de seu pensar e das conclusões tiradas daquela viagem à Disney.

Mal sabiam eles que os grandes problemas que enfrentariam num país estranho estavam fora de sua alçada e de seus parcos conhecimentos do mundo. Mesmo porque aquela foi a primeira viagem que fizeram fora do México. O Mundo é deveras maravilhoso como diz a canção "A wonderful world." Porém, visto de longe pelo mapa, pelos folhetos de viagem ou do alto passando de avião.

É bem provável que Deus, quando criou este universo, talvez tivesse a certeza de que todos os povos viveriam unidos e felizes. Infelizmente, isso não aconteceu. Dividimo-nos em territórios distintos com idiomas e culturas diferentes e que cada povo seria dono absoluto de seus lugares.

Em toda a história da humanidade, houve sempre invasões e muitos indivíduos foram subjugados, mortos ou levados para outros lugares como escravos. Há sempre o poder dos fortes contra os fracos. Em muitos países pelo mundo, ainda encontramos fortalezas e figuras de canhões desativados que eram usados naquela época para a defesa de seus habitantes. Hoje as armas são outras. Invisíveis mais poderosas e de uma força letal que a nossa imaginação por vezes não tem capacidade de assimilar.

Cada país no mundo tem características próprias: suas mazelas, suas culturas, seu modo de vida, embora os indivíduos sejam iguais em sua essência. Sempre haverá em qualquer lugar uma resistência cerrada contra imigrantes mesmo naqueles países que foram formados por essas pessoas de diversas partes do mundo como é os Estados Unidos da América.

A família Martinez estava obcecada para morar nos "states" e nenhum empecilho era capaz de mudar esses planos.

Planejaram detalhadamente tudo que iriam fazer e para que os erros que, porventura, viessem cometer fossem os mínimos possíveis.

Fizeram diversos contatos de como era possível conseguir esse contrato com uma dessas empresas em Miami. Como já fora dito: "aquele que pede recebe, e o que busca, encontra; e ao que bate, abrir-se-lhe-á".

Em menos de um ano, tudo se resolvera como num passe de mágica, talvez numa situação igualzinha àquelas fantasias vividas na Disney, que, ao vivenciá-las, estavam impregnadas em suas almas com marcas profundas concluindo de que tudo é possível nesta vida, bastando apenas o querer em sua forma mais absoluta do desejo.

O senhor Alexandro vendera todos os bens e conseguira um contrato de um ano numa fazenda em Miami. Passaria agora de proprietário para empregado com direito a um trabalho duro e exaustivo. Mas, quando decidimos por algo, mesmo que essa situação esteja acima do nosso poder de suportar, ainda é válido tentar, porque todas as dificuldades que forem encontradas serão superadas pelo querer em sua forma mais profunda de nossos sentimentos.

Esse contrato incluiu a família. Primeiro porque eram apenas quatro pessoas; segundo porque os filhos já se comunicavam na língua daquele país.

Dias antes de partirem, ele olha para os filhos e fala: – Vocês se lembram de que quando estávamos na Disney eu achei que tinha perdido o meu dinheiro com os cursos de inglês que vocês fizeram? – Agora esse foi um fator positivo para que eu tivesse conseguido esse contrato. A vida é assim. Cheia de surpresas. O futuro é sempre uma incógnita a ser desvendada e o que hoje achamos que não valeu a pena, amanhã poderá ter um desfecho diferente para uma solução de um determinado acontecimento.

Parte do dinheiro do senhor Alexandro ficou em um banco no México e a outra ele levou para as despesas que certamente teria com a sua família.

Às vésperas da partida, fizeram uma grande festa com todos os amigos e ex-empregados. Todos comeram e dançaram ao som de um grupo de Mariachis, entoando as mais belas canções do seu país. A felicidade da família inundava o mundo na certeza de que no novo país tudo iria se revestir de utopias nunca antes vividas.

Quando a nossa alma está nadando num mar de águas límpidas, muitas vezes não nos damos conta que nas proximidades pode haver outras desiguais. Nesse momento preferimos enxergar apenas o que nos convém, embora saibamos que toda a moeda tem duas faces.

Partiram num entardecer quando o sol vai se escondendo para que a noite chegue em paz. Levaram poucos pertences. O mais importante era aquele contrato que deveria ser apresentado na emigração no aeroporto para permitir a sua entrada nos "States". Segurava-o com um cuidado absoluto em sua mala de mão e enquanto isso visualizava o mundo diferente que os aguardava.

O avião aterrissou com uma precisão de um piloto experiente que o conduzira. Tudo perfeito. Na emigração, mais uma vez falaram em espanhol com o funcionário que os atendeu e seus filhos alegremente despediram-se falando: – *Have a nice day*! O senhor Alexandro gastou o seu *thank you*, prelibando o gosto da vitória de estar novamente neste país que para ele era o melhor lugar do mundo para se morar.

Um funcionário da fazenda, denominado Charlie Cooper, estava no aeroporto à espera da família. Ele portava uma faixa com os dizeres: Família Martinez *Welcome*. Trocaram cumprimentos e dirigiram-se ao estacionamento. Suas malas foram colocadas naquele veículo e dessa vez seguiram pela rodovia I-95 que corta os Estados Unidos de Norte a Sul. Rever Miami foi uma alegria incontida em suas almas.

Ainda no carro, aquele senhor informou à família Martinez que um furacão se aproximava das costas da Flórida e ainda não sabiam ao certo onde ele poderia entrar. Falou que esse fenômeno acontece todos os anos nos Estados Unidos entre os meses de junho a novembro. O senhor Alexandro acrescentou que no México também tem furacões e ainda mencionou o vulcão Popo que, sem avisar, pode lançar lavras a distância e causar inúmeras mortes e prejuízos.

Por enquanto, nos dois países, havia situações comuns de desastres da natureza. Nenhuma novidade para aquela família.

Depois de algumas horas, chegaram. O carro parou em frente a uma casa simples com dois quartos, sala, cozinha e uma varanda da qual se avistava as plantações a se perder de vista. O Senhor Cooper abriu a porta principal e pediu-lhes que entrassem e falou: – Esta será a moradia de vocês. Nas proximidades há supermercados para a compra de produtos que aqui na fazenda não se tem. Amanhã virá aqui outra pessoa que lhes informará sobre outros detalhes de como sobreviver nesse local.

Micaela olhou em volta e lembrou-se de sua mansão de cinco suítes que vendera no México. Meio decepcionada entrou e, embora naquela casa tivesse tudo que uma família iria precisar para morar, não havia o luxo ao qual estava acostumada. Por alguns segundos, sentiu saudades do antigo lar. Era imperiosa a necessidade de ocultar esse estado de espírito para que ele não contaminasse os sentimentos dos outros membros da família.

Ao se despedir, aquele funcionário avisou ao senhor Alexandro que no dia seguinte, por volta das 6 horas da manhã, ele começaria suas atividades. Mostrou-lhe, ainda, as roupas apropriadas que deveria usar. E saiu.

Os olhares da família Martinez cruzavam-se e não havia palavras para expressar o que sentiam nesse momento. Havia uma ligeira decepção dos sonhos idealizados.

Quando se está em meio a uma tormenta e sem nenhuma possibilidade de voltar à terra firme, de imediato, a única alternativa que se tem é rezar e esperar que ela passe. Nem tudo nesta vida é pânico total. No dia seguinte e em todos os outros que vierem, poderemos ter outros vislumbres de dias melhores ou piores. Ainda vale lembrar que as pessoas podem também se adaptar às mudanças, principalmente, quando essas foram decididas de vontade própria. Assumir esse novo viver era necessário e em uníssono disseram – "Que sea lo que Dios quiera".

Aquele furacão previsto para entrar em Miami, a natureza o desviou para o norte e com ventos mais fracos investiu sobre a cidade de Carolina do Sul. Naquele lugar os danos foram leves.

O senhor Alexandro que já completara 55 anos de idade ainda tinha o vigor e a disposição para o trabalho, mas esse de agora era completamente diferente daquele que fazia em sua cidade natal. Lá ele administrava suas fazendas e bens. Aqui pegava no pesado debaixo de sol ou chuva. Suas mãos ficaram irreconhecíveis, seu rosto tinha as marcas das intempéries do tempo e se questionava se havia feito uma boa escolha. Trabalhava por até 15 horas seguidas e, ao chegar a casa, não tinha nenhuma disposição nem para conversar. Seu corpo exaurido de cansaço desmaiava na cama.

Havia em seu pensar um fator muito importante que o compelia a seguir em frente: Assumir de forma total e absoluta aquela sua decisão, não deixando se abater com as dificuldades que enfrentava diariamente. Seu orgulho de macho latino estava acima de tudo. E pensava nos amigos e ex-empregados que deixara no México. Eles não deveriam saber dos momentos angustiantes que por vezes sofria. E, ainda, seus filhos estavam muito felizes com a vida nesse país.

Sua esposa cumpria as suas obrigações de mãe, todavia a de esposa não lhe era dado o direito nem de sonhar. Seus filhos, saindo da adolescência, estudavam. Às 7 horas, todas as manhãs, eles pegavam um ônibus que os levava à escola e só voltavam ao entardecer. As refeições da melhor qualidade eram servidas naquele estabelecimento de ensino bem como a prática de esportes e aulas de computação. Era um mundo novo que vivenciavam num país civilizado. Eles sentiam-se felizes de compartilhar, com os *gringinhos* como eles chamavam os seus colegas de classe, de maneira efetiva aqueles conhecimentos e a cada dia parecia que um mundo novo se descortinava em seus horizontes.

O contrato de trabalho do senhor Alexandro fora prorrogado por mais dois anos e isso lhe deu alívio para continuar vivendo em Miami de forma legal. Isso era importante para os princípios que norteavam sua forma de encarar o mundo.

Sua filha Luna, agora com 20 anos de idade, iniciara um namoro com um americano chamado Juan Gonzalez, cujos pais eram de origem latina. Eles vieram da Colômbia morar nos Estados há 20 anos. Rapaz decente e que também estudava na mesma escola.

O filho, Juan, também se engajara com uma americana de nome pomposo: Mary Lee.

A senhora Micaela passava seu tempo cuidando da casa e da família. Por vezes sentia saudade de suas amigas mexicanas, e a solidão fazia-se presente em seu viver naqueles dias intermináveis quando o os filhos estavam na escola e o marido pegando pesado no trabalho. Resignava-se com aquela situação porque percebia que dias melhores estavam a caminho. A esperança é a última alternativa que devemos abandonar, assim pensava.

Juan e Luna tinham ambições de alçar voos mais altos: Entrar para a universidade. Ele se formaria em Engenharia Agrônoma e ela seria farmacêutica. Tudo estava ao alcance da realização de seus sonhos porque o senhor Alexandro tinha uma considerável fortuna em bancos no México e alguns que trouxera consigo. Tudo aconteceria de forma legal e bem ao gosto do chefe da família.

Essa decisão dos filhos foi consumada e agora eles faziam parte de uma elite americana de alto nível intelectual.

O casamento dos filhos aconteceu no mesmo dia. Foi uma festa com direito ao som de Mariachis, com muita comida mexicana e uma alegria que extravasava os limites que os seus corações podiam sentir. Brindavam com champanhe aquele evento e a gloriosa sensação de felicidade.

Ele carregava em suas mãos e em seu rosto o estrago que aquele trabalho lhe dera. No entanto, diante das compensações, isso era o que menos importava. O bom mesmo era sentir que seus filhos tinham o sol brilhando sobre as suas cabeças cujo clarão inundava a América e o seu México.

Decidiram que suas casas seriam construídas no mesmo lugar e na mesma rua. Assim, os netos, ao nascerem, teriam a família sempre reunida, dispensando os cuidados necessários aos seus descendentes.

Os filhos regularizaram sua situação com residência fixa e, no tempo permitido, tornaram-se *Americans Citizen*.

No dia da entrega desse diploma, aconteceu uma segunda festa com direito a tudo que lhes era permitido. O senhor Alexandro e Micaela estavam a um passo para ter finalmente a sua situação regularizada. Serem residentes de forma legal nos Estados Unidos da América. Sentiam-se orgulhosos e ansiavam por esses acontecimentos com a satisfação de ter uma recompensa pelo trabalho duro que precisaram enfrentar em todos aqueles anos. E de vem em quando falava: Não há bem que sempre dure e mal que nunca se acabe.

A vida adquire um colorido ímpar quando pensamos que estamos a salvo de qualquer dificuldade ou uma situação constrangedora que possa acontecer em nossas vidas. Nos momentos de grandes alegrias ou de profunda tristeza, é importante que tenhamos os pés firmes no chão para ser possível suportar as intempéries que porventura decidam nos visitar sem um convite prévio.

Ao ligar a TV naquela noite, tiveram conhecimento de que um grande furacão aproximava-se da Flórida. Não deram muita atenção àquela notícia porque, em todos os anos que moravam naquele país, esse fenômeno acontecia sem grandes danos. Alguns se desviavam para o Golfo do México, e outros subiam em direção à Carolina do Sul ou do Norte. Já estavam acostumados com o sensacionalismo dos meios de comunicação. Por precaução, acompanharam o desenrolar dos acontecimentos apreensivos porque, em um determinado momento, os meteorologistas previam o seu percurso e onde o olho desse furacão, denominado Andrews, deveria entrar em terra firme era exatamente nesse lugar onde eles tinham as suas vivendas.

Três dias após essa primeira notícia, houve um alerta de que todas as pessoas que moravam nas proximidades de Homestead e Cutler Ridge, Eastern coast of the Florida Peninsula, Dade County deveriam deixar suas residências e sair em direção ao norte do Estado da Florida. Nesse lugar havia pelo menos 500 mil casas e milhares de moradores. Em seus carros e carregando o que era possível, inclusive seus animais de estimação, seguiam pela Rodovia Turnipike e I-95. Formou-se uma fila de muitos quilômetros.

Numa velocidade lenta e angustiante, aquelas pessoas deixavam para trás todos os seus bens sem a mínima noção do que lhes aguardavam em futuro próximo. Naqueles dias de ansiedade, o mais importante era salvar suas vidas. Seus bens estavam devidamente segurados, e as perdas poderiam ser ínfimas.

Alojaram-se em um hotel a muitas milhas daquele local e pela televisão acompanhavam o caminhar longo e tenebroso daquele desastre da natureza. De repente a televisão não mais noticiava o ocorrido. Pane total. Segundo informações era esse o momento mais cruciante da entrada do furacão em terra. Não era possível dormir. O pensamento de todos estava voltado numa imaginação lenta e dolorosa no redemoinho que arranca tudo e leva pelos ares casas, árvores, postes de iluminação, deixando o local de sua passagem numa situação igual ou pior a de uma guerra de armas letais.

Embora eles estivessem a uma distância considerada segura, ouviam-se estrondos terríveis dos ventos de até 190 milhas por hora. No olho do furacão, estes eram de mais de 250 milhas. A impressão que eles tinham era a de que o mundo estava sendo destruído e que certamente a humanidade teria o seu extermínio naqueles momentos.

Estes ventos eram acompanhados de chuvas fortíssimas causando enchentes e devastando tudo ao redor. O mais incrível é que sua passagem é rápida, porém a destruição que causa é tão pavorosa que nenhum filme de Hollywood até hoje conseguiu descrever de forma convincente.

Por outro lado, eles imaginavam onde todas essas coisas levadas pelo vento cairiam. Se no mar em terras desabitadas ou por cima de outras casas e carros. Era uma pergunta que se faziam sem ao menos ter uma noção exata da resposta.

Lembraram nesse momento de seu México querido e compararam situações semelhantes nos terremotos que presenciaram e vivenciaram anos atrás. A terra estremece e o pânico instala-se derrubando prédios, casas e pessoas morrem instantaneamente. O terremoto é traiçoeiro. Vem de supetão pegando todos de surpresa.

O furacão tem uma vantagem, assim refletiam: Ele vem devagar tomando força, e pelo menos as vidas humanas podem ser salvas, afastando-se da grande catástrofe.

Numa região imensa do Estado da Florida, não havia energia elétrica e isso se prolongou por 15 dias. As ruas ficaram intransitáveis porque fios, árvores, postes e casas tudo havia sido destruído. Era impossível dirigir ou caminhar pelas ruas. Os bombeiros e a força nacional cuidavam dos casos mais graves. Houve algumas mortes, mas somente daquelas pessoas que não cumpriram as normas de evacuação dos lugares mais perigosos, que exaustivamente eram comunicadas pela televisão.

Três semanas depois e após uma longa viagem, eles voltaram aos seus lugares. A aflição invadiu as suas almas. Não tinham ideia do que iriam encontrar. Segundo notícias que tiveram pela televisão, naquela região onde suas casas situavam-se aconteceu uma varredura total de tudo que ali se encontrava. Era necessário voltar, não importando o que encontrariam.

Ainda de longe avistaram a maior tragédia que seus olhos podiam enxergar. O lugar onde o olho do furacão entrou desapareceu com tudo como se nunca, e nem em nenhum momento, tivesse havido casas, árvores, igrejas, supermercados, postos de saúde e pessoas. Somente a terra ainda assustada continuava ali. Não era nem possível saber o local onde as suas casas um dia foram edificadas.

Caminharam de mãos dadas e com todas as lágrimas que seus olhos eram capazes de derramar formaram um círculo agradeceram a Deus por estarem vivos e falaram: – Perdemos todos os bens que conseguimos amealhar até o dia de hoje, contudo não perderemos a esperança e a vontade de recomeçar tudo novamente porque as experiências e os conhecimentos adquiridos, esses ninguém e nada nos tirará.

Um furacão é pior do que um incêndio. O fogo queima tudo e passado um tempo as árvores voltam a despontar porque as suas raízes ficaram embaixo da terra. A natureza incumbe-se de renovar, fazendo-as brotar e renascer. O furacão arranca tudo pela raiz, e o que não sobe pelos ares fica ali agonizando numa morte lenta e desalentadora.

Por mais de seis meses ao passar pela estrada que dava acesso a *Cutler Ridge*, o lugar onde o olho do furacão entrou, via-se ali a incineração de árvores e muitos outros pertences. Possivelmente estariam ali muitas coisas que lhe pertenceram. Apesar de tudo, a vida deve continuar mesmo carregando em nossos corações alguns desfechos que, naquele momento, foram angustiantes. E pensaram em seu idioma "Mirar hacia adelante y seguir adelante".

Eles ficaram em abrigos até que fosse possível acionar as companhias de seguro para receberem os prêmios a que tinham direito. Para surpresa de todos os que ali moravam, o desastre foi tão absoluto que todas essas empresas faliram. Não havia fundos suficientes para o pagamento de todos os prejudicados.

Mas, como lembrava o senhor Alexandro, este país sempre tem um jeito de acomodar e ajudar os seus cidadãos em suas dificuldades. Ele estava coberto de razão. Anos depois, todas aquelas pessoas que perderam suas casas tiveram uma área a sua disposição nas proximidades da rodovia I-95 e ali reconstruíram as suas vivendas com algum dinheiro que receberam do seguro e com a ajuda do Poder Público.

Ao tomarem posse dessa nova casa, a família Martinez conscientizou-se de que realmente viviam em um país onde: *Dreams come True*.

Elilde Browning

11

ERA DIGITAL
UM MUNDO FASCINANTE

Estamos com o mais sofisticado meio de comunicação do mundo inteirinho dentro de nossas mãos. Não é algo subjetivo é concreto – o celular. Ele nos acompanha nas 24 horas. Até quando estamos dormindo, ele vela o nosso sono e trabalha para nós.

Faz-nos vivenciar músicas e espetáculos do mundo inteiro sem ser preciso viajar e sem nada pagar.

Não mais se torna necessário enfrentar filas dos bancos para as transações. Ele é solícito, prestativo e cumpre o seu papel da melhor forma. E ainda não nos deixa sofrer humilhação com um não de um gerente. Tudo acontece de forma automática e embasados em dados numéricos e precisos.

Traz-nos mensagens de nossos amigos e dos candidatos a serem, como também leva as nossas para todos. Por vezes temos a impressão exata da presença deles ao nosso lado.

É calculadora, rádio, previsão do tempo a cada hora e notícias fresquinhas acontecidas no ato.

Ainda no relacionamento humano, podemos ter amigos em todos os patamares: trocar mensagens, conversar, expor nossas ideias e termos a sensação de que essas pessoas são confiáveis apenas pelo perfil que elas se apresentam. Também não importa a realidade. Ter um amigo fictício é por vezes melhor do que encarar uma solidão que se não for bem administrada pode nos levar a depressão e outras doenças psicossomáticas.

Temos a nossa vida desnudada em aplicativos que dizem quem somos e o que fazemos.

Uma famosa universidade particular de São Paulo comprou um computador para simplificar o trabalho manual de seus colaboradores. Isso aconteceu por volta do ano de 1975. Sabendo-se de suas dimensões, construíram uma sala enorme para abrigá-la. Essa compra foi realizada na França. Alguns funcionários viajaram àquele país para um treinamento de alguns meses. Voltaram com aqueles conhecimentos exultantes e sentindo-se poderosos.

Eles nunca poderiam imaginar que o avanço da tecnologia, anos depois, iria deixá-los frustrados com o aprendizado naquele país. Todavia vale vivenciar o presente porque o futuro é sempre um desconhecido a ser encarado.

Por fim, instalada todas as informações que se faziam necessárias, foram colocadas naquela *personal computer* e assim, de maneira rápida e precisa e num passe de mágica, tinha-se de pronto todo um processamento de dados que resultava num trabalho eficiente e sem nenhuma margem de erros.

Sob o aspecto social, alguns servidores daquela instituição foram dispensados porque essa nova tecnologia da informação era suficiente para realizar sozinha o trabalho deles e ainda com a vantagem da perfeição.

Fazendo uma analogia com o nosso cérebro, percebemos que, se colocarmos dentro de nosso pensar situações positivas e corretas, teremos um resultado dos mais promissores para uma vida melhor. Nossas emoções são o resultado da concatenação de ideias que povoam nossa mente. Todavia temos consciência de que o mundo que nos cerca nem sempre tem nuances de felicidade. Os contratempos e desencontros que temos de enfrentar diariamente nem sempre nos dá o privilégio de armazenar somente coisas boas. Vale tentar!

Ainda na década de 70, era professora de Língua Portuguesa num curso Técnico de Eletrônica, e tivemos oportunidade de ler um texto sobre algumas previsões do futuro da tecnologia. Tínhamos 400 alunos divididos em cinco classes. A maioria já trabalhava nessa área, e esse assunto era deveras emocionante. Ampliávamos nossas conjecturas com relatos de suas experiências vividas diariamente.

Já tínhamos a microfilmagem e outros recursos para acumular dados. Muitos trabalhavam em fábricas e em empresas de televisão e rádio.

Um dia decidimos dividir a turma da terceira série em grupos de 10 alunos para saírem a campo e fazer pesquisas sobre a evolução da tecnologia no futuro próximo. Havia à nossa disposição o maior centro de tecnologia do país em nossa cidade.

Movidos por uma curiosidade inusitada e de posse de algumas perguntas foram aqueles jovens a procura de professores de PhD do mais alto gabarito no assunto para obterem resposta às suas dúvidas como também o que este futuro nos reservaria.

Após 15 dias de pesquisas, esses relatórios foram-me entregues e confesso que meus olhos ficaram abertos e a minha mente não tinha condições de assimilar o que lia.

Uma descoberta impressionante naquela ocasião era que o mundo tinha armas letais capazes de destruir o planeta terra por mil vezes. Notícia aterrorizante! Ainda bem que, passados quase 40 anos, continuamos no espaço, embora sejamos um pontinho diminuto em todo o universo.

Aqui no Brasil ainda não tínhamos a televisão em cores. Embora em muitos países isso já acontecesse. O tamanho desses aparelhos necessitava de grandes móveis para serem abrigados e a imagem nem sempre era das melhores.

O computador era ainda uma máquina de tamanho desproporcional. Segundo informações colhidas por aqueles estudantes, dentro em breve essas dimensões seriam consideravelmente reduzidas.

Aquele enorme salão que aquela universidade um dia construiu para abrigar essa máquina que, em poucos anos se transformaria em sucata certamente, cedeu esse espaço para uma sala de aula ou laboratório de física, química ou biologia porque anos depois o computador ocuparia um espaço ínfimo de forma inacreditável. Hoje temo-nos na palma de nossas mãos.

Apenas com um toque, temos o mundo e toda a tecnologia a nossa disposição. E ainda o privilégio de levá-lo conosco e enviar mensagens de nossa autoria, das que recebemos, fotos para todos os rincões desse planeta. Ainda é possível gravar conversas que nem sempre nos serão benéficas se elas se tornarem do conhecimento público.

O século XXI está definitivamente marcado, até o presente momento, por um mundo digital, imaginário, virtual. As pessoas estão se tornando cada vez mais imediatistas, egocêntricas visando ao prazer como foco de vida de forma instantânea, no agora.

Essa mentalidade, mesmo que intrínseca ao subconsciente da atual sociedade, transcende suas ações, de modo que essa necessidade de prazeres, com a busca pelo poder, da liberdade de escolha, do acúmulo de bens, entre inúmeras outras, é aumentada assim como os traços de um caricaturista, nas redes sociais virtuais.

A cada momento temos celulares mais poderosos em processamento e aplicativos.

O celular hoje é também a nossa identificação e, ainda se os órgãos competentes tiverem necessidade de nos localizar, o fará em alguns segundos. É realmente um mundo fascinante.

Por fim ainda surge o tablet. Esse desafiou e superou todo o nosso entendimento.

Escrever um texto no computador tornou-se uma tarefa fácil. Podemos manejar nosso pensamento a nosso bel prazer. Alteramos palavras, incluímos outras, corrigimos o que nos parece descabido, trocamos a ordem dos pensamentos e ainda ele corrige o que escrevemos com grafia errada.

O mais notável é um aparelhinho diminuto, denominado *pen drive*, que é capaz de armazenar milhões de textos e guardá-los com segurança.

Deus, quando criou o homem, deu-lhe características individuais. Nenhuma pessoa é igual à outra. É bem provável que Ele sabia que um dia a inteligência humana chegaria à evolução atual e, portanto, nos presenteou com as impressões digitais que é um segredo intransferível. E essas são exatamente as que poderão nos beneficiar para fazer o nosso celular funcionar, abrir as nossas contas de banco e ainda sermos acusados ou nos inocentar de crimes praticados.

Na área da saúde, os benefícios são inúmeros. Acredito que as faculdades de Medicina abandonaram o sistema tradicional de ensino e estão voltadas para a tecnologia. Os profissionais que já exercem a profissão devem ficar atônitos todos os dias com as grandes inovações e pequenos e diminutos aparelhos que necessitam usar para ter os seus diagnósticos de forma precisa. Poucos minutos e algumas gotas de sangue são suficientes para saber o nosso estado real de saúde.

Há ainda as grandes máquinas e robôs que substituem os profissionais. Técnicos manejam-nas, e o profissional conclui o que elas relatam.

Mas, em vista de tudo o que essa tecnologia nos brinda, há muitos outros inconvenientes mesmo porque ela foi criada por serem humanos. A perfeição absoluta não existe em nenhum setor da vida. Em nenhuma máquina. Quando pensamos que ela é capaz de solucionar todos os nossos problemas, surgem novos desafios. Ainda temos o privilégio de saber, por enquanto, que ela não é capaz de sentir emoções. Essa é uma característica única destinada aos humanos por serem dotados de alma. Deveríamos considerar o equilíbrio no uso dessa criação de uma forma sensata. Como diz o velho ditado: nem tanto no céu nem tanto na terra.

Os exageros em sua manipulação podem nos levar a alguns males para a nossa saúde e bem-estar: Má postura, afetando a curvatura das costas e a coluna cervical pela mesma posição por muito tempo.

Prejuízo ao nosso sono, se estiver ligado ao lado de nossa cama.

Ressecamento da visão pelo uso ininterrupto.

Uma doença chamada "*WhatsAppite*" pode afetar a nossas mãos e punhos causando inflamação na musculatura e nos tendões das mãos. Ainda pode acontecer o LER, lesão por esforço repetitivo, e na síndrome do túnel carpo, ligado à compressão dos nervos,

Ganho de peso por passar horas frente às telas, induzindo-nos ao sedentarismo e nos descuidando dos exercícios físicos que tanto bem proporciona a nossa saúde.

A nomofobia, que é a ansiedade do medo de ficar sem o celular por alguns momentos.

É interessante considerar que ele nos dá prazer, faz-nos rir e deixa-nos descontraídos em muitas situações. Por outro lado, ele também pode nos brindar com notícias tristes. É nosso cotidiano, do qual não temos condições se fugir.

Há algum tempo vi uma propaganda na televisão de alguém que saía de casa nu e, quando tomava conhecimento desse fato, já em plena avenida, lembra-se de ter esquecido o celular. Isso nos deixa claro que sair sem ele é como estivéssemos expostos a uma situação humilhante.

O computador é vulnerável quando profissionais demoníacos nomeados de "hackers", que são conhecedores dos meandros da tecnologia, invadem-no e roubam todos os dados ali armazenados, ou por vezes modificam à sua maneira caracteres que podem nos trazer graves problemas. São os males inevitáveis da tecnologia.

Há algum tempo as mães quando queriam estar concentradas em seus afazeres ligava a televisão em desenhos animados com a finalidade de proporcionar aos seus filhos um entretenimento sadio e, por vezes, educativo. Hoje elas entregam um tablet ou um celular, e individualmente cada um vê suas próprias imagens indiferentes ao que está acontecendo com o outro ali ao seu lado. É um envolvimento solitário.

Em todos os lugares e em todas as situações, encontramos pessoas munidas de seus celulares trocando mensagens e por vezes até distraídas dos perigos ao seu redor. É comum o uso dele até quando estamos à mesa em casa ou em restaurantes. Cada um vive seu mundo com outras pessoas que não aquelas que estão ao nosso redor. Algumas esbarram em postes, outras caem em desníveis de calçadas e outras se atropelam com outros transeuntes. Esse proceder está tornando o mundo caótico no direito da segurança que precisamos usufruir no ir e vir com outros indivíduos nas ruas.

A tecnologia, com as dimensões acima do que, por vezes, somos capazes de assimilar, permite assistirmos ao vivo tudo que o nosso planeta terra é capaz de produzir nos grandes acontecimentos físicos e criados pelo homem. Diante de nossos olhos, participamos de guerras, flagelos, espetáculos e somos testemunhas ocular de situações boas e ruins. Ao mesmo tempo em que nos sentimos frágeis diante da vida, adquirimos um poder sobrenatural com a opção de vivenciar tudo que acontece em minúcias em qualquer lugar.

O mundo está a caminho de uma catástrofe da comunicação oral entre as pessoas. Ninguém mais se dá ao direito de trocar ideias ou mesmo conversar. Ficaremos mudos em tempo recorde porque não ouvir os sons da palavra impede-nos de atritar os nossos neurônios, deixando-os inativos. A memória visual sobreporá à memória auditiva.

Para produzir os sons, o corpo humano não dispõe de nenhum órgão específico. Utilizamos o aparelho fonador para essa finalidade. Em qualquer momento, poderemos esquecer como esse sistema funciona.

O prejuízo maior será oferecido às crianças. Elas falam porque ouvem. Se ninguém falar com elas, como poderão emitir sons e desenvolver o raciocínio e concatenar ideias? Possivelmente elas nem entenderão o que verão nesses aparelhos tecnológicos que, a meu ver, deveria trazer benefício para a humanidade, porém os prejuízos estão se acumulando de maneira desastrosa e irreversível. Deveria haver uma idade mínima determinada por alguém para o uso deles e uma punição para o não cumprimento dessas normas.

Será que voltaremos à idade da pedra, em que a comunicação era rudimentar e despida de sons?

Apesar de tudo, a tecnologia continua avançando, e vislumbraremos, em um futuro não muito distante, o uso da nossa visão e do nosso pensamento na solução de tudo. Quando isso acontecer, iremos descobri o poder de nossa mente a qual durante séculos e por muitos povos não foi devidamente usada e desenvolvida. Dessa forma não mais teremos necessidade do uso de máquinas, e isso será um grande desafio para toda a humanidade. Esperemos!

Nesse mundo louco ou equilibrado que poderá se descortinar em nossos horizontes, como se portarão os homens com relação às guerras, à pobreza, à falta de educação e principalmente ao egocentrismo próprio dos seres viventes? Será que tudo se solucionará num passe de mágica? Como ficarão as emoções? Será que elas fugirão com receio de serem atropeladas ou mal vistas? Seremos indivíduos falíveis ou adquiriremos uma performance de perfeição absoluta. São questionamentos difíceis para termos uma resposta de imediato. O mais sensato no momento é dar asas a nossa imaginação e viver este mundinho que conhecemos e torcer para que as futuras gerações tenham um mundo melhor e que o amor ao próximo não desapareça de seus corações.

Elilde Browning

12

KLEBER DA SILVA E JULIA DO NASCIMENTO
MEMÓRIAS DA INFÂNCIA

Andava no corredor de um Shopping em São Paulo quando de repente vi um homem e percebi que a sua fisionomia me era familiar. Ele também olhou para mim como se me conhecesse. Continuamos o nosso caminhar e ainda meio confusa olhei para trás e nesse exato momento vi-o parado. Decidi falar com aquele senhor. Ao me aproximar, mirei-o em seus olhos e falei: – Você se chama Kleber? Kleber da Silva? -Sim. Ele também fez o mesmo: – Você se chama Julia? Julia do Nascimento? -Sim. – Não, não é possível, falamos os dois ao mesmo tempo. Havia se passado mais de 40 anos.

Abraçamo-nos de forma calorosa e ficamos assim pelo tempo que não nos foi permitido medir. Todas as pessoas no mundo que agora se envolviam em abraços desejaram que aquele gesto fosse apenas nosso. Vivenciamos este reencontro com a curiosidade das lembranças que de maneira surpreendente surgiram em nossas mentes como se fosse um milagre. Em seguida ele me olhou de frente, fez-me girar e falou: – Eu sabia que você iria ser esta mulher linda e fascinante! Eu também elogiei a sua figura. Ele aparentava ter quase 1,90m de altura, com músculos definidos e dotado de uma simpatia que me deixou assoberbada de felicidade.

Sentamo-nos em um banco próximo e, diante da surpresa de estarmos ali naquele momento, não sabíamos como começar o nosso diálogo. Era muita emoção de um passado distante que o tempo não conseguiu apagar.

Ele é médico e estava em São Paulo participando de um Congresso de Medicina. Eu estava ali passeando e fazendo compras. Naquele momento ele havia saído para o almoço e deveria voltar àquela reunião em poucos minutos.

Não sabíamos como proceder nem o que falar pelo tempo que tínhamos à nossa disposição. Decidimos trocar os números dos nossos telefones. Ainda, ele me perguntou: – Você mora aqui em São Paulo? – Não. Eu moro no interior, há poucos quilômetros da capital. – Você gostaria que nos encontrássemos depois da minha reunião? – Não. Eu tenho um compromisso hoje à noite em minha casa. Infelizmente, falei com o coração pesaroso.

Abraçamo-nos novamente e, em seguida, combinamos que iríamos trocar telefonemas e mensagens. – Você não mais fugirá de mim. Quero saber tudo o que lhe aconteceu nesses anos. – Eu também.

Fiquei ali parada, vendo-o se afastar, com a certeza de que outros dias viriam e que outros reencontros se efetivariam, em qualquer situação. De vez em quando, ele parava olhava para trás e acenava com a mão, confirmando o que o meu pensamento vivenciava. Não sabia nada de sua vida a não ser que era médico. Ele nada sabia também a meu respeito.

Éramos vizinhos desde a mais terna idade. Minha casa era de esquina e a dele ao lado. Diariamente, após as aulas, nos reuníamos com as outras crianças da vizinhança e brincávamos naquele espaço nas proximidades de nossas vivendas.

Eu tinha 6 anos e ele 7 quando, em uma tarde, ele pegou a minha mão e me levou a um lugar discreto ao lado de nossas casas. Ele me abraçou e me beijou. Sentamos em um banquinho, e ele me olhava curioso para sentir, talvez, a minha reação depois daquelas carícias.

Em nossa inocência de crianças, agimos dessa forma inúmeras vezes. Tempo suficiente para, depois de longos anos corridos, ainda estarem guardados aqueles afetos em nossa memória.

Por vezes ele postava-se da janela de sua casa e ficava me olhando e lançando beijos com as mãos. Eu vivenciava tudo isso com uma naturalidade incomum. Acredito que namorávamos sem ter consciência de fato o que esse vocábulo representava naquela época.

Numa tarde as carícias tiveram um cunho de maior intimidade. Ele se aproximou de mim levantou a minha saia, que até hoje me lembro da cor, e me perguntou se eu sabia que eu era diferente dele? – Como? Ele abriu o zíper de sua calça e me mostrou seu órgão genital. Falei-lhe que não ficara surpresa porque meus irmãos, também crianças, tinham aquele formato. – Você é diferente assim, afirmou. Nesse momento ele acariciou a minha vagina deslizando a sua mãozinha e segurando-a com delicadeza mais o suficiente para eu sentir algo estranho.

Como tudo que nos acontece na vida fica gravado em nosso pensar, aquele namoro de crianças e as experiências vividas acompanharam-me por toda a vida às vezes até de forma inconsciente.

Já estava em casa quando o telefone toca. Era o Kleber perguntando-me se fizera uma boa viagem. Ainda não havia me recuperado daquele encontro tão inesperado. Sinceramente ainda estava vivenciando seu rostinho de criança, seu sexo e suas mãos numa surpresa agradável e deliciosa.

– Nossa reunião terminou, e agora estamos saindo para jantar. Quando eu estiver no hotel, vou lhe telefonar novamente. Estou ansioso para saber tudo sobre você. -Aguardarei.

Enquanto esperava novamente a sua comunicação, fiquei refletindo sobre todas as vezes que fiz sexo com marido, amante ou namorado. Sentia uma sensação de muito prazer quando eles levantavam a minha saia tiravam a minha calcinha, olhava o meu sexo e acariciava. Em muitas vezes eu até pedia que eles fizessem isso. Aquela vivência ficou marcada em meu pensar. É bem provável que os estudiosos da mente e das reações humanas tenham uma explicação para esse proceder.

Reconheço também que aquele ato, por sermos duas crianças, era intuitivo. Havia certamente uma situação curiosa despida de maldade. O certo é que considero até hoje esse evento como o primeiro que marcaria toda a minha vida nessas emoções fantásticas que é o sexo.

O telefone estava de plantão, e mais uma vez ele tocou avisando-me que outras lembranças e confidências aconteceriam naquela noite.

Kleber, do outro lado da linha e, segundo me informou, deitado confortavelmente em sua cama, inicia nossa conversa que durou o tempo para que aquele aparelho, sem reclamar, fosse testemunha de longas confidências.

– Quero saber se você está casada?

– Não. Estou solteira, livre e solta no espaço, navegando entre as nuvens e de vez em quando tendo o sol sobre a minha cabeça, aquecendo o meu corpo, deixando-me com o calor necessário para o funcionamento perfeito do meu físico.

– O que você faz na vida?

– Sou arquiteta e designer de interiores. Tenho o meu ateliê em minha própria casa. Portanto trabalho ao lado do meu jardim, que foi projetado por mim bem como a minha espaçosa vivenda.

– E você está casado?

– Não. De vez em quando tenho uma namorada. Eu trabalho durante muitas horas, leio em muitas outras, faço pesquisas em minha área, que é a Psiquiatria, e também viajo muito para participar de congressos. A minha vida é muito agitada e acredito que as mulheres gostam, de quando compromissadas, do companheiro sempre à sua disposição.

– Conte-me o que aconteceu com você desde aquele dia que eu e a minha família fomos morar em uma cidade vizinha à beira mar?

– Como você ainda deve se lembrar, espero que não tenha se esquecido, sua família mudou-se primeiro daquela rua, e quando isso aconteceu fiquei desesperado e até chorei com a sua ausência. Senti muitas saudades de nossos fortuitos encontros e das carícias que fazíamos. Em muitas ocasiões perguntei para a minha mãe para onde a sua família havia mudado. As respostas eram sempre evasivas. Apenas soube que vocês tinham ido morar em outro lugar. Os detalhes não me foram revelados.

– Sua imagem ficou presa dentro de mim por toda a vida. Acredito que eu a amava sem ter a noção exata, naquela época, o que esse sentimento representava.

– A surpresa do nosso encontro de hoje e o reconhecimento de nossas faces e de nossos nomes depois de tantos anos deixa-me com a certeza que as nossas almas estiveram juntas por todo esse tempo. Essa é uma verdade incontestável.

– Anos depois, meu pai vendeu todas as nossas propriedades e fomos morar na capital. Eu queria ser médico, objetivo impossível de se atingir, morando naquela cidade tão pequena.

– Em muitas ocasiões, eu havia decidido encontrá-la. Sempre que me deparava com mulheres que imaginava ser o seu corpo em idade adulta, olhava-as firmemente e não era você.

– Hoje estou certo que o planeta terra rodou e rodopiou por todo o universo em todos esses anos e, sabendo ele o quanto eu gostaria de encontrá-la, mandou-a àquele shopping e eu a um congresso para que fosse possível este reencontro. Nossa mente tem conotações que fogem ao nosso conhecimento em seu estado consciente. Como a minha especialidade é Psiquiatria, estudo e convivo diariamente com seres humanos com transtornos mentais e posso observar que há ainda muitos segredos do nosso pensar que serão desvendados ou talvez omitidos porque tudo que queremos e que pensamos são vibrações magnéticas, que giram pelo espaço por vezes de forma audível e por vezes não. É um mundo fantástico que ainda não nos possível entender em profundidade por mais que tentemos e estudemos.

– O sofrimento mental, a meu ver, é pior do que o do físico. Neste, um medicamento certo pode aliviar as dores, todavia o da mente, por vezes, depende exclusivamente de se querer e aceitar o que lhe é proposto e que em muitas ocasiões ele funciona também como um escape para não se vivenciar a realidade. Aceitar a vida como ela se apresenta é uma atitude destinada aos fortes e corajosos e também àqueles que usam o bom humor em situações mais críticas.

Mas vamos falar de nós dois porque, para mim, esta é a situação mais importante que passará a nortear a minha vida a partir de agora. Eu gostaria de ter o seu endereço como também vou lhe dar o meu. Assim, quando a saudade ultrapassar o limite de ser possível suportar, far-lhe-ei uma surpresa.

– Eu gostaria de lhe dizer que viajo muito, principalmente para a Europa. Lá eu encontro, em feiras livres, muitos objetos antigos que compro para usar em decorações de interiores. Eu tenho uma clientela seleta e de muito bom gosto. Atualmente estou trabalhando em um projeto de uma mansão em um condomínio fechado nas proximidades. Assim, se você chegar sem me avisar antes, possivelmente, eu estarei viajando.

Trocamos nossos endereços embora tivesse consciência de que a possibilidade de nos encontrar, em nossas residências, em curto prazo, fosse remota. Eu era uma empresária, tinha muitas obrigações a cumprir e certamente ele também tinha suas atividades. Cada um, em todos esses anos, seguiu a sua estrada, construindo suas vidas e sem nenhuma perspectiva de um reencontro. Embora esse fato tenha nos deixados surpresos, fazia-se necessário encarar essa realidade dentro de uma emoção controlada.

Quando criança, tem-se um tipo de comportamento; quando adultos, outros fazem parte de nossa vida. Todos os acontecimentos bons e ruins vão moldando nosso caráter, e certamente seremos o produto dessa vivência. Na realidade éramos dois desconhecidos que se encontraram e que tinham memórias de uma infância muito distante. Quem somos agora?

Somente o tempo poderia responder essa pergunta envolta em um enigma ainda indecifrável.

Depois de todas essas considerações e sentir que houve uma paixão recolhida e abafada pelo tempo, merecíamos que esse primeiro encontro fosse em um lugar de puro romantismo e afastados do nosso cotidiano. O telefone ia tilintar, a empregada iria me perguntar o que servir no almoço ou jantar. Meus funcionários me perguntariam sobre suas atividades e adeus sossego para vivenciar um desejo que embora não estivesse presente todo o tempo sabia que em algum compartimento do meu cérebro ele estava escondido aguardando, é bem provável, o momento certo para vir à tona e aflorar em meu ser uma felicidade raramente sentida.

Por outro lado, ele também tinha seus afazeres, seus pacientes e outras obrigações próprias de sua profissão.

Não sei por quantas horas ficamos conversando e eu pensando rapidinho tudo o que era possível fazer para vivenciar esse amor de infância.

Por fim falei: – Eu vou pensar onde poderemos nos encontrar brevemente. Ele aceitou a ideia e acrescentou: – Como eu já viajei por quase todo o mundo, eu vou também escolher um lugar para nos encontramos.

As emoções sufocaram a minha alma e não foi possível dormir. Relembrava cada milímetro de nossas casas naquela pequena cidade. O primeiro beijo que ele me deu e tudo que vivenciamos em nossa primeira fase da vida.

O mais curioso era que estávamos livres de compromissos matrimoniais, não tínhamos filhos e estávamos profissionalmente bem-sucedidos. Tínhamos amigos, viagens e outros passatempos. De repente a minha mente se abriu, adentrou um clarão mais forte que a luz solar, sacudiu-me e procurou em algum lugar do meu pensar como era possível viver sem afeto e o prazer danadinho do sexo? Neste instante me dei conta que o sucesso profissional não substitui esse lado muito importante da vida. Até podemos ficar sem eles por algum tempo, mas se essa situação persistir poderá nos acontecer doenças inexplicáveis. Para sermos pessoas dotadas de um equilíbrio perfeito, torna-se necessário usufruir de tudo que a natureza nos oferece.

A felicidade, mesmo sem a minha permissão, decidiu invadir a minha alma, dando-me uma expectativa sem precedentes.

Comecei a vivenciar tudo que poderia acontecer nesse nosso encontro. Certamente ele iria desnudar o meu passado e tirar suas conclusões. Ainda, sendo ele um médico que trata de transtornos mentais e distúrbios de comportamento, estava em suas mãos a descoberta do meu eu absoluto.

Não importa o que pudesse acontecer, eu teria necessariamente de ser como sou. Fingir o que não somos é uma situação falsa e eu não estava disposta a ter uma aparência e um comportamento diferentes.

Ele viveu uma vida e eu, outra numa distância que poderíamos não ter tido esse reencontro. Todavia ele aconteceu, e agora precisávamos acima de tudo ter consciência de que o universo conspirou a nosso favor. O caminho que poderíamos trilhar juntos ou separados a partir de agora nos daria a certeza de que passados tantos anos essa amizade de infância fora como uma sementinha que ficou em nosso subconsciente e que se houvesse oportunidade ela iria brotar e se tornar, talvez, em uma árvore que poderá crescer dependendo tão somente dos ingredientes que formos capazes de alimentá-la.

Todas as noites, ou mesmo durante o dia, ele me telefonava. Estava ansioso para que nosso encontro acontecesse o mais rápido possível. Ele queria saber detalhe por detalhe de tudo que me aconteceu nesses quarenta anos. Era muita coisa para contar!

Ele morava em Salvador e eu, numa cidade do interior de São Paulo. Tinha minha empresa e meus funcionários: Esmeraldino Correa, meu secretário e motorista que sempre me acompanhava em minhas viagens. Ele era gay. Um ser humano engraçado divertido e inteligente; Patrícia Nogueira, minha secretária particular; Maria de Almeida, uma cozinheira que sabia como ninguém fazer não apenas o trivial, mas grandes banquetes em minhas festas deslumbrantes para meus clientes de alto poder aquisitivo; Lucia da Paz, uma faxineira que sabia o lugar certo de todas as coisas e me deixava tranquila depois de um dia exaustivo de trabalho; e meu adorado jardineiro Roberto Mendes, que, além de deixar meu jardim deslumbrante, tinha o hábito de conversar com as plantas, deixando-as na certeza de sua companhia.

Minha vida deslizava por uma estrada às vezes de forma tranquila e, por vezes, com muitas responsabilidades inerentes a uma empresa na qual a clientela, por ser seleta, exigia o melhor e o mais perfeito em todos os meus projetos. Criatividade não me faltava. Tinha uma acuidade fora dos padrões normais para entender e satisfazer o que exigiam de mim.

Na vida afetiva não tinha o mesmo sucesso. Casei duas vezes, namorei outras tantas e estava sempre à procura de alguém que pudesse preencher um vazio que se fazia presente em determinadas ocasiões. Mais como ninguém neste mundo tem tudo eu me conformava com esta situação. Sonhar era um privilégio à minha disposição e ainda lembrava o famoso pensamento de William Faulkner: "A sabedoria suprema é ter sonhos bastante grandes para não se perderem de vista enquanto os perseguimos".

Agora esse reencontro com Kleber desfilava em meu pensar que a minha vida mudaria não sei se para melhor ou pior, mas tinha certeza absoluta dessa mudança. Foi muita coincidência tudo o que aconteceu. Estava disposta a correr os riscos, como diz o ditado popular: "quem não arrisca não petisca". E ainda pensava que nada neste mundo é absoluto. As mudanças acontecem mesmo quando não as almejamos. O que vale nesta vida são as emoções e quanto mais fortes elas forem mais nos sentiremos numa situação que ultrapassa o infinito. Viver é arriscar-se. Alguém já afirmou.

Meu plantonista mais uma vez tilinta, avisando-me que outras notícias estão a caminho.

– Era Kleber. Pergunta-me se eu estou bem e como estou me sentindo depois daquele reencontro. – Ótima. Perfeita e sonhando também encontrá-lo em algum lugar neste planeta.

– Vamos descobrir outro lugar no espaço? Assim pegaremos a nave do nosso pensar e seguiremos juntos para viver por toda a eternidade apenas nós dois, sem meus pacientes e você sem seus exigentes clientes.

– Esta ideia é excelente. Vamos planejar.

Voltando à consciência dos mortais e às possibilidades plausíveis, sugeriu o meu queridíssimo namorado de infância: – Foi inaugurado recentemente um hotel cinco estrelas na Costa do Dendê a 150 quilômetros de Ilhéus no sul da Bahia. É um lugar paradisíaco com extensas praias e todo o luxo dos maiores do mundo. Tenho certeza de que você gostará.

– Eu vou pesquisar esse lugar e lhe darei uma resposta de imediato.

– Ainda sugeriu-me viajar a Barcelona ou outro país da Europa. – Não. Eu viajo para esse continente até quatro vezes por ano. Eu acredito que vou preferir ficar na Bahia.

– Tenho pressa de sua decisão. Você voltou à minha vida e tomou conta de todos os poros do meu corpo, da minha mente e fez pousada em meu coração. A vida sem sua presença está se tornando insuportável. Em tudo o que faço tenho-a comigo. Não me deixe ficar louco! Você sabia que a loucura e a lucidez têm caminhos paralelos e, se houver algum descuido, elas podem se encontrar e certamente a mais forte sobreviverá? Você conhece aquele pensamento de Cesare Pavese "Todas as paixões passam e se apagam, exceto as mais antigas, aquelas da infância". Ele tinha razão absoluta quando assim pensou.

– Meu querido namoradinho, Clarice Lispector também afirmou: "A direção é mais importante do que a velocidade". Agora precisamos planejar esse encontro de forma sensata sem esquecer que somos pessoas que têm outros compromissos laborais. Sinceramente, por mais inteligente que eu me sinta e com todas as experiências que a vida houve por bem me presentear, não posso avaliar o que poderá acontecer com nós dois em futuro próximo.

– Esqueça as manipulações da vida. Elas acontecerão quer queiramos ou não. A meu ver, o mais importante aconteceu: nosso reencontro. Deixemos que o tempo e as nossas emoções de mãos dadas levem-nos ao paraíso e lá possamos vivenciar um prazer infinito que somente é concedido para duas pessoas que se amaram um dia, separaram-se e que agora seguirão juntas por uma estrada de bem-aventurança.

– Prometo decidir ainda nesta semana. Vou lhe telefonar.

Pelo que pude sentir, ele estava munido de uma paixão avassaladora, incontrolável. A expectativa que ele tinha para esse encontro era algo além do que a mente humana pode assimilar.

Refletindo sobre essa situação, precisava ter cautela sobre o que iria expor sobre o que vivera em todos esses anos. Embora nossa separação fosse uma atitude familiar, ele aparentava ter uma obsessão por mim e isso se refletia nas longas conversas por telefone.

As reações das pessoas estão intrinsecamente ligadas ao psíquico, e ele ainda tinha uma vantagem de ter estudado o comportamento dos indivíduos no curso que fizera. Eu dispunha apenas do instinto natural das mulheres.

Não mais me era dado o direito de adiar esse encontro. Peguei minha agenda, resolvi todos os problemas de imediato, confiei alguns aos meus funcionários e numa noite telefonei para o Kleber, dizendo que estava pronta para partir.

Havíamos decidido passar uma semana na Península de Maraú, no Sul da Bahia, em um hotel cinco estrelas, afastado da cidade com muitos quilômetros de praia deserta. Preparei minhas malas com tudo que iria precisar sem esquecer alguns presentes que comprara para ele. Naquela manhã meu motorista me levou ao aeroporto em São Paulo, peguei o avião e, durante o trajeto, meu pensamento ora se voltava para as nossas casas de infância, ora para o momento em que o reencontrei no shopping. Por vezes me perguntava. Que tipo de homem me fará companhia naqueles dias? Agora não importava a resposta, a decisão estava tomada e tinha apenas que aguardar o avião pousar no aeroporto de Salvador.

O desconhecido enche a nossa alma de expectativa: O medo envergonhado pede licença para se retirar, e o nosso pensamento fica a prelibar o que iremos viver. Alguém um dia escreveu: "O pensamento é o único lugar onde ainda estamos seguros, onde nossa loucura é permitida e todos os nossos atos inocentes".

Depois de um pouco mais de duas horas, o avião pousou suavemente, e ele me aguardava com a alegria e o entusiasmo de um adolescente. Nosso abraço desta vez foi mais longo e cheios de beijos e afagos. Ele segurou meus cabelos, deixando o meu rosto à mostra e me perguntava: – É verdade que você está aqui? – Sim, é verdade. Abraçado a minha cintura, caminhamos para retirar a minha bagagem.

A bordo de outro avião, seguimos para a cidade de Ilhéus. Nesse percurso sentia o calor de sua perna encostada à minha. Nossas mãos não se desgrudaram nem um segundo. Talvez tivéssemos trocando energias ou misturando-as. De vez em quando olhávamos um para o outro e tínhamos a impressão de estar sonhando. Mas era verdade e a realidade gritava de alegria por esse reencontro.

No escritório da empresa do hotel da Península de Maraú em Ilhéus, havia um carro potente nos esperando. A estrada era asfaltada, mas, quando chegamos num desvio para se alcançar o hotel, não havia asfalto. A beleza da Mata Atlântica naquele lugar era de tirar o fôlego. Era um dia ensolarado num fim de tarde, e o brilho do sol espalhava-se pela vegetação dando-nos um clima de felicidade. Até a natureza festejava antecipadamente tudo o que iríamos vivenciar nos dias a seguir.

Quando chegamos ao hotel, tive a impressão que estava numa cena de filme de Hollywood daquele seriado da Ilha de Fantasia, em que o apresentador saudava seus clientes, dando-lhes boas-vindas e desejando-lhes dias fantásticos ressaltando que ali todos os nossos desejos poderiam ser realizados. Realmente a sensação que sentia era a de estar sonhando. Era como se todo o meu passado até aquele momento tivesse fugido da minha mente e partido para um lugar onde eu não mais pudesse tê-lo de volta. Soltei as rédeas da imaginação e entrei ali como se eu fora uma criança de 6 anos e via-o como outra criança de 7 anos. Era um envolvimento de transcendia a realidade.

Naquela semana foi-nos destinado uma vida diferente e o direito de chegar a esta idade atual da que realmente tínhamos vivido até então. Este sentimento era mútuo. De vez em quando ele me dizia: – Agora somos crianças e vamos crescer juntos no palmilhar da vida. Por vezes pensava: Será que ficamos loucos? Ou é assim que duas almas que se conheceram na infância e foram separadas independentes de suas vontades tivessem voltado aquele patamar da vida para viverem essas vidas juntas! Era um mistério.

Sabia que grandes emoções nos aguardavam, e vivenciá-las era um direito que tínhamos à nossa disposição.

Os serviçais do hotel pegaram nossas malas e encaminharam-nas para nossos aposentos. Quando ele fez a reserva, escolheu um lugar onde tínhamos vista para toda a área recreativa e por cima o mar em seu esplendor maior. Eu já tinha visto mares diferentes pelo mundo, mas aquele era surpreendente. As cores das águas trocavam de tonalidade como por milagre. Havia uma tonalidade verde claro a um azul profundo. O mais interessante era que naquela semana a lua cheia aconteceria numa quarta-feira.

Propositadamente minha vestimenta naquela viagem era uma saia com uma blusinha de mangas curtas e um casaquinho. Estava disposta a atiçar a sua imaginação como da primeira vez que ele levantou a minha roupa.

Agora, sozinhos, tendo uma vista encantadora da natureza, não sabíamos que atitude tomar. Resolvemos sentar um ao lado do outro em um sofá e ficamos assim por um tempo talvez para ser possível assimilar de que tudo era real. A atitude desse comportamento somente ele sabia o que viria de imediato.

O silêncio e a meditação foram interrompidos com o funcionário do hotel, trazendo-nos champanhe dentro de um balde de gelo e duas taças, quando ele se afastou, levantamo-nos e ele me abraçou, olhou novamente o meu rosto e beijamo-nos. O barulho peculiar daquela bebida quando aberta fez-nos despertar de um sonho acalentado por 40 anos.

Brindamos a nossa saúde, a uma vida longa e muitos momentos de prazer e felicidade. A sensação que eu sentia era a de estar hipnotizada aliada a uma surpresa que há menos de um mês não me era possível imaginar estar vivendo agora esses momentos de supremos devaneios.

Sentia-me como estivesse andando sozinha por um caminho e que, de repente, este desaparece dando lugar a outro cercado de muitas flores, um mar imenso e ao lado de um homem apaixonado e desconhecido. São as doces aventuras da vida que decidem nos cercar quando ela fica monótona e despida de emoção.

Enquanto deliciávamos aquele champanhe, ele me fazia perguntas sobre meu passado, principalmente sobre os amores que tive pela vida. Por vezes eu até me sentia deitada em um divã à mercê do psiquiatra tentando desvendar a minha vida para me aconselhar por uma melhor.

Havia prometido a mim mesma que meu passado com relação aos homens que tive ou amei deveria ser um assunto guardado por mil chaves dentro da minha cabeça e do meu coração. Eu não me daria o direito de descortinar esse assunto com alguém que eu ainda não confiava.

Sugeri que mudássemos de assunto: – Vamos falar de nossos sucessos profissionais e de nossas famílias? – Boa ideia. Aceitou de pronto. E a narração dele começou com a morte do pai e da mãe no mesmo dia. O pai teve um infarto e foi levado ao hospital e a mãe, ao saber dessa triste notícia, teve o mesmo problema e morreu horas depois. Esse acontecimento foi muito trágico. Ele era filho único.

– Portanto fiquei sozinho sem família. – Nessa época eu já era médico e dediquei toda a minha vida aos estudos, viagens e aos meus pacientes.

– Tenho um apartamento onde moro em São Paulo, que é administrado por uma velha amiga que tem as funções de governanta, conselheira e secretária. Ela cuida de tudo para mim. Assim sinto-me livre para fazer da minha vida o que melhor me aprouver. Já tive algumas namoradas, todavia apenas uma delas morou em minha casa, acredito por seis meses.

– E você como chegou ao pedestal do sucesso em sua profissão? – Bem, eu estudei Arquitetura, porque muito cedo descobri que gostava de desenhar. Quando concluí meu curso, fui estagiar em um escritório e depois de algum tempo senti-me segura para administrar o meu próprio negócio. Hoje tenho meus funcionários e um relativo sucesso com uma clientela de alto padrão. Viajo pelo mundo até quatro vezes por ano em busca de variedades de objetos de decoração. Acompanha-me nessas viagens meu secretário e motorista, Esmeraldino Correa. Ele é gay. É um sujeito inteligente, vivo e de um bom gosto bem acentuado. Ainda tenho uma secretária, que também é engenheira e por vezes ela administra alguns projetos de minha autoria. Minha cozinheira é fantástica. Ela faz comidas inacreditáveis. E por fim ainda conto com a ajuda de uma faxineira e de um jardineiro.

Eu também não tenho família. Meus pais se separaram. Ele foi viver com outra mulher e há muitos anos decidiu morar em Portugal. Ela era de origem daquele país. Minha mãe morreu porque nunca se conformou com a separação. Meus dois irmãos foram morar em Los Angeles nos Estados Unidos e raramente dão notícia. Eu também sou sozinha de familiares, mas tenho meus funcionários e amigos que são a minha família verdadeira.

– E filhos, você teve algum? – Não. É bem provável que nunca encontrei um homem que tivesse qualidades para ser pai dos filhos que eu gostaria de ter.

O champanhe estava chegando ao fim e ele me perguntou onde gostaria de jantar. Se no salão do hotel ou em nosso apartamento. – Vamos decidir na moedinha? Sim. Ele ganhou, portanto fomos comer no restaurante do hotel.

Havia mesas enormes, cada hóspede se sentava onde bem quisesse. Preferimos uma menor somente para nós dois. Tínhamos muito para conversar ainda. Preferimos um jantar leve porque certamente a noite seria longa para usufruir de tudo que permeava nossa mente e nossos desejos. A impressão que tinha era de que nosso pensar estava em estrita comunhão num desfilar de coincidência mútua. Não estava bem certa se ele era realmente um homem ou um bruxo. Ou talvez seus estudos do comportamento humano lhe desse esse privilégio de ler de imediato o que se passava no meu pensamento.

Achei interessante o que estava escrito no cardápio: aqui neste hotel você pode comer ou beber nas 24 horas do dia o que desejar. Basta pedir. Diante do que li agora, cheguei à conclusão de que, quando chegamos a nossos aposentos, ficamos sentamos no sofá como aguardando alguma coisa. Ele havia pedido o champanhe que nos foi servido 20 minutos depois de nossa entrada. Homem enigmático e surpreendente!

Depois do jantar fomos dar uma volta pelos preciosos jardins que, agora iluminados, davam um ar de aconchego tornando as nossas fisionomias mais belas.

A piscina era imensa com cascatas e escorredores possivelmente destinados a crianças. Sentamo-nos por alguns instantes em espreguiçadeiras e vivenciamos o prazer de estar naquele lugar tão infinitamente belo.

Depois de algum tempo, fomos ver a praia e o mar. Centenas de coqueirais davam o toque de beleza à praia. Daquelas plantas tínhamos água de coco fresquinha no hotel.

Andamos um pouco pela praia e fomos até o mar senti a água molhar nossos pés. As ondas quebravam na areia e sentíamos que esse barulhinho contínuo poderia ser ouvido quando estivéssemos em nosso apartamento.

Ele enlaçou-me pela cintura e caminhamos por quase meia hora. A lua era crescente e ela já aparecia com o seu esplendor exuberante. Paramos e ele começou a me beijar o pescoço, segurando os meus cabelos e o meu corpo numa loucura de um homem que, comprovadamente, estava louco de tesão. Em seguida ele falou: – Vamos voltar. Eu quero esta noite possuí-la com todo o carinho e desejos que a vida me tirou em todos esses anos que se passaram.

Eu estava atônita e desnorteada. Retribuía aquelas carícias com uma sensação que nunca sentira antes por toda a vida. A impressão que tinha era de que nunca tínhamos sentido isso antes com os amores que tivemos. O gosto era insuperável. O prazer inundava nossa alma e todos os compartimentos de nosso cérebro diziam que fomos feitos um para o outro.

Voltamos ao hotel. Enquanto eu tomava banho, ele desfez sua mala, colocando seus pertences nos lugares próprios. Ao sair do banheiro, tive uma surpresa que, se meu coração não estivesse em bom estado de conservação, eu teria morrido. Ele me entregou uma blusa branca e uma saia na cor vermelha. Essas cores de roupa foram exatamente as que eu vestia naquele primeiro dia que ele levantou a minha saia e me acariciou.

Enquanto ele tomava banho, vesti a roupa e me senti aquela menininha de 6 anos. Ao sair também lhe fiz uma surpresa. Entreguei-lhe uma camiseta branca e um short não igual àquele que ele estava vestido há 40 anos, mas semelhante. Agora éramos duas crianças que o tempo apressadamente se incumbiria de acelerar para ser possível sentir o que o nosso subconsciente esperou por todos esses anos.

E assim começou aquele encontro de corpos e de alma que se reiniciava agora e que certamente não terá fim enquanto vivermos neste mundo que conhecemos. Ainda acredito que estaremos juntos por toda a eternidade.

13

FILHOS
PRA QUÊ E POR QUÊ?

Caminho na quinta Avenida de Nova York por volta das 11 horas da manhã e vivencio o movimento de pessoas de idades diferentes, sotaques, vestimentas e comportamento. A impressão que tenho é de que todos que por ali transitam imaginam que o mundo inteiro é igual àquela cidade de luxo e riqueza. Detenho meu olhar na arquitetura dos edifícios, alguns atingindo as nuvens e de repente entro no mais profundo lugar da minha mente, afasto-me de tudo ao meu redor e subo como num passe de mágica ao universo e imagino como seria este planeta terra sem o seu principal habitante- o homem.

O sol surgiria todas as manhãs indiferente para quem seus raios estariam aquecendo. A lua, em diferentes fases, também não se importaria de derramar seu brilho deixando as noites com um colorido discreto e acolhedor. As estrelas e as constelações estariam sempre prontas a iluminar o céu sem os horários do brilho do astro rei ou do luar. Cada um em seu tempo próprio e sem disputas reinaria de forma absoluta e precisa.

A chuva, os tornados, os terremotos e os furacões não precisariam se preocupar onde atingir ou destruir. Não haveria testemunhas e ninguém para comentar ou reclamar. Os rios caminhavam com a calma de quem não tem pressa em direção aos oceanos. As imensas quedas d'água, volumosas ou não, cairiam em todo o seu esplendor despreocupadas de olhares humanos.

Todas as árvores poderiam crescer nos limites que quisessem. As flores brotariam solitárias e não haveria ninguém para cortá-las. As frutas, legumes e verduras ficariam à vontade porque não seriam colhidas antes do tempo próprio. A natureza se incumbiria de fazer as transformações voluntárias e certamente nada se perderia.

As borboletas, depois do trauma da transformação, surgiriam lindas e coloridas passeando pelo espaço sem serem incomodadas. Os mosquitos viveriam felizes, procriando e enchendo os espaços sem se preocuparem de serem exterminados. As abelhas cumpririam seu papel da polinização e estariam livres para produzir seu mel em qualquer espaço sem serem obrigadas a viver em prisão.

Os animais selvagens desfilariam a seu bel prazer por todos os lugares sem serem confinados em áreas demarcadas.

As serpentes não picariam ninguém porque elas não ficariam nervosas. Desfilariam num movimento sensual à procura de suas presas e satisfeitas dormiriam tranquilas em algum lugar que pudesse aquecê-las.

Os peixes navegavam felizes nos rios e oceanos sem o temor de seres levados em redes ou anzóis. Os espaços seriam ocupados por todos e nunca confinados em cercos.

Os pássaros de coloridos diferenciados emitiriam seu canto livremente e quando juntos poderiam formar uma orquestra de puro encantamento.

Não haveria animais domesticados. Cada um seguiria seu próprio instinto. Alguns se alimentavam de outros quando a fome se fizesse presente e outras espécies comiam folhagens, frutas e legumes à sua disposição. Bastava tão somente esticar o pescoço ou coletá-las com as patas.

Todos copulavam naturalmente. Uns usufruindo o prazer do sexo e outros sem dar muita importância a esse fator. Todos, porém, visavam à perpetuação da espécie. No tempo certo morreriam, e a própria natureza providenciaria o extermínio total de suas carcaças de maneira natural e sem vexames. A presença de insetos carniceiros ou animais carnívoros completaria o trabalho sem serem importunados. Ninguém choraria por seus mortos. Eles sabiam que essa é a lei do universo.

O ar, sempre agradável em doses certas de oxigênio, deixava o seu respirar leve. A água limpinha e transparente abundava em todos os lugares.

A natureza cuidava de todos e eles mantinham-na em equilíbrio. As agressões não existiriam.

Não haveria preocupações sobre as leis do universo a respeito da matéria e da energia porque tudo estaria em pleno acordo em seu estado natural. As matérias não seriam modificadas. Cada uma ocupava seu espaço sem se misturarem.

Quando os vulcões decidissem eclodir das camadas internas da terra, as lavras desceriam majestosas alcançando o oceano e por vezes formando pequenas ilhas desse material incandescente.

Os meteoros e meteoritos poderiam passear livremente pelo espaço e caírem em qualquer lugar. Eles não encontrariam ninguém aterrorizado.

Ninguém disputaria um pedaço de terra, porque tudo pertencia a todos. Não se compraria nada nem se venderia nada. Tudo estava ao alcance de seus desejos e numa compreensão mútua.

Acredito que este planeta, habitado somente por animais irracionais, seria o verdadeiro paraíso porque não haveria seres humanos preocupados com os acontecimentos naturais nem guerras e outras situações desastrosas de extermínio inventadas pelo homem. A felicidade existiria sem eles terem consciência do que ela representa. A paz reinaria entre todos numa simbiose perfeita com a natureza.

Há muitos pensares, dúvidas e algumas conclusões sobre como o ser humano surgiu neste planeta. O livro mais antigo – a Bíblia -, em latim com 641 páginas, foi o primeiro a ser editado quando Johan Gutenberg inventou a imprensa. Espalhou-se por todos os lugares e seu conteúdo foi seguido e assimilado por todos os viventes. Lá em Gênesis há um relato de como o mundo surgiu e essas crenças seguem até os nossos dias.

Conheci um professor de Linguística que afirmava ser a Bíblia um simples livro de atas. Talvez ele tivesse razão, porque esse conceito é o relato de tudo o que acontece em um determinado momento ou sobre uma época vivida por alguém. Há também que se valorizar os escritos históricos e a literatura que retrata os costumes, cultura e vivências dos povos. Ainda as informações transmitidas de uma geração à outra pela comunicação oral. Não se pode esquecer o velho ditado: "quem conta um conto aumenta um ponto". Os acréscimos ficam por conta da imaginação de cada um.

É bem provável que aquele mestre tivesse razão em sua afirmativa, mas como explicar todo o conteúdo do livro sagrado até o apocalipse com os acontecimentos atuais? Quem os escreveu abriu sua mente não apenas àquele mundo vivido, mas também em um outro que iria se descortinar a nossa frente como uma profecia que o tempo se incumbiria de tornar realidade.

A vida é um grande mistério. E é exatamente esse pensar que torna os seres humanos em busca de maiores conhecimentos baseados na ciência ou na imaginação.

Pelo que se sabe, o mundo já havia sido criado quando, no jardim do Éden, Deus criou o homem, os quais foram denominados Adão e Eva. Naquele momento, segundo relatos, eles viviam em paz com a natureza e despidos de qualquer maldade. Poderiam ter vivido dessa forma até a eternidade. Contudo a curiosidade humana começou a se desenvolver e buscar outros caminhos que não lhe eram destinados pelo criador.

Desenvolveu-se a inteligência, e lhe foi concedido o livre arbítrio, embora saibamos que ele tem limitações na decisão de nossos desejos. Fazemos escolhas, todavia nem sempre elas são independentes porque dependemos de condições biológicas, sociais e pessoais que o indivíduo não é capaz de determinar por si.

O bem caminha ao lado do mal em situações paralelas e, se houver descuidos, eles poderão chocar-se e, numa batalha de conflitos, o mais forte vencerá. O equilíbrio deverá ser a tônica para uma perfeita harmonia. Isto não acontece. Caim, movido pelo ciúme, matou o seu irmão Abel. O primeiro crime de que se tem notícia.

A ciência sempre esteve preocupada sobre quem criou este mundo perfeito. Os pesquisadores questionam baseados em seus trabalhos e provas por eles emitidas. O certo é que, por mais que estudemos, temos a certeza de que o Criador, denominado Deus, tem uma inteligência e uma força superior inigualável. Essa palavra poderá ter uma escrita diferente mais o sentimento é único.

Fomos criados à semelhança de Deus. O mais supremo dessa afirmativa é que, além disso, cada um neste vasto mundo tem suas próprias características embora cheguemos ao mundo da mesma forma e saiamos dele sob as mesmas circunstâncias.

Poderíamos viver longos anos com saúde e bem-estar e numa comunhão estrita com a natureza. Todavia a curiosidade ilimitada dos humanos leva-os a intempéries as quais não tínhamos necessidade de enfrentar. Nesse leque de situações perversas, estão as doenças e sempre outras novas vão surgindo num desafio contínuo da própria vida. Muitas pessoas cavam sua sepultura um pouquinho a cada dia e, numa distração momentânea, são tragadas sem aviso prévio. É o selo do livre arbítrio de cada um.

Nos primórdios de meus estudos, em uma escola simples do interior baiano, a professora de Geografia um dia falou-nos sobre a imensidão do universo. Naquele momento fiquei a imaginar quão grande era este mundo. O homem ainda não tinha ido à lua, não havia o avanço da tecnologia que vivenciamos hoje. Senti-me como um grão de areia naquela imensa praia onde se situava a minha humilde casinha em frente ao mar e, observando aquela imensidão de águas e as ondas quebrando na areia, senti que eu não era nada neste mundo fantástico criado por Deus.

Por outro lado, questionei-me sobre o porquê de ter sido trazida a este universo tão fabuloso em sua grandeza. Deveria haver um motivo que estava fora do meu pensar naquele momento. Adiante voltarei a escrever sobre tão empolgante assunto.

Frutificai, multiplicai e enchei a terra era a vontade do Divino, tornando o homem poderoso e dono absoluto de tudo. Só que, diante de tanto poderio de forma inesperada, o ser humano ultrapassou os limites ditados por Deus e, por vezes até querendo ser superior ao Criador, tornou-se um ser imperfeito.

Dotado de matéria, espírito e alma, não teve condições de usufruir esse beneplácito de forma equilibrada e por vezes o questionamento entre eles era evidente em seus mais diversos aspectos.

Ter o poder despido de bom senso por vezes pode tornar-se uma catástrofe perigosa que pode prejudicar a si próprio e aos que estejam ao seu redor. Colhe-se o que se planta já fora dito, mesmo assim essa ideia não é bem-vinda a todos que pensam que o mundo lhes pertence. Quem olha o mundo do alto e tem o brilho do sol sobre as suas cabeças não tem noção da sombra que está causando aos demais. Eles esquecem que poderá ter alguns com olhos de vaga-lumes não apenas com a intenção de procriar, mas também para iluminar os seus caminhos causando surpresas aos poderosos.

O homem, quando se sentiu imbuído do seu poderio, saiu desvairado "metendo os pés pelas mãos". Deus, em sua infinita bondade e desejando que a felicidade perdurasse em nosso viver, ditou regras para frear o ímpeto dos humanos com os sete pecados capitais e depois os 10 mandamentos. A não obediência a esses preceitos incorreria em castigos severos. Mesmo assim o que se tem notícia sobre a história da humanidade é que poucos observam e seguem estes preceitos. As consequências advindas podem ser imprevisíveis.

Cada pessoa pode fazer tudo o que quiser, mas deve ter sempre em mente que será responsável por seus atos e que deverá assumi-los em sua total plenitude. O poderoso verbo assumir é revestido de uma dureza de caráter que nem sempre é observado pelos mais displicentes. Assumir, repito, é um ato de coragem e essa por vezes foge com receio de ser malvista. Assumir é encarar o mundo de frente de cabeça erguida sem temores na certeza de que o seu caminhar foi pautado nos princípios básicos da decência. Assumir é levar a mente para a tranquilidade do dever cumprido. Assumir é encarar o mundo e a si mesmo. Quantas profissões não existiriam se todos os indivíduos assumissem a sua própria vida dentro da ética e da normalidade!

Francois de La Rochefoucauld afirmou: "Os defeitos e falhas da mente são como feridas no corpo. Depois que todo cuidado possível foi tomado para curá-las, ainda, restará uma cicatriz". Essa é uma marca que nos seguirá por toda a nossa vida e, dependendo do tamanho e da profundidade, poderá interferir em nosso comportamento, trazendo-nos transtornos até a nossa despedida deste mundo que conhecemos.

A felicidade está ao alcance de todos. No entanto, para que ela se instale e permaneça em nossa vida, é um longo caminhar que requer cuidados permanentes. Ela carregará sempre situações inesperadas, e precisamos estar sempre atentos para não nos deixar abater com as intempéries que possam surgir. A alegria de viver deve estar acima de qualquer dificuldade porque ela nos dar ânimo na luta pela vida.

Nossa imaginação vai além dos parâmetros da ciência. Ela não tem limites. E quanto mais a ampliarmos mais nos sentiremos seres privilegiados e capazes de vivenciar os grandes milagres que pensávamos não serem possíveis de acontecer. Nada é impossível ao que crer. Acreditar é o caminho certo para a realização de nossos ideais.

O sexo foi legado ao homem com a finalidade da procriação, mas nem sempre esta é uma prioridade para todos. Quando ele tomou consciência do prazer incomensurável que sentimos, tornou-se um dos maiores poderes já experimentados pela raça humana. Ele precisava causar todo esse furor porque, do contrário, ninguém estaria interessado em aumentar a população do nosso planeta. Ainda bem que a fêmea tem períodos férteis e estéreis se não fora assim o mundo não teria um único espaço livre.

O sexo interage entre as pessoas numa situação social e recreativa com uma parcela de imenso prazer.

Por toda a história da humanidade, sempre houve uma preocupação, por vezes exagerada, de pôr freios a esses sentimentos. Nos 10 mandamentos há menções sobre como proceder, porém aqueles ditames nem sempre são observados. O homem lascivamente desfruta e assimila o sexo como uma situação que, por vezes, vai além de seu controle.

As crenças às vezes pregam, inutilmente, normas de conduta aos seus fiéis, incutindo-lhes normas impostas por ela para que o sexo não se constituía um pecado que pode gerar desconforto a quem o pratica sem a sua principal finalidade. Como é sabido de que "todo o pecado poderá ser perdoado", peca-se hoje e arrepende-se depois. Esse proceder gera um círculo vicioso de difícil controle. Não nos esqueçamos de que todo o pecado no conceito como o conhecemos, mesmo perdoado, não se exime das consequências dele provindas.

Muitos indivíduos vivem do sexo e outros vivem para o sexo. Cada povo e cada cultura têm normas próprias sobre esse assunto, e a variação do fazer e do sentir abrange nuances e sensações que nos transportam para um infinito enlevados por um bem-estar que transcende nossa mente, nosso corpo e nossos sentidos. Na vida temos outros prazeres, mas o sexo, a meu ver, ocupa um lugar de destaque na história da humanidade. O sexo foi o maior presente que Deus pode oferecer aos humanos.

O sexo une os casais e torna o vivenciar num clima de felicidade. As pessoas sentem-se atraídas por outras numa química perfeita dos sentidos. Fazer sexo faz um bem extraordinário às pessoas. Ele nos dá equilíbrio e bem-estar.

Nem tudo é só prazer: Há inúmeras doenças que são transmitidas pelo ato sexual sem as devidas precauções. A gravidez que não foi planejada poderá ser uma situação traumática. Esse problema pode se arrastar por toda uma vida, causando dissabores intoleráveis. A impotência, a aversão ao sexo e outras deveriam ser tratadas por profissionais como doenças sérias que afetam a vida e muitas vezes causam problemas a outrem, privando-os da oportunidade de uma vida plena.

O sexo pode se construir numa vida de felicidade como também a destruir. As crianças deveriam ser informadas de seu funcionamento para ficarem alerta com os possíveis inconvenientes que podem trazer pesadelos para suas vidas. Esse ensinamento deveria ser induzido pela família e por profissionais, respeitando-se a idade de cada uma. Anos atrás o sexo era um tabu. Cada um só tinha conhecimento de seus prazeres e de seus transtornos, passados a boca pequena de um para outro, o que muitas vezes essas mensagens não espelhavam a realidade.

O sexo ainda tem conotações desastrosas quando o macho age como se tivesse comprado uma mercadoria para seu prazer. A não aceitação da outra parte traz em alguns casos desfechos aterrorizantes. Cada ser humano tem o direito de fazer suas escolhas e a vontade de um não pode sobrepujar a do outro. É nesse instante que o respeito entre as pessoas não deveria nunca tirar férias.

Maria Madalena dos Anjos nasceu no interior do Ceará; casou-se aos 16 anos com o senhor Onofre de Castro Silva, tiveram 14 filhos e viviam em uma humilde casa que abrigava toda a família em condições precárias. Mesmo assim, todos sobreviveram. Passada a adolescência, os homens saíam para o mundo em busca de melhores condições de vida. As mulheres, em número de cinco, casavam-se antes de atingirem a maioridade e nesse ciclo vicioso foram procriando sem controle achando que o Divino era o responsável por lhe darem tantos filhos.

Embora tivessem a aparência de pessoas que gozavam de boa saúde, havia, em cada um, problemas de nutrição. A mãe não se alimentou adequadamente de todos os nutrientes que uma gestante precisa e os filhos por sua vez também não foram alimentados até os 7 anos de idade quando é necessária uma dieta balanceada para o desenvolvimento do cérebro. Depois dessa idade, os indivíduos podem tomar todas as vitaminas do mundo que de nada vai adiantar para superar esse problema.

Teremos, portanto, pessoas com baixo índice de aprendizado, e a maioria fogem da escola porque não conseguem assimilar o que lhes é ensinado. E, ainda, não tem capacidade para desenvolver e aprender um trabalho de alta qualidade. Tornam-se seres frustrados e sem entusiasmo para viver uma vida plena e feliz.

Infelizmente esse é um mal que atinge grande parte da população brasileira. É um problema grave e do qual nunca tive notícia de que os Poderes Públicos estão preocupados em sanar. Quando lecionava, lembro-me com clareza das dificuldades que enfrentei com alguns alunos os quais, por mais que se esforçassem, não aprendiam o que lhes era ensinado. É uma crueldade o que fazemos com as gestantes e seus filhos nos primeiros anos de vida.

Agora eu perguntaria para a senhora Maria Madalena dos Anjos: por que e pra que tantos filhos?

Certamente ela me responderia em sua sagrada ignorância. "Deus quis que eles viessem ao mundo"!

Carla Vieira de Almeida Passos era arquiteta casada também com um profissional do ramo. Decidiram ter apenas dois filhos. Era um casal de classe média alta. Tinham casa própria em local com saneamento básico água encanada e o conforto de uma propriedade em rua asfaltada e dois carros na garagem. Logo que engravidou, começou a fazer o pré-natal e também cuidava da alimentação e tomava suplementos de vitaminas, cálcio e outros receitados pelo seu médico. Os nove meses de gestação foram tranquilos. Seu primeiro filho, Luiz Gustavo, nasceu com peso altura e aparência de normalidade. O mesmo aconteceu com Maria Luiza.

Ambos trabalhavam. Os familiares que poderiam prestar-lhes alguma ajuda moravam distantes e ainda bebês foram confinados em creches. Ali passavam todo o dia e, somente ao entardecer, voltavam para casa. Dessa maneira eles não tinham o convívio com os pais, e os exemplos a seguir que toda a criatura precisa no começo da vida. Os profissionais que cuidavam de seus filhos, embora tivessem formação adequada, não lhes dava amor e aquele aconchego que somente as mães sabem dispensar aos filhos. Eram crianças que dispunham de todo um aparato de conforto, mas eram desprovidas da presença dos pais. Ainda inconscientes, absorviam o comportamento desses profissionais.

Na idade certa, passaram a frequentar a escola onde também passavam todo o dia. A alimentação daquele estabelecimento de ensino era supervisionada por nutricionistas. Mesmo assim, ainda faltava o calor humano de uma família.

Chegaram à faculdade. Luiz Gustavo formou-se em Economia e Maria Luiza, Farmácia. O casal Carla Vieira de Almeida Passos e Carlos Roberto de Almeida Passos sentia-se com a missão cumprida: filhos inteligentes, cultos e com uma profissão promissora.

Apesar de tudo, havia um vazio inexplicável dentro de suas almas que não era lhes dado o direito de desvendar. Durante todo o caminhar de suas vidas, não lhes foram dispensados pelos pais aquele amor que somente eles são capazes de proporcionar aos filhos, deixando-os desprovidos da capacidade de amar outro ser humano.

Pergunta-se para o casal: pra que e por que vocês tiveram filhos? A resposta teria sido. Todo o casal quer filhos e nós cumprimos a nossa missão, mas isso não basta. Esses adultos cresceram e se tornaram pessoas sem conhecerem um amor verdadeiro: Aquele que, em nossas vidas, só poderá ser dispensado por quem nos colocou no mundo – nossos pais.

O mundo está inundado de seres que não amam a si próprios. Daí a busca pela bebida e pelas drogas num desconforto que a cada dia cresce de maneira assustadora. Amar o próximo, e principalmente a si mesmo, é um sentimento que paulatinamente está se afastando do sentimento humano. É uma situação sem retorno.

É alarmante o número sempre crescente de pessoas entre 15 e 30 anos que cometem suicídio. Quando chegam a esse extremo, é porque não veem nenhuma saída para aliviar o sofrimento de suas almas. Os sonhos que acalentavam foram dar um passeio sem nenhuma chance de volta.

Apesar de tudo e de todos os perigos que cercam a humanidade, todos continuam procriando sem se darem conta dos dissabores advindos aos filhos desde doenças congênitas, balas perdidas e as mentes perigosas que induzem os jovens a seguir a estrada do crime, levando-os a prisões superlotadas num viver desumano e perverso.

Os poderes públicos têm lugares apropriados para abrigar jovens infratores com a finalidade de dar apoio para uma mudança de comportamento. Cada um leva àquele lugar suas próprias vivências e que, numa situação inconsciente, espalham-se e contaminam aqueles primários, tornando-os por vezes presas fáceis de assimilar a forma de vida e pensar dos demais, captando suas experiências.

A recuperação de um menor infrator deveria ter o acompanhamento da família, todavia, quando um adolescente chega a esse patamar, ele já foi rejeitado por quem deveria lhe dar apoio e amor. "Me dizes com quem tu andas e eu te direi quem és". As companhias são, na maioria das vezes, um fator decisivo no comportamento dos adolescentes numa fase da vida que seu caráter está em formação.

Com a vida moderna e muitas obrigações diuturnas dos pais, muitas vezes fogem a seu controle com quem os seus filhos relacionam-se. E, quando tomam conhecimento dessas companhias, nada mais há a fazer. O sofrimento deles e da família instala-se por vezes de forma duradora e sem perspectivas de mudança.

Há ainda as guerras e o deslocamento de milhares de pessoas que são obrigadas a saírem de seus países apenas com alguns pertences desnorteados e numa amargura sem fim a buscarem outro país para se abrigarem sem a certeza de serem bem-vindos. É desastroso ver adultos e crianças caminhando sem destino e sem esperança numa situação sofrida como se fossem animais de quem nem a natureza apieda-se.

Há, ainda, outro fator gravíssimo – a poluição. Há algumas cidades pelo mundo em que o ar é irrespirável, provocando doenças respiratórias. Anualmente milhões de pessoas morrem sufocadas porque seus pulmões chegaram ao limite da saturação. Carros, fábricas soltam no ar toneladas de detritos, tudo a favor do progresso e do desenvolvimento, só que esse pensar dizima parte da humanidade. Em suma, nosso viver neste mundo está, a cada dia, tornando-se catastrófico.

Deveria haver leis severas para quem abandona os filhos e para quem os põe no mundo sem nenhuma condição de sobrevivência. Filhos criam-se com exemplos e não com discurso. Se não houver bons exemplos na família, certamente eles irão buscar outros valores mundo afora, que nem sempre serão válidos para uma vida plena e feliz.

Com o avanço da tecnologia, há ainda outros males terríveis. Desde a mais tenra idade, os pais colocam à disposição de seus filhos games, televisão, tablet ou um celular. As crianças ficam absortas nesses entretenimentos e por vezes até se esquecem da própria realidade que os cerca.

Tornam-se criaturas alienadas que não têm o direito de pensar, de refletir sobre a vida e muito menos de seu posicionamento no contexto do mundo. Quando adultas, vivem angustiadas por não terem capacidade de dirigir sua própria vida e fazer escolhas acertadas.

Aguarda-se um futuro sombrio se medidas drásticas não forem tomadas por quem viveu em um passado diferente e teve outras experiências. O homem nasceu para ser feliz, porém situações atuais levam-no a uma vida sem sentido e cotidianamente são tragadas pelo uso exagerado da tecnologia.

Alguém um dia escreveu: "O pensar é a maior força de todos os planos da existência". Paulatinamente essa força está desaparecendo. Infelizmente!

Filhos: pra quê e por quê?

14

AS FORÇAS DO MUNDO
A NATUREZA, O PODER, O DINHEIRO E O SEXO

A NATUREZA

Um grande poeta um dia escreveu "São demais os perigos desta vida". Realmente enfrentamos perigos em todos os momentos de nosso viver. A natureza soberana e poderosa presenteia-nos diariamente com espetáculos de nos tirar o fôlego como também exageradamente em muitas ocasiões traz-nos transtornos e problemas dos mais diversos.

Apesar de o homem exercer o seu poderio em muitas situações da vida, ele ainda não tem poderes de domar a natureza quando esta se enfurece, causando danos à humanidade.

Presenciei, vi e participei de alguns furacões quando morava nos Estados Unidos. É apavorante quando ele vem devagarzinho desfilando sobre as águas do mar, rodopiando como uma bailarina e aumentando sua força a cada minuto. Aquele espetáculo, visto por satélite, é maravilhoso; todavia, quando pensamos que ao se aproximar do continente ele fará estragos imprevisíveis, deixa-nos preocupados.

Esse fenômeno da natureza ganha nomes diferentes em diversos países do mundo mais a fúria e a destruição são as mesmas.

O furacão Andrews, há mais de duas décadas, entrou na região de Cutler Rigde no Estado da Flórida depois de uma semana ensaiando e pensando onde poderia apavorar os viventes daquele lugar. Estávamos a 10 milhas do olho que é a mais violenta e destruidora. Os ventos giram ao contrário do sentido horário formando um redemoinho apavorante.

O poder de destruição arranca casas pelo alicerce e árvores pelas raízes, jogando-as pelo espaço numa violência aterradora. Os Poderes Públicos orientam os habitantes da área onde deverá entrar o furacão para evacuarem o local com milhas de distância. A não obediência a esses pedidos pode lhes custar a vida.

O pior e mais doloroso momento é quando as pessoas retornam aos seus lugares e não sabem onde sua casa fora construída. Há uma varredura total de tudo.

Todos os bens materiais que possuímos podem se perder, às vezes, de forma inesperada. Se isso acontecer, a vida deve continuar sempre porque este é o bem maior que temos. Como diz o ditado popular, "Vão-se os anéis e ficam os dedos". Reconstruir o que perdemos poderá ser uma tarefa árdua, mas com fé e determinação é possível ter tudo novamente e às vezes até melhor em determinadas situações.

"There's no place like home". Mesmo que a tristeza invada nossa alma, haverá sempre um novo lugar e uma nova oportunidade a nos aguardar, embora tenhamos consciência desse momento doloroso. Tudo nesta vida passa, e outros horizontes e novas oportunidades sempre estarão em nosso caminhar.

É a natureza mostrando seu poder absoluto, ignorando a presença do homem e deixando-nos ínfimos por não termos capacidade de interferir nos seus desígnios.

O furacão Giorgio anos depois deveria varrer o Estado da Flórida numa situação vertical de norte a sul. O tamanho dele ultrapassava todos os limites de nosso entender. Ele se aproximava sem pressa, causando terror a quem assistia pela televisão. Nesses dias estava no hospital onde meu marido passava por uma cirurgia. Na sala de espera, a TV anunciava o perigo que se aproximava. Ficávamos ali pensando o que iria nos acontecer se realmente se confirmasse a entrada dele naquela região.

Todos morreríamos. Não importando para a natureza se alguém estava doente ou com plena saúde. Todas as construções voariam para lugares alhures, e nós não teríamos nem o direito de sermos sepultados ou cremados. A natureza se incumbiria de dar um destino para todos.

Felizmente, faltando algumas horas para a entrada do monstro, uma frente fria apareceu e levou-o para a Carolina do Sul. A chuva que caiu naquela região foi tão violenta que os cadáveres foram desenterrados. Inundações destruíram tudo ao redor.

Esse fenômeno acontece todos os anos nos meses de junho a novembro, sendo o mês de setembro o mais perigoso. Nesse período as pessoas costumam ficar mais perto de Deus. Morrer, todos nós temos a certeza que este dia chegará, entretanto de forma lenta e angustiante é sentir os nossos últimos dias na terra numa situação de pavor. A natureza mostra o quanto somos incapazes de conter esses ímpetos nefastos que atormentam a nossa vida a cada ano.

A região do Caribe, com aquele mar transparente e águas mansas, estaria superpovoada se não fossem os furacões que a atravessa todos os anos. Das poucas ilhas que ainda sobrevivem sempre se têm notícias dos danos causados aos habitantes a cada ano. Ainda assim, muitas pessoas teimam em morar naquela região, a qual acredito ser uma das mais belas do planeta.

Em meu livro *E assim foi a vida*, faço uma narrativa de uma viagem que fizemos ao Caribe a bordo do Elan, barco que foi construído pelo meu marido Walter Browning. Foi uma viagem fantástica, e naquela ocasião vivenciamos todo o encantamento que aquela região oferece e ficamos extasiados com a beleza de uma vegetação exuberante. Como a água do mar é transparente, víamos os peixes nadando despreocupados sem se incomodarem com alguns navios que transitam pelo lugar ou com o olhar curioso dos viajantes.

Os habitantes da região leste dos Estados Unidos já se acostumaram com os furacões porque, na maioria das vezes, eles ameaçam entrar no sul na região de Miami ou Key West ou Golfo do México e, quando desviados para o mar, vão em direção à Carolina do Sul ou Carolina do Norte, estados onde todos os anos são frequentes as inundações.

Tive a curiosidade de atravessar de carro essa região e percebi de que ninguém se atreve a morar nesse lugar. A vegetação é rara e ressequida. Assemelha-se a um deserto com plantas tortas e desprovidas de folhagens. Elas são arrancadas pelas raízes, e aquelas que sobrevivem passam por uma agonia de sobrevivência muito penosa.

Esses fenômenos da natureza, assim como chuvas torrenciais que provocam desmoronamentos, trovões e descargas elétricas, são constantes em todo o planeta terra. E o mais interessante é que tudo acontece para todos. Não há privilégios para um ou outro povo. É nesses momentos que temos a certeza da vulnerabilidade da vida em qualquer lugar.

Enquanto os furacões vêm sem pressa, os tornados surgem avassaladores, levando pelos ares tudo que encontram pelo caminho. Surgem de repente e também desaparecem repentinamente, deixando os seres humanos surpresos e conscientes de sua impotência de controle.

Os terremotos também não avisam que vão chegar. Eles acontecem em determinados lugares que muitas vezes já foram previstos pelo homem. São ajustes que a natureza faz para uma acomodação das placas tectónicas. As consequências deles são, por vezes, desastrosas, provocando tsunamis e matando milhares de pessoas.

Outro fato danoso para o homem e a natureza são as avassaladoras queimadas que, por uma questão climática e por vezes com a displicência dos humanos, surgem destruindo toda a vegetação ressequida e indefesa, moradias, carros e pessoas. Morrem também muitos animais, causando um desequilíbrio para nosso viver.

Aliados à destruição natural da natureza com fenômenos próprios, há ainda aquelas que nós diariamente fazemos sem nos dar conta da catástrofe que, baseados no desenvolvimento, praticamos, como a poluição, lixo espalhados por toda a parte, esgotos sem o devido tratamento desaguando nos rios, córregos e mares. Infelizmente o homem está dando sua parcela de contribuição para a destruição do planeta terra. Se medidas não forem tomadas de forma emergencial, em pouco tempo seremos vítimas de nosso proceder.

Os cientistas afirmam que fenômenos naturais são necessários para um equilíbrio perfeito da natureza. Os rompantes, por vezes perigosos, mostram à humanidade que viver nesse mundo é um desafio a ser encarado diariamente. Somos muito frágeis diante do que temos ao redor. Só o fato de estarmos soltos no espaço girando em torno do sol faz-nos pensar que Deus sabia o que estava fazendo ao criar o planeta terra e talvez para mostrar aos homens a sua pequenez diante de tanta grandiosidade.

A inteligência humana não fica passiva diante de todo esse poderio. A curiosidade é uma tônica avassaladora para novas descobertas ou mesmo entender o que está diante de nossos olhos. A ciência dá a sua contribuição pelo menos para desvendar os intrigantes mistérios do universo e entender como tudo fora feito.

Ainda teremos muitas surpresas para as futuras gerações. Quem viver, verá.

O PODER E O DINHEIRO

Essas duas forças estão intrinsecamente ligadas ou por vezes isoladas. Pode alguém ter o poder e não dinheiro ou vice-versa. Todavia o dinheiro inevitavelmente lhe trará poder.

O poder é uma das forças mais ambicionadas por muitos indivíduos. Quem o detém imagina-se um ser humano acima dos mortais. A primeira situação que se nota é a mudança de comportamento, da fala, dos gestos e até no visual. Suas ideias invadem o pensar de muitos e, sem nenhuma cerimônia, dita o que deve ser feito e espera obediência absoluta e ainda os convincentes idolatra-o achando tudo perfeito.

Não admite interferência porque o mundo em que se situa é deveras imbuído de situações que transcendem seu pensar. Sem sombras de dúvidas, o poderoso nasce líder ou adquiri esse seu proceder em diversas circunstâncias da vida.

O poder inebria, endeusa e faz as pessoas se despirem do bom senso.

Em todos os setores, os poderosos fazem-se presentes: na família, na religião, no futebol e na política e na vida de modo geral.

Seu posicionamento, movido por um autoritarismo por vezes desmedido, traz consequências desastrosas para os que estão sob seu domínio, e muitas vezes as pessoas não se dão conta que estão sendo manipuladas, massacradas, injuriadas e despidas de seu poder de pensar e de agir de forma livre e soberana.

Ultrapassar os limites de seus feitos são situações normais que não lhes causam nenhum contratempo emocional. Aliás, emoção é um sentimento distante do seu sentir. A razão é o sustentáculo de suas decisões.

Em toda a história, tivemos poderosos que causaram danos irreparáveis à humanidade, e na maioria das vezes as penalidades sofridas por eles foram de menor importância.

É impossível identificar esses malfeitores no início de sua jornada porque eles agem inicialmente de maneira sutil, catequizando paulatinamente as pessoas mais próximas e espalhando suas ideias com uma tenacidade imprevisível.

O dinheiro é mais uma força poderosa e de difícil conter. Alguém um dia afirmou que cada um tem seu preço. Quem acredita nessa afirmativa possivelmente não se lembrou de que há algo que todo o dinheiro do mundo não compra: o caráter.

Ele pode comprar luxo e glamour, mas nunca a felicidade, porque esta independe do dinheiro que tenhamos. Há muitas pessoas ricas felizes e, muitas pobres infelizes, não por causa da situação delas mais porque cada um tem a sua própria forma de ver o mundo e viver dentro de sua realidade.

Quem o tem sente o mundo debaixo de seus pés e imagina que esse poderio é capaz de ter à sua disposição tudo o que o mundo pode oferecer. Em parte, essa afirmativa pode ser verdadeira, todavia não absoluta. Quantas vezes ficamos frustrados porque nosso dinheiro não é capaz de comprar ou pagar sentimentos. Estes pertencem a outro patamar da vida e que nem sempre é entendido pelos poderosos.

O dinheiro pode trazer prazeres momentâneos. A vida é muito mais que isso.

O mais complicado dessa situação é que se pode ter dinheiro hoje a não se ter amanhã e quando este desaparece o mundo ganha conotações de terror.

Se alguém tivesse todo o dinheiro do mundo, não seria capaz de se livrar de situações inerentes a todos as pessoas que vivem nesse mundo:

os acidentes, as doenças, a morte e a velhice, que é uma situação natural de todos que nasceram um dia. Ela até pode ser adiada mais o tempo implacavelmente não nos poupa dessa trajetória inevitável. Esses acontecimentos estão à disposição de todos os mortais e até podemos nos livrar de alguns, momentaneamente, mas nunca de todos.

O dinheiro torna alguns indivíduos gananciosos porque quanto mais se tem mais se quer e nessa roda viva vão palmilhando pela vida imaginando ser esta eterna e que nenhum contratempo pode tirá-los dessa zona de conforto e bem-estar.

É aterrorizante o pensar dos milionários se um dia a vida os tornasse pobres. Eles até poderiam sobreviver, mas a angústia que nortearia as suas vidas faria com que eles se tornassem pessoas infelizes e sem rumo.

Durante a vida conheci pessoas que foram extremamente ricas e que um dia o infortúnio decidiu bater à sua porta, deixando-as em total desamparo e numa situação de desconforto incomparável.

O mais sensato é que, em qualquer situação da vida, não percamos de vista de que todos somos seres humanos sujeitos a todas as intempéries neste mundo e que muitas vezes não há uma explicação plausível dos acontecimentos.

Surpresas acontecem todos os dias e, por mais que estejamos familiarizados com elas, por vezes nos recusamos entender que a vida é cheia de situações imprevisíveis e de difícil compreensão.

O SEXO

O sexo a meu ver é uma das maiores forças do mundo, ou melhor, dos seres humanos. Ele está calcado no sentimento superior dos viventes. Ele transforma nosso sentir e pensar numa metamorfose de prazer. Sem nenhuma dúvida este foi o melhor presente ofertado aos indivíduos por Deus.

Sexo é vida, é saúde, é bem-estar. É uma elevação no nosso eu ao infinito, onde vislumbramos sensações que transcendem nosso sentir.

Sexo é uma força vital incomparável.

Sexo é tesão e sedução.

Sexo é um deslumbramento de uma existência.

Sexo é navegar pelo infinito na companhia de constelações, em que vivenciamos algo além do nosso pensar.

Sexo é prazer, é química, é junção de dois corpos que se unem para desfrutar uma situação acima da realidade.

Sexo é energia e esta por vezes incendeia os nossos corpos, transformando-nos em fogaréus vivos, como o calor de um vulcão.

Sexo é sentir que estamos vivos e com capacidade de vivenciar em nosso corpo e em nossa mente emoções que nos tiram da realidade.

Sexo, quando aliados ao amor e à paixão, sentimos que o mundo inteiro nos pertence.

Sexo nos dá poder, alegria numa simbiose perfeita dos sentidos.

Sexo é extravasar com palavras e gestos as emoções fantásticas que vivemos.

Sexo nos faz ver o mundo sem problemas ou dissabores.

Sexo é impetuoso e desafiador.

Sexo é vivenciar uma suprarealidade num contexto real.

Sexo nos faz criaturas belas e desejáveis.

Sexo ignora o certo ou o errado porque ele tem suas próprias regras de conduta.

Sexo é a mais alta manifestação do viver.

Sexo não mede consequências porque ele está acima de todas elas.

Sexo é uma força poderosa que nos impulsiona a grandes realizações.

Sexo nos dá ânimo e coragem para superar todas as intempéries da vida.

Sexo é absoluto, divino e maravilhoso.

Sexo é despido de qualquer preconceito.

Sexo monopoliza as nossas ações.

Sexo é bem-vindo em qualquer lugar ou hora porque o importante é deixar que ele se sinta à vontade quando se manifeste.

Sexo é dizer ao Criador um muito obrigado com um sentimento que brota do fundo de nossa alma.

Todavia, como nada é perfeito nesse mundo, o sexo, apesar de todas essas afirmativas acima, tem seus perigos e imperfeições. Há muitas doenças graves que são transmitidas pelo ato sexual. O cuidado precisa ser permanente porque a saúde deverá sempre estar em primeiro lugar em nossas vidas.

Outro fator importante são os contratos sociais que muitas vezes inibem as pessoas de fazerem sexo com quem não esteja envolvido no referido contrato.

Cada pessoa deve ter consciência e responsabilidade quando decide romper essas normas para que o sexo não lhe traga contratempos difíceis de serem solucionados.

Como seria maravilhosa a vida se todos pudéssemos ser livres para pensar, agir, decidir e viver cada minuto da vida como se fora o último. Nessa situação não precisaríamos morrer para alcançar o paraíso porque ele já estaria entre nós diuturnamente.

Elilde Browning

HOMENAGEM

E agora, para concluir este meu segundo livro, gostaria de prestar uma homenagem ao meu grande amigo, Alberto Sepulveda Linhares Cabral, que há mais de 50 anos Deus houve por bem levá-lo para compartilhar do seu paraíso, deixando um vazio dentro de minha alma e uma saudade infinita. O que me conforta é saber que certamente um dia iremos nos reencontrar e por toda a eternidade vamos usufruir e vivenciar um mundo diferente onde não haverá dores ou tristeza.

Ainda me recordo daquela noite de lua cheia, sentados nas areias alvas da Lagoa do Abaeté, vendo os reflexos do luar dançando na água, quando ele me olhou, abraçou-me pela cintura e falou: vou agora recitar um acróstico que lhe fiz esta semana para minimizar a luta que você enfrenta diariamente e lhe dizer o quanto eu a amo. Nessa época eu era proprietária de um restaurante famoso em Salvador e trabalhava em média 20 horas por dia.

Emanava do fundo d'alma

Lamentos agruras e dores

Inconsciente buscava calma

Lamentando frustrados amores

Desesperada na dura lida

Ei-la, enfim, rainha da minha vida.

Elilde Browning